PALMES

ET

TROPHÉES

(AMES D'APÔTRES ET CŒURS DE HÉROS)

PAR

MYRIAM

Ouvrage illustré de 10 portraits tirés en couleurs

PARIS

LIBRAIRIE D'ÉDUCATION A. HATIER

33, QUAI DES GRANDS-AUGUSTINS, 33

BIBLIOTHÈQUE ANECDOTIQUE
ET LITTÉRAIRE

PALMES ET TROPHÉES

1re Série grand in-8° jésus

BIBLIOTHÈQUE ANECDOTIQUE
ET LITTÉRAIRE

PALMES

ET

TROPHÉES

(AMES D'APÔTRES ET CŒURS DE HÉROS)

PAR

MYRIAM

Ouvrage illustré de 10 portraits tirés en couleurs

PARIS

LIBRAIRIE D'ÉDUCATION A. HATIER

33, QUAI DES GRANDS-AUGUSTINS, 33

JOUBERT

d'après un dessin conservé à la Bibliothèque nationale.

JOSEPH JOUBERT

Ce ne sont point les discours sublimes
qui font l'homme juste et saint, c'est
une vie pure qui le rend ami de Dieu.
(*Imitation de J.-C.*)

« Le vrai, le beau, le juste, le saint » tels sont les derniers mots que traça la main défaillante de Joubert ; ne sont-ils pas comme le résumé de sa vie entière et des immortelles espérances qui bientôt pour lui allaient avoir leur réalisation?... Si Joubert n'eût été qu'un philosophe, un écrivain, un lettré, nous laisserions à des plumes plus compétentes le soin d'apprécier le tour piquant de ses pensées, la finesse de ses jugements, le mérite de sa correspondance ; mais ce philosophe aimable, ce lettré si disert était aussi, était surtout, un homme de bien, un chrétien convaincu ; c'est pourquoi nous essayons d'esquisser, pour nos jeunes lecteurs, cette attachante et sympathique physionomie.

Joseph Joubert naquit le 6 mai 1754, à Montignac, petite ville du Périgord ; il était l'aîné de huit enfants, et l'on peut supposer qu'une famille aussi nombreuse ne fut pas sans coûter beaucoup de peines et de soins à M. et Mme Joubert. Il ne parle jamais de ses parents, et particulièrement, de sa mère qui devait être une femme supérieure, qu'avec une pieuse affection.

Voici ce qu'il écrivait en 1800, à une de ses plus chères amies, Mme de Beaumont dont nous aurons occasion de reparler plus tard.

« ... Je ne vous ai pas encore parlé de ma bonne et pauvre
mère... Elle a eu bien des chagrins, et moi-même je lui en ai donné
de grands pour ma vie éloignée et philosophique. Que ne puis-je
les réparer tous, en lui rendant un fils à qui aucun de ses souvenirs ne peut reprocher du moins de l'avoir trop peu aimée !... »

Combien ces lignes semblent encore plus touchantes, quand
on songe que celui qui les écrivait avait quarante-six ans !

Quatre ans plus tard, dans une lettre à M. Molé, nous lisons
ceci : « La première fois que je vous ai vu, je perdais ma mère : la
meilleure, la plus tendre, la plus parfaite des mères. Ma tendresse
pour elle fut toujours, au milieu de mes innombrables passions,
mon affection la plus vive et la plus entière... »

Grâce aux heureuses dispositions dont Joseph était doué, il ne
fut pas longtemps à apprendre tout ce qu'on pouvait enseigner
alors dans une petite ville : il est vrai que ce tout n'était presque
rien. A l'âge de quatorze ans, ses parents, nous ignorons au prix
de quels sacrifices, l'envoyèrent à Toulouse afin d'achever ses
études. Il entra au collège dirigé par les Pères de la Doctrine chrétienne, qui, avec les Jésuites et les Oratoriens, passaient à juste
titre pour les meilleurs éducateurs de la jeunesse. Les bons Pères
ne tardèrent pas à remarquer la vive intelligence et les merveilleuses aptitudes de leur nouveau disciple, et ils l'engagèrent à
rester parmi eux. Ils ne lui demandaient pour cela ni d'aliéner sa
liberté ni de prononcer aucun vœu, mais simplement de professer
les classes élémentaires. Il consentit sans peine : après avoir fait sa
classe le matin, il quittait son rôle de magister, redevenait élève à
son tour, en suivant des cours supérieurs sous la direction de
maîtres habiles et savants. Ce double labeur, accompli avec le zèle
et la fougue que la jeunesse apporte à toute chose, usait insensiblement les forces de Joseph et ruinait son organisation ; après
avoir lutté quelque temps, il comprit enfin qu'il avait un besoin
impérieux de tranquillité et de repos.

Il revint à Montignac, au sein de sa famille ; là, il se plongea
dans la lecture assidue des auteurs anciens qu'on n'étudie que
superficiellement dans les classes. Son goût sûr et délicat lui
faisait apprécier grandement les écrivains de l'antiquité : Platon,

Virgile surtout, lui causaient des transports d'admiration. Après qu'il eut épuisé toutes les bibliothèques du voisinage que l'on avait mises à sa disposition, un vague ennui le saisit ; c'était comme une sorte de nostalgie intellectuelle ; cet esprit avide de connaître et d'apprendre avait besoin de plus vastes horizons et d'un milieu plus littéraire. Il partit donc pour Paris, la grande ville qui a toujours le don d'attirer les intelligences d'élite : il y arriva dans le commencement de l'année 1778.

Un de ses premiers soins fut de s'enquérir de la demeure des gens de lettres dont le nom était parvenu jusqu'à lui ; quelques mois seulement après son installation dans la capitale, il était admis dans l'intimité des philosophes à la mode, et Diderot, le plus célèbre d'entre eux, l'accueillait avec une bienveillance marquée. Un instant, le jeune homme fut ébloui et troublé par les doctrines des encyclopédistes, mais il avait un jugement droit, une raison saine qui ne le laissèrent pas dupe longtemps des utopies et des déclamations philosophiques. D'ailleurs, il avait été élevé chrétiennement, et il possédait de sûrs principes ; son âme avait trop de noblesse, son cœur trop de sensibilité vraie pour goûter les doctrines desséchantes de l'athéisme et de l'incrédulité.

C'est à ce premier séjour à Paris qu'il faut aussi faire remonter le commencement de sa liaison avec M. de Fontanes, liaison qui ne tarda pas à se changer en une amitié profonde et sérieuse. Un peu plus tard, M. de Chateaubriand fut également admis dans cette douce intimité que la mort seule put interrompre.

Un parent de M. Joubert, M. Desmonts, officier retraité, s'étant fixé à Villeneuve-sur-Yonne, engagea son jeune cousin et M. de Fontanes à le visiter ; telle fut l'origine des relations qui devaient, quelques années plus tard, décider Joubert à prendre un établissement dans la petite cité bourguignonne. Avant de songer à son avenir, il préparait celui de son ami, et lui ménageait une alliance honorable où toutes les convenances semblaient réunies, se montrant alors ce qu'il fut toujours à l'égard de ceux qu'il aimait, mille fois plus soucieux de leur bonheur que du sien propre. Que de lettres n'échangea-t-il pas à cette occasion ! Quelle ingénieuse adresse ne déploya-t-il pas pour mettre en relief les belles qualités de son ami !

En 1790, l'Assemblée Constituante établit les justices de paix et les rendit électives. Cette magistrature très enviée fut offerte par les habitants de Montignac à Joubert, qui était loin de s'attendre à tant d'honneur. Il eût peut-être refusé cette charge, qui s'accordait peu avec ses goûts ; mais son père venait de mourir, ses frères s'étaient créé des positions loin de Montignac et sa mère, demeurée seule avec des filles, se trouvait assez isolée. Il accepta donc, et après douze ans d'absence, il rentra dans sa ville natale. Il remplit ses fonctions judiciaires avec une si grande équité, une si parfaite entente des affaires qu'à l'expiration de son mandat, dont la durée était de deux ans, il fut réélu à l'unanimité. Un tel hommage ne le laissa point insensible, néanmoins il crut devoir s'y soustraire ; l'horizon politique s'assombrissait de tous côtés, et sans soupçonner encore la tempête effroyable qui allait bientôt se déchaîner sur notre patrie, il prévoyait que toute fonction publique serait une lutte, et la lutte ne convenait ni à son esprit ni à son tempérament.

Lors du séjour qu'il avait fait à Villeneuve-sur-Yonne, Joubert avait été reçu dans une honorable famille dont le cordial accueil lui avait été particulièrement doux, et avec laquelle il était demeuré en correspondance. Il aimait surtout à évoquer le souvenir d'un membre de cette famille, et l'image de Mlle Moreau de Mussy passait souvent devant ses yeux charmés ; sous le voile de l'amitié se développait à son insu peut-être, un sentiment plus vif et plus tendre. Mlle Moreau n'était pas moins distinguée par la noblesse de son âme que par l'élévation de son esprit ; le sacrifice généreux qu'elle avait fait des belles années de sa jeunesse à d'austères devoirs de famille, lui avait gagné toutes les sympathies. Pendant que Joubert était dans le Périgord, elle perdit son frère aîné qu'elle chérissait tendrement ; ce deuil, qui rouvrait d'anciennes blessures à peine cicatrisées, la plongea dans un état voisin du désespoir. Dans les lettres de cette époque, Joubert essaya d'adoucir et de tempérer ce chagrin qui, tout en étant fort légitime dans son objet, lui paraissait un peu outré dans ses manifestations. Les réflexions qu'il se permet à ce sujet, marquées au coin d'une raison éclairée et d'une sensibilité de bon aloi, nous semblent empreintes également d'un grand sentiment chrétien.

« .... Je ne prétends être insensible, en effet, à aucun des accidents de la vie, et je serais même bien fâché de l'être. Mais dans la multitude infinie de manières dont nous pouvons être affectés, il n'est pas un de ces événements, heureux ou tristes, qui ne soit capable de produire en nous un sentiment sublime et beau. C'est ce sentiment que je cherche. Je passe rapidement par tous les autres pour ne m'arrêter qu'à lui. Lorsque mon âme a pu y parvenir, elle s'y tient et pour toujours. Mes douleurs ainsi que mes joies sont éternelles. Ces douleurs pures valent de la joie, et je sais, par mon propre exemple, que l'affliction même n'est pas ennemie du bonheur, c'est-à-dire de l'état où l'âme goûte en soi une constante satisfaction. Il importe peu qu'elle soit contente des événements, pourvu que sa manière de les sentir la rende contente d'elle-même. Elle l'est par la perfection de cette sensibilité qui, bien apprise et bien menée, sait extraire du miel de tout. Il y en a jusque dans les peines. Mais vous craignez, dites-vous, en acceptant des consolations, d'outrager et de blesser *les chères ombres*, *les mânes sacrés* de vos amis. Il y a là une exagération de sentiment et de langage que je ne saurais ménager. Aucune affection honnête ne peut blesser des êtres bons. Si, dans notre imperfection terrestre, nous éprouvons des jalousies, elles cessent et se déposent avec le limon qui environne notre nature. Au-delà de cette vie, tout est clarté, tout est bonté!... »

Quelques semaines plus tard, revenant sur le même sujet, il écrit : « ... Non, les amis que nous avons perdus ne sont point honorés par ces douleurs excessives qui n'honorent personne, parce qu'elles supposent plus la faiblesse et l'entêtement des âmes qui les éprouvent, que la grandeur des pertes qu'on a faites. Ce qui honore ceux qui ne sont plus, c'est une douleur modérée, à qui sa modération même permet d'être aussi durable que la vie de celui qui l'éprouve, parce qu'elle ne fatigue ni son âme ni son corps, une haute douleur qui permet aux occupations, et même aux délassements de la vie, de passer en quelque sorte sous elle ; une douleur calme qui ne nous met en guerre ni avec le sort ni avec le monde, ni avec nous-même, et qui pénètre une âme en paix dans les moments de son loisir sans interrompre son commerce avec les vivants et avec les morts... »

Insensiblement, les lettres devinrent plus fréquentes, plus affectueuses de part et d'autre : un lien indestructible se formait entre ces deux âmes, si dignes de s'entendre.

M. Joubert offrit sa main, quoiqu'il comprît qu'elle ne serait pas acceptée tout de suite ; il osa être pressant et écrivit ce qui suit :

« ... Vous êtes un dépôt que vos malheurs m'ont confié ; un dépôt que je dois garder et conserver à tous les prix ; un dépôt que je veux mettre à ma portée pour veiller sans cesse sur lui. Oui, je vous veux auprès de moi, et je me veux auprès de vous... Consentez-y donc sur-le-champ : je ferai ensuite ce que vous voudrez ; consentez-y de confiance, je la justifierai assez ; consentez-y malgré vous et avec répugnance ; je me moque maintenant de tout cela ; la volonté aura son tour. Si je n'avais que vingt-cinq ans, je vous donnerais dix années pour réfléchir et pour répondre ; je viens d'en avoir trente-huit ; je ne vous donne donc pas un jour, une heure, une minute, et je m'opiniâtrerai. Épargnez-moi beaucoup de peines et, terminant par un seul mot, dites-moi : *eh bien ! j'y consens en attendant que je le veuille.* »

Le 8 juin 1793, le mariage fut célébré à Paris, sans doute pour éviter cette curiosité indiscrète, ces bavardages interminables, que connaissent trop bien ceux qui habitent les petites localités. Les nouveaux époux rentrèrent presque aussitôt à Villeneuve qui, par un privilège presque unique dans ces temps troublés, conservait sa tranquillité et sa physionomie habituelles. Dans la famille Moreau de Mussy, rien ne fut changé, elle compta seulement un membre de plus.

Comme nous le disions plus haut, Mme Moreau n'était point une personne ordinaire, et il semble que Dieu lui eût donné toutes les vertus, et les dispositions nécessaires pour rendre Joubert parfaitement heureux. L'imagination poétique de ce dernier, son penchant à la rêverie, avaient besoin d'un contre-poids, et ce contre-poids, c'était la raison ferme, l'esprit très pratique de sa femme[1]. Quelle que fût la dissemblance de la nature et l'opposition des caractères, l'affection mutuelle des époux empêchait toute aigreur, et prévenait tout froissement. L'année suivante, la naissance d'un fils vint accroître leur félicité !

Notre malheureuse Patrie était alors bouleversée de fond en comble, et ceux qui avaient le malheur de se rattacher d'une façon ou d'une autre à la royauté écroulée, se voyaient l'objet de dénonciations et de persécutions odieuses. Près de Villeneuve s'élevait un château appartenant à M. de Montmorin, ancien ministre de Louis XVI. Aux premiers jours de la tourmente révolutionnaire, toute la famille de ce dernier vint chercher un refuge dans ce coin ignoré de la Bourgogne. Mais l'envie et la haine veillaient; des membres du comité du salut public se présentèrent bientôt au château; ils emmenèrent prisonniers tous les habitants, sauf quelques enfants en bas âge, et Mme de Beaumont, née de Montmorin. Celle-ci, alors très souffrante, leur parut sans doute une victime de trop mince importance.

Jusqu'à ces jours néfastes Joubert n'avait eu aucune relation avec ses voisins; le malheur et l'isolement de la jeune femme excitèrent sa compassion. Il s'empressa de lui témoigner ses sentiments de condoléance en même temps qu'il lui rendait les bons offices qui dépendaient de lui : tel fut le point de départ d'une affection aussi tendre que forte, aussi vive que profonde, que les années, loin d'affaiblir, ne firent qu'accroître et fortifier.

Mariée fort jeune à un homme indigne d'elle, Mme de Beaumont supportait son infortune avec noblesse. Les qualités de son cœur, aussi bien que les charmes de son intelligence vraiment supérieure, lui méritèrent d'illustres amitiés. Mme de Staël la consultait sur ses ouvrages, Chateaubriand lui dut quelques-unes

<hr>

[1] Le trait suivant, raconté par Mme de Chastenay, le prouve surabondamment : « Un jour, dit-elle, MM. Joubert et de Chateaubriand se jetèrent dans le plus charmant vague du monde. Ils peignaient le bonheur, l'indépendance précieuse qu'on goûterait sur une barque errant à la surface des ondes, sous la voûte immense du ciel; tous deux croyaient s'y abandonner au rêve indéfini de la contemplation. Nous allions essayer de les réveiller sur le rivage, quand Mme Joubert, avec simplicité, demanda comment ils comptaient vivre et s'ils ne reviendraient pas au port, pour y chercher au moins du pain... »

de ses plus belles inspirations, et Joubert avouait qu'elle lui tenait lieu de public.

Quand la France eut recouvré un calme relatif, Mme de Beaumont rouvrit ses salons de Paris, Joubert en devint un habitué ; il rencontrait là des femmes aussi distinguées par leur naissance que par leur esprit, des lettrés, des savants, car cette femme charmante attirait à elle toutes les supériorités. Avec un tact inimitable, elle savait faire valoir chacun, et grouper, de façon à les mettre en relief, ces génies divers, ces personnalités parfois opposées.

M. Joubert lui-même, dans un passage de son journal, nous peint ce qu'était ce salon, et l'esprit qui y régnait.

« Paisible société où n'avait accès aucune des prétentions qui peuvent désunir les hommes ; où la bonhommie s'unissait à la célébrité ; où, sans y penser on se faisait une occupation assidue de louer tout ce qui est louable ; où l'on ne songeait qu'à ce qui est beau ; paisible société dont les débris ne se réunirent jamais que pour s'entretenir entre eux de celle qui en était le nœud et qui les avait rassemblés. »

Joubert introduisit chez Mme de Beaumont, Fontanes, M. de Chateaubriand alors presque inconnu ; la jeune femme eut bientôt distingué ce dernier, qui devait occuper une si grande place dans sa vie ; néanmoins dans cet élégant cénacle, il ne figurait pas en idole comme il le fit plus tard à l'Abbaye-au-Bois.

On peut dire que Mme de Beaumont fut une des plus chères affections de Joubert ; quand il se sentait approuvé par elle, le dédain ou l'indifférence des autres ne lui importait guère. Les lettres qu'il lui adressait à de fréquents intervalles, sont des plus intéressantes. Si l'on en doit croire un auteur anglais, *Southey*, qui affirme « que le caractère d'un individu peut être mieux connu par les lettres qu'on lui écrit que par celles qu'il écrit lui-même », nous devons voir dans son amie, une âme et une intelligence d'élite, pareille à ces fleurs trop délicates qui ne peuvent supporter le vent et les orages, sans en mourir. Ces lettres sont pour la mémoire de Mme de Beaumont un monument plus précieux, plus durable, que le tombeau de marbre fastueux que lui fit élever Chateaubriand, dans l'église de Saint-Louis-des-Français, à Rome.

Dans cette correspondance, Joubert aborde tous les sujets : philosophie, politique, littérature, ce qui ne l'empêche pas de descendre aux petits détails, surtout quand ces petits détails concernent la santé de son amie; il a parfois des mots d'une naïveté exquise.

« ... Ne me faites grâce d'aucun détail, lorsque vous me parlerez de votre régime, et parlez m'en souvent, si vous voulez que je me sente comblé de vos bontés. De tous les journaux de ce siècle, il n'en est point qui puisse autant m'intéresser que celui de votre pot-au-feu... »

Et quelques semaines plus tard : « Je vous préviens qu'à l'avenir nous ne voudrons de vous, que lorsque vous vous trouverez insupportable. Vous avez donc eu tort de prendre votre médecine. Une autre fois, gardez votre ipécacuana pour les gens qui ne sont pas dignes de vous aimer, triste et maussade; réservez-leur tous vos rayons, et portez-nous tous vos nuages... »

En 1800, pendant qu'il était à Montignac, il lui écrit :

« ... Je ne vous ai pas encore parlé de ma bonne et pauvre mère, il faudrait de trop longues lettres, pour vous dire ce que notre réunion me fait éprouver de triste et de doux. Elle m'a nourri de son lait, et jamais, me dit-elle souvent, je ne persistais à pleurer, sitôt que j'entendais sa voix. Un seul mot d'elle, une chanson, arrêtaient sur-le-champ mes cris, et tarissaient toutes mes larmes, même la nuit et endormi. Je rends grâce à Dieu, qui m'avait fait un enfant doux ; mais jugez combien est tendre une mère qui, lorsque son fils est devenu homme, aime à entretenir sa pensée de ces minuties de son berceau. Mon enfance a pour elle d'autres sources de souvenirs maternels, qui semblent lui devenir plus délicieux tous les jours. Elle me cite une foule de traits de ma tendresse, dont elle ne m'avait jamais parlé, et dont elle se rappelle fort bien tous les détails. A chaque moment que le temps ajoute à mes années, sa mémoire me rajeunit ; ma présence aide à sa mémoire... Je vous parlerai d'elle pendant tout le temps que nous nous reverrons, car j'en serai occupé tant que pourra durer ma vie. La sienne est bien affaiblie, elle dit cependant qu'elle se porte bien ; mais elle se trompe et nous trompe. Sa résignation domine maintenant sur toutes les autres perfections qui avaient autrefois tant d'éclat... Je vous supplie de nous écrire plus souvent, et d'être persuadée, qu'en cela, vous avez à craindre notre appétit plus que notre satiété. Il y a l'*encore* de la faim ; l'*encore* du désir ; l'*encore* aspiratif ; l'*encore* des enfants, c'est celui-là que nous disons après avoir lu vos lettres, et jamais l'autre : il n'est pas fait pour vous. »

L'année qui suivit ce voyage en Périgord, Mme Joubert mourut ; son fils écrivit à Mme de Beaumont cette phrase pleine d'une émotion douce et contenue.

« J'ai reçu de nouveaux détails sur les derniers jours de ma pauvre mère ; je vous les montrerai, quand je pourrai vous parler en secret, et dire à votre oreille les *choses de la douleur*. »

A côté des questions les plus élevées, Joubert par un tour spécial de son esprit, gracieusement enjoué, savait placer une remarque badine ou des explications remplies *d'humour*.

« Votre Condillac m'a raidi et desséché l'esprit pendant dix jours, avec une telle force qu'il n'y avait pas en moi une fibre qui ne s'en ressentît, et ne se refusât à toute fonction. Il a fallu interrompre cette lecture aride et me jeter, pour digérer, dans d'autres livres. Un Massillon qui m'est tombé par hasard sous la main m'a réussi, il m'a huilé et détendu. M. Necker qui est survenu ne m'a pas nui ; je suis retombé de l'huile dans la graisse, et je me sens rempâté. »

« Je ne sais à quoi je pense de tant bavarder. C'est l'influence de ma plume qui, en mon absence, a servi sans doute à quelque avocat venu chez mon frère. »

Il termine de la sorte sa lettre un peu longue.

« ... Je suis las et je n'écrirai pas à M. de Chateaubriand, comme je me l'étais proposé. Je n'ai d'abord que deux mots essentiels à lui dire ; les voici, ne les lisez pas.

Le porc à s'engraisser coûtera peu de son.

« On l'en gorge, et dans peu de jours, il ne sera bon qu'à être tué. Mais il est amoureux de vos dents blanches, et ne veut être mangé que par vous. Venez donc, que nous puissions vous offrir le mets d'Eumée, les festins du divin porcher : la première graisse et les grillades opimes seront pour vous. Je salue et j'attends avec impatience votre ogrerie qui me demandait d'un ton d'impatience à faire trembler les étables : « Et le cochon, est-ce qu'il vivra toujours ? » Vous aviez la fièvre canine apparemment, en parlant d'une voix si forte et avec cette impatience d'affamé. Je souhaite qu'il vous soit resté quelque pointe de cet effroyable appétit. »

Voici un fragment d'un tout autre genre. La santé de Mme de Beaumont donnait alors à ses amis des craintes qui ne furent que trop justifiées ; sentant ses forces décliner de jour en jour, la jeune femme se laissait envahir par une sorte de langueur, d'abattement que son ami n'approuvait pas.

« ... La vie est un devoir ; il faut s'en faire un plaisir, tant qu'on peut, comme de tous les autres devoirs, et un demi-plaisir, quand on ne peut pas mieux. Si le soin de l'entretenir est le seul dont il plaise au Ciel de nous charger, il faut s'en acquitter gaiement, et de la meilleure grâce qu'il est possible, et attiser ce feu sacré en s'y chauffant de son mieux, jusqu'à ce qu'on vienne nous dire : c'est assez. Je fais intervenir le Ciel comme un ingrédient nécessaire dans cette pâte à maximes. Si vous le séparez de la terre qu'il environne et de l'idée que vous en avez, je ne sais plus ce que c'est que le monde et la vie pour ceux qui n'ont pas de santé !... En attendant, adoptez au moins, par régime et par tolérance, mon dire principal : *La vie est un devoir*. En vous obstinant seulement à la regarder comme une affaire, ou comme un simple amusement, vous la trouverez avec raison insupportable ; mais c'est la considérer mal... »

Une saison que la malade fit au Mont-Dore n'ayant eu aucun résultat, les médecins l'envoyèrent à Rome, qui devait être son tombeau. Joubert avait le pressentiment de cette triste fin, aussi les lettres qu'il lui adresse dans la Ville-Éternelle sont-elles empreintes de mélancolie.

« Si je ne vous ai pas écrit, c'est de chagrin. Je ne crois pas avoir éprouvé un sentiment plus triste que celui dont je m'abreuvais tous les matins, comme d'un déjeuner amer, en me disant à mon réveil, depuis votre dernière lettre : *Elle est maintenant hors de France ou elle en est loin...* J'ai rompu, dans ma tristesse et ma mauvaise humeur, toute correspondance avec le monde entier. Je laisse s'entasser les lettres qu'on m'écrit, je ne les lis même pas tout entières. Enveloppé de mon chagrin comme d'un manteau brun, je m'y cache, je m'y enfonce, j'y vis sourd et taciturne.. »

Après la mort de cette aimable femme qui arriva en 1803, Joubert écrivait à un ami :

« ... Je ne vous dirai rien de ma douleur. Elle n'est point extravagante, mais elle sera éternelle. Quelle place cette femme aimable occupait pour moi dans le monde ! Je n'avais pas eu depuis neuf ans une pensée où elle ne se trouvât de manière ou d'autre en perspective. Ce pli ne s'effacera point, et je n'aurai pas une idée à laquelle son souvenir et l'affliction de son absence ne soient mêlés... »

Une femme distinguée, Mme de Vintimille, à l'âme noble et délicate rappelant celle de Mme de Beaumont, mais dont l'esprit n'était pas aussi éminent, sut adoucir un peu les regrets de Joubert et lui rendre comme un reflet des joies intellectuelles qu'il avait perdues. Toutes les lettres qu'il écrit à cette dame sont charmantes. Pendant son séjour à Paris, en 1807, il lui adresse les lignes suivantes :

« ... Il faut absolument que j'assomme votre portier, un jour que j'aurai de la force, et je vous en demande très sérieusement la permission. Cet homme a l'air d'un Cerbère maigre ; il me reçoit toujours fort mal, ne m'écoute point, ne me laisse jamais entrer, et, de plus, il me prend pour le père de mon frère, c'est-à-dire pour mon propre père à moi. J'avais choisi les deux jours les plus brûlants de l'année, et le plein midi de ces deux jours-là, pour vous faire de ces visites signalées, qui prouvent sans contestation un dévouement incomparable et qui rendent impossible, de la part de ceux qui les reçoivent, toute ingratitude et même tout indifférence. Je m'attendais à votre admiration, à vos regrets, tout au moins à votre pitié ; il est clair que le misérable m'a omis sur votre liste, ou que peut-être il m'en a méchamment effacé. Je ne lui pardonnerai jamais les reproches de négligence et d'oubli que je reçois si mal à propos, et l'injustice énorme dont il est la cause... »

Au jour de la sainte Madeleine, qui était la fête de Mme de Vintimille, il envoie à celle-ci un petit livre qu'il lui décrit avec infiniment de grâce et de délicatesse. Les sentiments qu'il exprime sont peut-être un peu subtils, un peu raffinés, mais nous préférons ces défauts, si défauts il y a, au sans façon dont on use si volontiers à notre époque.

« ... Mon petit livre est tout bonnement un Pétrarque, dont tous les sonnets sont rangés dans leur ordre chronologique. La traduction française est en regard, de même dimension que le texte... La reliure est couleur de bois d'oranger et me rappelle vos petits meubles que j'aimais tant. La couverture est orné d'un double W très délicatement tracé, qui semble multiplié par ses petites branches et qui, par ce caractère, paraît à la fois l'emblème et le chiffre le plus convenable de votre nom. Les signets sont des rubans du plus beau blond, ainsi que les revers de la reliure et les dorures un peu passées. Enfin tout annonce que, dans son origine, ce livre fut destiné à la plus piquante des blondes. J'ai dans la tête qu'on le relia pour vous, qu'il vous a appartenu, qu'il vous fut volé ou que vous le perdîtes et je vous le rends. Je me suis dit dans mes conjectures qu'il vous fut donné il y a longtemps, que par conséquent celui qui le donna put vous aimer dès sa jeunesse ; et c'est un bonheur que je lui envie. Je me dis que, s'il vit encore il vous aime toujours ; et ce bonheur-là je ne l'envierai jamais à personne, car je le partage avec tout ce qui vous connaît... »

Il avait passé quelques jours très agréable, à Epoisses, où abondent les souvenirs concernant Mme de Sévigné ; au retour, il envoyait à Mme de Guitaut, l'aimable châtelaine qui l'avait reçu, les lignes suivantes, empreintes d'une politesse charmante et de bon aloi :

« ... Epoisses nous est recommandé par le passé, par le présent et par l'avenir. Le passé, c'est Mme de Sévigné ; le présent, Madame, c'est vous, et l'avenir, ce sont ces deux jeunes filles qui étaient assises à vos côtés et dont vous étiez si bien parée. En vous voyant au milieu d'elles, il était difficile de ne pas se dire, comme leur arrière grand-père, lorsqu'il écrivait à Mme de Grignan : « Le monde est bien aimable et bien joli ! » Je m'étonne pourtant qu'elles comptent ainsi dans mes souvenirs, car, s'il faut avouer la vérité, je donne peu d'attention à cet âge qu'on dit charmant. Il suffit si bien à lui-même que je le livre à ses agréments! Mais cette fois, moi qui n'ai jamais pardonné à personne d'avoir quinze ans, je pardonne à Mesdemoiselles vos filles d'en approcher. »

Mme de Chastenay s'exprimait comme il suit, sur le compte de Joubert : « J'ai dit qu'en lui tout était âme, et que cette âme, qui semblait n'avoir rencontré un corps que par hasard, en ressortait de tous côtés et ne s'en arrangeait qu'à peu près. M. Joubert était tout cela et tout esprit, parce qu'il était tout âme... »

Avec une telle organisation, la santé de Joubert était des plus chancelantes et lui causait mille inquiétudes, mille embarras. Afin de se mieux porter, il s'assujétissait à toutes sortes de précautions et de manies, mais jamais il n'en faisait sentir le poids à ses amis : aussi ces derniers, loin de s'en offenser, s'en divertissaient-ils et en riaient doucement. Toujours, il savait s'oublier pour son entourage : malade ou bien portant, triste ou gai, il restait bon, obligeant et dévoué. Au contact de cette nature sympathique, Chateaubriand lui-même, l'égoïste par excellence, perdait de vue quelque peu sa personnalité ; l'affection qu'il ressentit pour Joubert est peut-être le seul sentiment désintéressé du grand écrivain.

Dans les *Mémoires d'outre-tombe*, ce livre impitoyable dont on a dit « il n'y a d'épargnés que les oubliés » on lit ceci :

« Plein de manies et d'originalités, M. Joubert manquera éternellement à ceux qui l'ont connu. Il avait une prise extraordinaire sur l'esprit et sur le cœur, et quand une fois il s'était emparé de vous, son image était là comme un fait, comme une pensée fixe, comme une obsession qu'on ne pouvait plus chasser... Afin de retrouver des forces, il se croyait souvent obligé de fermer les yeux et de ne point parler durant des heures entières. Dieu sait quel bruit et quel mouvement se passaient intérieurement pendant ce silence et ce repos qu'il s'ordonnait! M. Joubert changeait à chaque moment de diète et de régime ; vivant un jour de lait, un autre jour de viande hachée, se faisant cahoter au grand trot sur les chemins les plus rudes ou traîner au petit pas dans les allées les plus unies... »

Pour compléter ce portrait, nous dirons que la plupart du temps l'écrivain qui nous occupe était vêtu d'une douillette de soie puce ; pendant les grands froids qu'il redoutait extrêmement, il portait un manchon, mais à cette époque, les manchons étaient réservés exclusivement aux hommes. Il passait la matinée dans son lit, lisant ou prenant des notes, et il ne se levait guère avant deux ou trois heures de l'après-midi. Son abord était facile, son accueil affable, et sa façon de s'exprimer douce et bienveillante.

Laissons encore la parole à Mme de Chastenay qui avait vu le bon Joubert dans son négligé un peu bizarre : « Un jour que je sollicitais une faveur de l'Université, M. Joubert, qui ne pouvait sortir, me donna rendez-vous chez lui avec le grand maître en personne. M. Joubert était établi dans son lit : un petit gilet ouaté et fait pour l'attitude, un grand bonnet de coton avec un beau ruban, des tablettes à portée, arrangement complet, et à côté de cette couchette si originale et si simple, je vis M. de Fontanes en habit de sénateur. Nous causâmes tous trois à plaisir... »

Avant que Chateaubriand n'eût visité son ami dans sa retraite de Villeneuve, il passa par cette ville, en se rendant à Rome ; à ce sujet il lui écrit d'une façon tendre, naturelle et enjouée que l'on ne soupçonnerait guère dans l'auteur qui a écrit tant de phrases pompeuses et grandioses.

« .. J'avais calculé qu'il ferait jour quand nous arriverions à Villeneuve. Mon cher Joubert, quelle fatalité ! Je m'endors et ne me réveille qu'à la porte de la ville. Il fait grand jour ; je demande où est Villeneuve ; je regarde derrière moi et je vois une jolie petite église ; je descends et j'y cours. Je cherche à découvrir votre rue ; Mme de Beaumont me l'avait décrite : une petite rue en descendant à droite. Je crois que je l'ai vue, mais je n'en suis pas bien sûr ; il n'est que quatre heures : le moyen d'éveiller Mlle Piat ! Je balance un moment, mais enfin je renonce à ce pélerinage. Qui m'aurait dit que, dans cette petite ville, demeurerait un homme que j'aimerais tendrement, un homme rare dont le cœur est de l'or, qui a autant d'esprit que les plus spirituels, et

qui a par-ci par-là du génie ? Mon cher ami, je vous le dis les
larmes aux yeux, parce que je suis loin de vous ; il n'y a point
d'homme d'un commerce plus sûr, plus doux et plus piquant que
le vôtre, d'homme avec lequel j'aimasse mieux passer ma vie... »

M. Joubert avait également beaucoup d'affection pour la
femme de son ami, nature originale, très vive, un peu emportée
même, tout l'opposé de l'excellent homme, mais n'arrive-t-il pas
souvent que l'amitié naît des contrastes ? d'autant mieux qu'en
dépit de son humeur frondeuse, de sa verve parfois un peu caus-
tique, Mme de Chateaubriand était vraiment bonne et toute dévouée
à ceux qu'elle aimait. Quand les Joubert résidaient à Paris, elle
allait les voir presque chaque jour et passait de longues heures
près de son ami qui, nous le disions plus haut, restait presque
toute la matinée assis, dans son lit, soit à lire, soit à prendre des
notes. Lorsque sa délicate santé l'obligeait, elle aussi, à garder la
chambre, elle se dédommageait en écrivant de délicieux billets,
étincelants de verve.

« Sortirez-vous ce matin ? Si vous ne sortez pas, j'irai mourir
chez vous, car je suis vraiment à l'agonie. J'ai trois rages : l'une de
tête, l'autre d'estomac et la troisième contre une méchante femme
que je voudrais étrangler. »

« Malgré le poids de mes maux, j'irai peut-être vous voir ce
matin ; mais comme auparavant je vais aller à confesse, je vous
préviens que je vous dirai du bien de tout le monde : vous
traduirez. »

Joubert se plaisait, surtout au moment des vendanges, à
réunir ses amis dans sa petite maison de Villeneuve ; elle était
pourtant bien simple, bien modeste cette maison, et ce que nous
en connaissons offre un contraste des plus marqués avec les habi-
tations d'aujourd'hui, si encombrées de meubles somptueux et de
riches inutilités. On en pourra juger par la description des
chambres à coucher, faite par un de ses amis.

« La chambre à coucher du maître de la maison était située
à l'autre extrémité de la salle : lit en bois peint à colonnettes
bronzées, rideaux jaunes en colonnade surmontés d'une flèche ;
deux fauteuils recouverts de même étoffe ; deux autres sièges en

velours rouge des plus mûrs ; un petit guéridon découpé en losange ; chiffonnier, commode en marqueterie ; deux petites fenêtres à petits carreaux. J'allais oublier le papier, plus que modeste, qui tapisse la chambre et ajoute à sa simplicité. »

La chambre d'amis était un peu plus soignée, néanmoins, le plus mince employé ne s'en contenterait pas aujourd'hui.

» Figurez-vous une pièce de dix-huit pieds carrés environ, éclairée d'une seule fenêtre à petits carreaux et dont le plafond est sillonné de deux poutres en saillie. Le parquet se compose d'un carrelage inégal, usé de vétusté et sans autre tapis que la descente de lit. Couchette en bois peint, style Louis XV, dont les quatre montants peints en rouge sont surmontés de petites urnes bronzées, rideaux verts damassés avec une couronne en bois pour les soutenir. L'ameublement comprend une commode à dessus de marbre, marquetée surtout de piqûres de vers, un secrétaire en noyer, une console et trois petits fauteuils extrêmement fatigués. »

Voilà cependant où Fontanes, grand-maître de l'Université, Chateaubriand, vicomte, ministre, ambassadeur, venaient se délasser des fatigues du pouvoir et oublier leurs succès ambitieux. Le dernier, à son retour d'Orient, y séjourna quatre mois entiers, avec Mme de Chateaubriand.

Afin que l'on puisse mieux se rendre compte de l'aimable bonhomie avec laquelle M. Joubert faisait ses invitations, nous citerons le fragment suivant d'une lettre à M. de Fontanes.

« ... Si vous avez envie, réellement envie de passer quelque temps ici, venez hardiment, mon cher ami. Vous ne dérangerez dans cette maison personne que moi. Vous me prendrez mon temps, mes loisirs et mes occupations ; mais vous êtes bien assuré que le plaisir de vous avoir pour hôte est au-dessus de tout cela. Il faut seulement vous consulter vous-même et voir, par exemple, si vous pouvez vous passer de valet de chambre. Nous n'avons ici que des filles fort laides, mais pour rien au monde nous ne voudrions leur donner en spectacle un domestique de Paris. Le seul aspect de l'oisiveté de ces drôles-là est propre à corrompre la simplicité laborieuse de tout un pays. Il y a au bout de notre rue, un perruquier qui sera à votre service ; notre petite servante battra

vos habits. Nous vivrons avec abondance, et je suis d'ailleurs peu
en peine de vous traiter à table. Je sais que rien n'est plus aisé,
malgré vos prétentions à la gourmandise, que de vous faire prendre
pour excellente une chair détestable. Vous aurez une chambre
vaste ou il ne pleut pas, un cabinet de propreté et une baignoire
attenante ; trente coteaux autour de la ville et toute la terre autour
de vous... »

Dans cet humble logis, on le devine aisément, il ne pouvait
être question ni de plaisirs mondains, ni de fêtes brillantes; toutefois
on n'y connaissait pas l'ennui. La lecture, la conversation, et
quelle conversation ! avec des interlocuteurs tels que Joubert,
Fontanes, Chateaubriand, Molé, etc., remplissaient la journée ; le
soir, le maître de céans sortait volontiers, et avec ses hôtes il
faisait des promenades aux alentours de Villeneuve. Lorsque la
température était mauvaise, on passait au salon et l'on jouait des
proverbes ou des charades. Une crécelle installée par Joubert
remplaçait les trois coups traditionnels : la gaieté la plus franche
et la plus cordiale animait ces réunions. Aux fêtes de famille, les
serviteurs n'étaient point oubliés, et ils prenaient leur part de la
joie générale, car tout métaphysicien et tout philosophe qu'il fût,
Joubert n'en veillait pas moins avec une vive sollicitude au bien-
être physique et moral de tous ceux qui l'entouraient.

Lorsque M. de Fontanes fut nommé grand-maître de l'Université, il n'oublia pas son plus cher ami, et il le désigna avec
M. de Bonald et M. de Bausset, pour être son collaborateur. Les
deux premiers étaient déjà célèbres, et l'empereur ne fit aucune
objection à leur endroit : « Mais je ne connais pas M. Joubert, dit-
il à M. de Fontanes ; m'en répondez-vous ? — Sire, répliqua celui-
ci, ce nom est moins connu que les deux premiers, et c'est pourtant le choix auquel j'attache le plus de prix. M. Joubert, frère du
procureur impérial de Votre Majesté, près le tribunal de première
instance de Paris, est mon ami depuis trente ans. C'est le compagnon de ma vie, le confident de mes pensées. Son âme et son
esprit sont de la plus haute élévation. Je m'estimerai heureux si
Votre Majesté veut m'accepter pour sa caution. »

Et Joubert prit ainsi rang parmi les inspecteurs généraux de l'Université. Il n'était pas toujours du même avis que le grand-maître, et il ne craignait pas de lui dire franchement toute sa pensée ; il est vrai qu'il avait une façon de dire la vérité à ses amis qui ne permettait pas à ceux-ci de se fâcher ; nous n'en voulons pour preuve que la citation suivante, empruntée à une lettre écrite à M. de Fontanes :

« Vous avez subjugué tout le monde autour de vous, excepté moi. Toutes les opinions se taisent devant la vôtre, excepté la mienne... Sans moi, vous ne connaîtriez pas, hors de votre famille, les délices de la contradiction ; sans moi, rien ne rappellerait jamais à votre souvenir l'ancienne et douce égalité. Et remarquez ceci, Monseigneur ; celui qui sait rire avec vous de ses occupations et des vôtres est un homme grave et même austère ; celui qui se joue avec vos dignités est l'homme qui attache le plus d'importance à votre rang, à vos fonctions, et qui les respecte le plus dans son esprit et dans son cœur ; enfin l'homme qui vous contredit le plus souvent est celui qui a pour vous, en secret, le faible le plus décidé ; l'homme qui vous est le moins asservi est aussi celui qui vous est le plus dévoué. Vous n'avez jamais obtenu et vous n'obtiendrez jamais de moi tous les jours une aveugle approbation : mais vous avez toujours exercé et vous exercerez toujours sur moi, tous les jours et à tous les moments, en dépit de vous et de moi-même, un ascendant plus glorieux. Il y a trente ans et plusieurs mois que je vous aime : ce n'est là qu'une bagatelle ; il y a trente ans et plusieurs mois que pour le talent dans tous ses détails, pour les grands traits de conduite et de caractère, j'ai pour vous, sans interruption, un sentiment bien supérieur à l'amitié ; un sentiment plus rare et plus élevé ; un sentiment que peu d'âmes peuvent inspirer et peu d'âmes garder ; enfin un sentiment unique, celui d'une invariable et, pour tout dire, d'une incurable admiration... »

Avec une telle enveloppe, toute pilule, si amère fût-elle, pouvait passer.

L'excellent homme était d'ailleurs trop sage pour avoir la prétention que ses conseils fussent toujours suivis : « Ce ne serait plus de la franchise, disait-il à ce sujet, ce serait de la tyrannie que de vouloir être approuvé toujours, quand jamais on ne tait son avis. »

Quoiqu'il aimât et admirât aussi beaucoup Chateaubriand, il voyait ses défauts, ses torts et il s'en affligeait. Qu'y a-t-il de plus tendre et de plus sensé que cette parole qu'il écrit à M. Molé, un autre intime, à propos de l'illustre auteur des *Martyrs* :

« Il y a un point essentiel et dont il faut préalablement convenir entre nous, c'est que nous l'aimerons toujours, coupable ou non coupable ; que dans le premier cas, nous le défendrons ; dans le second, nous le consolerons. »

Dans les conseils qu'il se permettait de donner, il savait allier à merveille un sens droit et une grande délicatesse. Voici ce qu'il écrivait à un de nos compatriotes, Chénedollé, trop oublié aujourd'hui.

« ... Je vous préviens qu'il y a deux moyens infaillibles de se placer dans ces fonctions (inspecteur d'Académie); le premier est de les remplir parfaitement, car on parvient toujours à faire volontiers ce qu'on fait bien ; le second est de vous dire que « tout ce qui devient devoir doit devenir cher. » C'est une de mes anciennes maximes, et vous ne sauriez croire quelle facilité étonnante on trouve dans les travaux pour lesquels on se sentait d'abord le plus de répugnance, quand on s'est bien inculqué dans l'esprit et dans le cœur une pareille pensée ; il n'en est point de plus importante pour le bonheur... »

Ce conseil n'est-il pas essentiellement pratique ? et chacun d'entre nous ne peut-il pas s'en faire l'application à tout instant ?...

Ce moraliste, ce penseur avait, nous l'avons déjà dit, une âme d'une délicatesse exquise qui le rendait mieux qu'un autre apte à comprendre la nature féminine ; aussi quels judicieux avis n'adresse-t-il pas à la fille de son ami, Mlle de Fontanes! Sa lettre est un chef-d'œuvre, et si l'on n'en avait la certitude, on ne soupçonnerait jamais un homme d'avoir écrit des aperçus si justes et si fins tout à la fois. Il faudrait citer l'épître tout entière, mais nous sommes obligé de nous borner et nous en donnons seulement quelques fragments.

« ... Conservez dans votre maintien, dans votre ton, dans vos manières et dans toutes vos habitudes, une certaine négligence, une apparence d'abandon et un air de distraction que j'ai cru remarquer en vous, malgré votre vivacité. Que cet abandon plein de grâce annonce de la confiance et non de l'indifférence ; que cette négligence acquise par l'heureuse satiété de toutes les délicatesses et de toutes les élégances, soit une élégance de plus ; que cet air de distraction vienne de l'oubli de soi-même par préoccupation des autres, et non de l'oubli des autres par préoccupation de soi... Défiez-vous des mauvais plis, dont les effets sont si funestes et l'origine si petite. On les contracte sans les craindre, sans le vouloir et sans les voir... Pourquoi y a-t-il tant de personnes qui, d'ailleurs bonnes et aimables, sont lentes à se faire aimer ? C'est qu'il y a quelque mauvais pli qui s'est placé dans les replis de leur ton, de leur visage, de leurs manières, et dont la présence invisible nous rebute, on ne sait comment... Avez-vous quelque mauvais plis ? Avez-vous des demi-défauts ? Avez-vous même des défauts et voulez-vous de l'indulgence ? Voici le secret infaillible de l'obtenir à pleins souhaits. Donnez-vous trois demi-vertus, trois demi-beautés, trois grâces : l'accueil riant, les prévenances, et le désir d'être agréable qui n'est pas celui de briller. Placez-les dans votre maintien, dans votre ton, dans vos manières ; mais ce n'est pas encore assez : dans votre esprit, dans votre cœur, dans vos regards, dans votre voix, dans tous vos traits. Entretenez-les avec soin ; ne vous en dépouillez jamais, car c'est un atour nécessaire au négligé le plus hardi. Soyez-en donc toujours ornée, et tout vous sera pardonné. »

Joubert s'était toujours montré doux, patient, accueillant à l'égard de ses amis et même des indifférents ; il l'était également vis-à-vis de la souffrance et de la maladie. Durant l'été de 1810, il fut gravement malade et le journal qu'il écrivait chaque jour resta de côté ; quand il put le reprendre, il écrivit :

« Du jeudi 7 juin au jeudi 12 juillet, ma grande et bonne maladie ! *Deo gratias !* »

Il savait du reste à quelles sources vraies on puise la résignation, et dans une lettre intime, nous lisons ceci.

« ... Comme il plaira à Dieu ! C'est mon mot d'habitude et mon remède à tous les maux. Il me rend le courage et la paix, et

me rengage toujours avec joie, quand je le prononce du fond du
cœur, aux soins, aux peines, aux travaux dont je vois l'inutilité.
C'est le bois de mon sacrifice ; je l'assemble tant que je peux, ainsi
je n'aurai rien perdu, parce que ce qui sera inutile pour mon
usage servira du moins pour mon offrande... »

Il plaisantait parfois sur ses maux, avec infiniment de grâce
et d'esprit, témoin le passage que nous transcrivons : « Il y a dans le
monde un vilain petit mal bien singulier. C'est une invisible
vapeur qui semble ne toucher à rien, et qui pénètre jusqu'aux os.
On lui donne un grand vilain nom dont l'épithète est fort jolie :
c'est un rhumatisme volant. Ce mal bizarre qui a quelque chose
du dragon et du lutin tout à la fois, se joue à ravager un homme.
Il se jette, comme en sautant, sur les deux bras, sur les épaules,
sur les dents ; et, quand il est las de bondir ou rassasié des tourments dont il fait sa vaine pâture, il abandonne les surfaces ; il
se glisse dans l'estomac et s'y endort ; alors on ne croit plus
souffrir, mais on porte au-dedans de soi un poids affreux, pire que
toutes les douleurs. J'ai logé cet hôte cruel... »

Dans les premiers mois de l'année 1824, les malaises habituels
de Joubert s'aggravèrent de façon à faire craindre une issue fatale ;
le 4 mai, après avoir reçu les Sacrements avec foi et piété, il s'éteignit doucement, deux jours avant d'avoir accompli sa soixante-
dixième année.

Les *Pensées* de Joubert ne nous offrent ni les traits incisifs qui
abondent dans Pascal, ni la fine ironie qui distingue les portraits
de La Bruyère, ni la profondeur parfois si amère de La Roche-
foucauld, néanmoins, par leur forme originale et pittoresque, les
aperçus délicats et ingénieux dont elles sont semées, le parfum
d'honnêteté qui s'en dégage, ces *Pensées*, elles aussi, sont un
modèle inimitable, et elles ont leur place marquée peu au-dessous
des chefs-d'œuvre que nous ont légué les immortels génies que
nous citions plus haut.

Nous avons glané quelques-unes de ces *Pensées* à l'intention
de nos lecteurs ; nous espérons qu'ils ne trouveront pas nos citations trop multipliées.

*
* *

Quand mes amis sont borgnes, je les regarde de profil.

On ne comprend la terre que lorsqu'on a connu le ciel.

Sans le monde religieux, le monde sensible offre une énigme désolante.

Le ciel est pour ceux qui y pensent.

Il n'y a d'heureux que les sages, les bons et les saints, mais les saints le sont plus que tous les autres, tant la nature humaine est faite pour la sainteté.

La dévotion embellit l'âme, surtout l'âme des jeunes gens.

Quand l'humilité n'accompagne pas la dévotion, celle-ci devient inévitablement orgueil.

Le prie-Dieu est un meuble indispensable au bon ordre; où il n'est pas, il n'y a point de pénates, point de respect.

Il faut non seulement cultiver ses amis, mais cultiver en soi ses amitiés, les conserver avec soin, les soigner, les arroser pour ainsi dire.

Quand on aime, c'est le cœur qui juge.

Il faut compenser l'absence par le souvenir. La mémoire est le miroir où nous regardons les absents.

Le cœur doit marcher avant l'esprit, et l'indulgence avant la vérité.

Il faut mourir aimable si on le peut.

Rien ne fait autant d'honneur à une femme que sa patience, et rien ne lui en fait aussi peu que la patience de son mari.

Le plaisir de plaire est légitime et le désir de dominer choquant.

Il ne faut jamais regretter le temps qui a été nécessaire pour bien faire.

Ne coupez pas ce que vous pouvez dénouer.

Tout s'apprend, même la vertu.

Il faut du ciel à la morale, comme de l'air à un tableau.

Il y a des gens qui n'ont de la morale qu'en pièce; c'est une étoffe dont ils ne se font jamais d'habit.

Il faut quand on agit, se conformer aux règles, et quand on juge, avoir égard aux exceptions.

Ceux qui ne se rétractent jamais s'aiment plus que la vérité.

On n'est jamais médiocre quand on a beaucoup de bon sens et de bons sentiments.

Il faut porter son velours en dedans, c'est-à-dire montrer son amabilité de préférence à ceux avec qui l'on vit.

Être capable de respect est aujourd'hui presque aussi rare qu'en être digne.

LE PÈRE GRATRY

Pour t'élever de terre, homme, il te faut deux ailes :
La pureté de cœur et la simplicité.
Elles te conduiront avec facilité
Jusqu'à l'abîme heureux des clartés éternelles.
(Tr. de l'*Imitation*, par P. CORNEILLE.)

ADOLPHE Gratry naquit à Lille, le 30 mars 1805 ; son père, employé dans l'intendance militaire, était souvent forcé de changer de résidence, de sorte que la petite enfance d'Adolphe s'écoula presque entièrement à l'étranger.

Le jeune enfant avait pour ses parents, un amour filial qui allait jusqu'à la vénération, et dont il nous a transmis plus tard comme le reflet, dans une de ses plus belles pages.

« Avons-nous jamais remercié Dieu de tout ce qu'il a mis dans nos cœurs de vie, d'amour et de bonheur par le don qu'il nous a fait de notre père et de notre mère ? L'avons-nous remercié de la joie sainte dont il a rempli notre enfance ?... Qu'ils sont féconds, doux et vivants ces jours de notre âge d'or, où l'enfant vit et respire dans la confiance et dans l'amour ; où l'enfant croit d'une foi pleine que son père et sa mère savent tout, qu'ils sont puissants comme des anges, et que, réfugié dans leur sein, nul mal ne le peut atteindre ; où sa bouche pleine de confiance, demande incessamment ; demande sa nourriture, demande le sens de la parole, demande quelque marque d'amour. Ce qu'on lui donne, il le reçoit, ce qu'on lui dit, il le croit. Il ignore que l'on puisse tromper, que l'on puisse faire un faux don. Toujours entouré de tendresse, son âme est tout entière ouverte, épanouie comme son visage ; son cœur est tout à nu, et il n'a pas encore abaissé le voile entre sa face et son âme, ce voile derrière lequel l'homme réfléchit... Vivre dans le sein et sous les ailes d'êtres sages et puissants qui nous protègent, qui nous dirigent et nous donnent tout ; n'avoir qu'à suivre, à recevoir, à obéir et à aimer ; jamais à prévoir d'avenir, à hésiter entre deux voies ; n'être, en aucun temps, seul au monde, mais tenir par sa vie même à des cœurs toujours pleins pour nous ; user avec bonheur de notre force et de notre vie naissante, et se sentir toujours soutenu par une force plus grande que notre force, et par une vie plus grande que notre vie ; avoir un foyer d'amour, un centre visible en ce monde pour y rapporter notre vie, un refuge, un asile, un sein pour s'y verser dans la douleur ; voir de ses yeux un homme dont le sang même nous a transmis la vie, et qui nous la conserve, lorsqu'il le faut, au prix de sa vie et de son sang ; pouvoir reposer notre tête sur le sein qui nous a portés et qui nous a nourris de sa substance ; dormir sous la garde de celle qui veille sur notre couche, comme l'ange gardien, qui souffre des mille dangers qui passent sur notre tête, lorsque nous-mêmes en ignorons l'approche : telle est la vie dans notre âge d'or... »

« Je vois, lisons-nous ailleurs, jusqu'à vingt ans et au-delà, l'amour de ma mère me protéger et m'envelopper comme le manteau de la sainte Vierge. »

Cette mère tant aimée avait à peine dix-sept ans de plus que lui : âme charmante, elle communiqua à son premier né quelque chose de la candeur, de l'ingénuité souriante qui la caractérisaient et que, lui, il garda toute la vie, même sous ses cheveux blancs. Ce fut elle qui apprit à son fils à connaître Dieu, à aimer la vérité plus que tout — il nous dit quelque part que jamais un mensonge ne souilla ses lèvres — elle qui ouvrit ce cœur à la douce pitié, à la compassion envers ceux qui souffrent. Elle lui montrait des mendiants couverts de haillons sordides et disait : « Pense, mon enfant, ce que ce serait si cette pauvre femme était moi, si ce petit déguenillé était toi. »

Docile aux leçons maternelles, l'âme du jeune Adolphe se dilatait, s'enflammait sous les rayons de cette charité divine qui devait être sa vie, et lui arracher dans la suite tant de cris éloquents, tant de pages sublimes.

A six ou sept ans, dans une ville prussienne qu'il habitait alors, il entendit une Allemande traiter les Français d'animaux immondes ; sous cette injure, son patriotisme enfantin se révolta, et, il résolut de punir de mort celle qui s'était permis de telles paroles. Il saisit un lourd projectile, et, d'une fenêtre élevée, il le lança aussi fort qu'il put, sur la tête de la coupable ; celle-ci, heureusement, fut à peine effleurée. Ce n'est que bien plus tard qu'il comprit combien cette vengeance, qui lui semblait si légitime, était coupable. Lorsqu'il se présenta pour recevoir l'absolution, à la veille de sa première communion, cette faute était peut-être la seule qui pesât sur sa conscience : il apportait au Dieu qui venait à lui, un cœur embaumé d'amour et de pureté !

Revenons un peu en arrière. Quand il quitta Magdebourg pour rentrer en France, sa joie fut aussi vive que profonde ; au premier relais, entendant un petit garçon parler français, cette langue qui, depuis plusieurs années résonnait si rarement à ses oreilles, il courut, avec transport l'embrasser : cet élan ne fut accueilli que par un éclat de rire... Hélas ! que de fois en sa longue carrière, avec sa nature si aimante, si communicative, le Père Gratry n'a-t-il pas dû s'attirer de ceux qui ne le comprenaient pas, de cruelles railleries qui lui auront rappelé le rire moqueur de l'enfant de la frontière !...

L'année qui précéda sa première communion, il avait failli entrer, comme interne, au collège Louis-le-Grand où son père lui avait obtenu une bourse ; mais le moment du départ arrivé, il fut impossible au pauvre Adolphe de s'arracher des bras de sa mère ; on craignit, en lui faisant violence de compromettre sa santé assez délicate, et il eut le bonheur de ne quitter les siens qu'à l'âge de seize ans.

Non moins bien doué sous le rapport intellectuel que sous le rapport moral, il remporta de brillants succès au lycée de Tours, où il fit une partie de ses études. Plus tard, au collège Henri IV, il obtint le second prix d'honneur, au concours général : l'année suivante qui était celle de sa philosophie, le premier prix de dissertation française et le second prix de dissertation latine.

L'étude, qu'il aimait passionnément, le préserva de bien des chutes et lui conserva sa pureté native ; toute bonne parole, oubliée aussitôt par la majeure partie de ses condisciples, tombait dans son cœur comme le grain de froment dans un terrain bien préparé. Un jour, un vieux prêtre qui inspectait le collège, s'approchant de lui, demanda s'il comprenait sa version. — Elle est très difficile, repondit-il. — Mon enfant, reprit le prêtre, avec bonté, quand vous aurez quelque difficulté dans votre travail, élevez votre esprit vers Dieu, priez-le de vous aider, et il vous aidera. »

Ce conseil parut étrange à l'écolier, peut-être même un peu ridicule. « Est-ce que le bon Dieu se mêle de mes versions ? » pensait-il... Cependant, comme il avait l'esprit droit, il essaya du moyen indiqué, et ce moyen eut un plein succès.

En racontant ceci, le saint prêtre ajoute avec une touchante humilité : « En tout genre de travaux et de difficultés, cette pratique a été ma force et à peu près mon unique méthode. »

A l'âge de dix-sept ans, le jeune étudiant eut une sorte de vision qu'il a racontée avec les plus grands détails. Un soir, avant de se livrer au sommeil, il pense à sa destinée future ; il la voit aussi belle, aussi heureuse que possible : richesse, gloire, amour, il s'enivre à toutes les coupes du bonheur humain ; il les épuise... l'âge est venu ; ses bien-aimés disparaissant l'un après l'autre... lui-même va être frappé par la mort ; elle est là ; elle le saisit.

«... Il est impossible, lisons-nous dans ses souvenirs, d'exprimer avec quelle vérité je vis la mort, je la sentis tout entière. Elle me fut montrée, donnée, dévoilée. A l'heure réelle de la mort, je ne la verrai pas plus clairement ; peut-être la verrai-je et la sentirai-je avec incomparablement moins de force et de lucidité !... »

Pourquoi, se dit-il alors, est-on venu sur terre ?... Qu'est la vie ?... Qu'est la mort ?... Où est Dieu ?... Au milieu de pensées de toutes sortes qui l'accablent ainsi que des vagues furieuses, écrasé par ces grands problèmes dont la science pure est impuissante à lui fournir la solution, il s'écria « et je ne criais pas seul, il y en avait un autre en moi qui criait et donnait à mon cri une irrésistible puissance : O Dieu ! Lumière ! Secours ! Expliquez-moi l'énigme ! Je le promets et je le jure, ô mon Dieu ! faites-moi connaître la vérité, et j'y consacre ma vie entière !... »

Son âme, étrangère alors à toute idée religieuse, éloignée surtout du catholicisme qu'au collège, des maîtres impies, des compagnons irréligieux lui apprenaient à mépriser, son âme fut ébranlée un instant et ce fut tout. Mais ce n'est jamais en vain qu'on s'adresse à Dieu, et cette plainte suppliante qu'avait poussée le jeune Gratry, devait avoir plus tard une divine réponse.

Dix-huit mois après environ, un nouveau maître d'étude, jeune homme très instruit et profondément catholique, eut le bonheur de le ramener à Dieu et à la pratique des sacrements. Comme Adolphe voulait qu'on lui démontrât la vérité de la religion répétant tristement : « Je n'ai pas la foi, » son nouvel ami lui dit ceci : « Quand j'aurai quitté votre chambre, mettez-vous à genoux là, à cette même place. Élevez réellement vers Dieu tout votre cœur et tout votre esprit, demandez-lui la foi ou du moins ce qu'il faut de foi pour faire un premier pas dans la pratique et dans la vie du christianisme. »

Il obéit ; c'était le soir, et le lendemain, il nous apprend que son premier acte fut de sortir pour chercher une église et un prêtre... Dieu, qui voulait faire de ce jeune savant un vase d'élection, lui envoya une terrible tentation ou plutôt une épreuve, presque aussitôt après sa communion. Il lui semblait voir d'un côté, la foi pleine, de l'autre l'incrédulité complète ; il fallait choisir sur-le-champ et rien ne l'aidait dans ce choix et il ne sentait en lui qu'une indifférence absolue... Pendant un instant qui lui parut un siècle, il resta en suspens, puis un très faible mouvement de sa volonté l'inclina du côté de la lumière : Satan était vaincu, cette belle âme ne serait jamais à lui, elle se donnait toute à Dieu...

Ainsi qu'il l'a demandé, le jeune Gratry ne désire plus qu'une chose : se vouer sans retour à la défense de la vérité, mais pour ce rude combat, il ne se trouve pas suffisamment armé ; jusque-là, voué aux études littéraires, il ignore le premier mot des sciences ;

ces sciences, il les veut apprendre, il les veut connaître à fond : par quel moyen arriver à ce résultat? Une seule voie lui semble possible, entrer à l'École polytechnique; là un obstacle quasi insurmontable va sans doute l'arrêter. Les études préparatoires exigent deux ans, il est à la limite d'âge et il a douze mois à peine à consacrer à ce travail. N'importe, il veut arriver et il tentera cette impossibilité. Ses amis, ses connaissances le regardent avec un douloureux étonnement, comme s'il était frappé de folie, et lui annoncent un échec certain ; il n'est point ébranlé. « Les hommes sont paresseux, me disais-je, ayons un peu d'énergie et d'ailleurs appuyons-nous sur Dieu, et nous ferons ce qui semble impossible. »

Afin de se mieux préparer à recevoir cette aide divine, il fit vœu de pratiquer les conseils évangéliques, de ne jamais se marier, de ne prendre aucune situation, de n'être jamais riche, en un mot, ajouta-t-il : « je rompis avec mon siècle. »

Le jour de l'examen, avant de s'y rendre, il se mit à genoux, et fit cette prière : « Seigneur, vous le savez, c'est pour vous que j'ai travaillé cette année, si c'est votre volonté que j'entre à l'École polytechnique, vous me ferez recevoir; sinon, vous me ferez refuser. »

Il fut reçu et même dans un assez bon rang. Cette nature poétique, un peu rêveuse possédait, chose étrange, une merveilleuse facilité pour les mathématiques. Un jour, il suivit, les yeux fermés, et sans prendre aucune note, une leçon d'algèbre de cinq quarts d'heure, donnée par le grand Ampère. A la fin de la leçon, il avait tout retenu : les raisonnements, les calculs dans leur ordre et leur suite.

Absorbé par le travail, Adolphe Gratry ne se lia intimement avec aucun de ses condisciples : d'ailleurs qui eût compris ses rêveries un peu mystiques, qui aurait pu le suivre dans ses élans sublimes?... cependant il eut d'amicales relations avec certains de ses camarades qui partageaient plus ou moins ses idées religieuses, entre autres avec Frédéric Le Play, le futur économiste.

Il termina brillamment ses études et sortit officier d'artillerie ; mais, il le dit lui-même : « Je n'étais plus du monde, je ne pouvais absolument suivre aucune de ces carrières, » il donna donc sa démission.

Quel que soit le jugement que l'on porte sur cet acte, on ne saurait en méconnaître l'héroïsme et la grandeur. Voilà un jeune homme de vingt-deux ans, doué des facultés les plus éminentes et il semble, les plus opposées; penseur délicat et mathématicien habile, il peut choisir parmi les carrières les plus enviées, toutes lui sont ouvertes, le succès, la fortune, la gloire même lui sourient quelle que soit la voie où il se décide à marcher; sa famille, qui s'est imposé de lourds sacrifices, attend son choix avec impatience et une légitime fierté, et voilà que, par une résolution qui, humainement parlant, peut être taxée de folie, ce jeune homme foule aux pieds ces avantages, cet avenir rayonnant!.. Quelle force d'âme!..

Un des points les plus douloureux de cette croix que lui-même chargea sur ses épaules, c'est l'affliction qu'il cause à ses parents; la grâce d'en haut le soutient, et l'empêche de succomber sous cet écrasant fardeau. Après six mois de prière, de solitude presque complète, après avoir enduré toutes sortes de privations, même la faim, Adolphe Gratry croit avoir trouvé sa voie; un vénérable prêtre lui a parlé d'un groupe de jeunes gens qui vivent à Strasbourg, n'ayant en vue que de servir Dieu et de sauver les âmes. Cette communication lui paraît un avis du Ciel; il part pour l'Alsace et se joint à cette pieuse phalange, qui comptait parmi ses membres l'abbé Bautain.

C'est là qu'il est promu à la grâce du sacerdoce; nous regrettons amèrement que, dans ses souvenirs, le Père Gratry ait jugé à propos de garder le silence sur ce grand évènement de sa vie, et qu'il ne nous ait rien dit des effusions de son amour et de sa reconnaissance...

Vers cette époque, il eut à subir une cruelle épreuve; il perdit sa mère tant aimée. Mais celui qui a tracé les lignes suivantes ne pouvait pleurer comme ceux qui n'ont pas d'espérance : «... Qui sait si dès cette vie même, nos parents que nous croyons morts, en nous parlent pas dans notre âme et dans le repos du sommeil?... »

Peu de temps après, sollicité au nom de Dieu même, il quitta sa chère famille spirituelle, et alla frapper, en qualité de postulant à un pauvre couvent de Rédemptoristes, situé à Bischenberg vers l'entrée des Vosges. Il y resta un peu plus d'une année, menant une vie humble, mortifiée, se laissant tailler et ciseler sous la main de Dieu.

En 1830, il fut rappelé à Strasbourg, par l'évêque de cette ville, et chargé de professer la rhétorique, au petit séminaire ; dans ce poste nouveau, il dépense, avec une héroïque générosité, ses forces, sa santé, tout son être. « Aussi, à la fin de la première année, écrit-il, j'avais les organes de la voix blessés et ulcérés. Le repos eût pu me guérir. Mais le chef m'engagea, au nom du dévouement, à continuer, et moi voyant mon dévouement mis en question, sachant que chaque mot et chaque syllabe me coûtait un douloureux et dangereux effort, enfin que ma vie était en danger, je continuai pourtant. Si j'étais officier d'artillerie, je devrais mourir sur mes pièces, sauf contre-ordre. C'est ce que je dois faire ici... »

Comment aurait-il agi autrement, celui qui a écrit ces lignes? « Il n'y a pas de vie divine pour l'âme qui ne se soumet pas à Dieu jusqu'à l'obéissance absolue, qui ne se soumet pas jusqu'à mourir. »

A la suite de ce professorat si pénible, l'abbé Gratry vint à Paris comme directeur du collège Stanislas; dix ans plus tard, il fut nommé aumônier de l'École normale. Dans ces deux places importantes, il continua de déployer le même zèle pour la gloire de son Divin Maître, la même charité ardente pour les âmes. D'avance, on connaissait sa science, son érudition, ce qui disposait favorablement maîtres et élèves; quand on le vit de près, on apprécia la noblesse de son âme et l'exquise bonté de son cœur. Les conférences qu'il faisait à la chapelle de l'École normale opéraient un grand bien. Lui qui n'avait pas craint d'écrire ces paroles si admirablement belles dans leur hardiesse :

« Honneur, raison, nature, patrie, courage, amour, science, liberté, progrès, pourquoi flétrir ces mots splendides? O poètes! ô prophètes! ô apôtres! donnez-leur tout leur sens, leur plus grand sens, ce sera toujours le plus beau, le plus juste et le plus sonore ».

LE R. PÈRE GRATRY

se souvenant qu'il parlait à des jeunes hommes de vingt ans,
ivres d'enthousiasme et de patriotisme, avides de luttes et de
mouvement, et dont quelques-uns, hélas ! étaient imbus de préjugés
antireligieux, il mêlait avec une sainte adresse les divines Écritures
qu'il avait tant méditées, la poésie, la science et la logique, conci-
liant d'une façon merveilleuse les dogmes immuables, les vérités
révélées avec les besoins du siècle actuel et les aspirations de la
jeunesse frémissante qui l'écoutait.

Si ces conférences exerçaient une action bienfaisante, que
dirons-nous des exhortations individuelles, qui avaient une tout
autre portée. Sa direction ferme et tendre, austère et compatissante
tout à la fois, soulevait les cœurs et semblait un *Sursum corda*
perpétuel.

La grande préoccupation de l'abbé Gratry était, par la science
unie à la théologie, d'étendre le règne de Dieu dans les âmes ; il
pensa, non sans raison, que pour l'exécution d'un si vaste dessein,
l'action personnelle isolée n'était pas suffisante, et que des travaux
accomplis en commun, sous l'œil de Dieu, seraient plus féconds
et plus fructueux. Il songeait à cette congrégation de l'Oratoire
qui, jadis avait rendu tant de services à l'Église, il déplorait qu'elle
ne fût plus qu'un souvenir, et rêvait son rétablissement. Grâce à
l'appui de plusieurs évêques, au concours de quelques amis dévoués,
les fondements du nouvel Oratoire furent posés, un local modeste
réunit les futurs Oratoriens, au nombre de sept ; parmi eux on
comptait : l'abbé Perreyve, l'abbé Charles Perraud qui tous deux
sont retournés dans la patrie céleste et son frère Adolphe, aujour-
d'hui évêque d'Autun et l'une des gloires de l'épiscopat français.

Chaque dimanche, le Père Gratry prononçait, dans la chapelle
de l'Oratoire, une homélie sur l'évangile du jour ; on vint bientôt
en foule écouter cette voix éloquente qui savait si bien porter la
lumière dans les esprits, la conviction dans les cœurs ; la chapelle
devenait trop petite, et des sièges étaient placés un peu partout
jusque sur les degrés du sanctuaire. Parmi les auditeurs les plus
assidus, on remarquait le comte de Montalembert, M. Guizot et
d'autres notabilités.

Bon nombre de jeunes gens, séduits par cette parole vibrante et colorée, se pressaient dans l'étroite enceinte ; parfois, l'orateur s'adressait à cette jeunesse, d'une manière toute spéciale, lui dépeignant en traits saisissants et inoubliables, le néant, la fugacité des joies de ce monde, et la conjurant d'avoir faim et soif de justice et de vérité. Certains de ces jeunes hommes étaient touchés, ils allaient trouver le Père, ils s'engageaient à étudier sérieusement les grands problèmes de la vie et de la mort ; comme mémorial de cette promesse, le Père leur remettait une petite croix d'argent où il avait fait graver ce mot de l'Évangile : *Esurivi* « J'ai eu faim ». Qui pourrait redire de quelles généreuses résolutions, de quels actes héroïques, cette petite croix fut l'inspiratrice ?...

Outre les labeurs de la prédication, le Père Gratry travaillait avec zèle à la publication de ses beaux ouvrages qui se succédaient à de brefs intervalles : *La connaissance de Dieu; La connaissance de l'âme;* dans ce dernier livre, où l'on trouve en abondance des idées neuves et hardies, la philosophie se mêle à des développements poétiques d'une incomparable beauté. *Le mois de Marie de l'Immaculée-Conception* où, dans un langage trop élevé pour être accessible à tous, le privilège de la Mère de Dieu est commenté d'une façon admirable : *La philosophie du Credo ;* ce livre fut composé pour le général La Moricière et contribua puissamment à éclairer ce noble esprit. *La morale de la loi et de l'histoire* « livre étonnant, dit un critique émérite, où le mysticisme n'est que l'enthousiasme de la charité. »

Le style de ces ouvrages, d'une incomparable simplicité, chose rare aujourd'hui où tant d'écrivains voilent l'indigence de la pensée sous des ornements d'un goût plus ou moins douteux, possède à un haut degré une qualité toute française : la clarté. Soit qu'il commente l'Évangile ou expose une doctrine philosophique, soit qu'il médite sur les prérogatives de la Vierge Marie ou qu'il réfute les erreurs modernes, la langue dont se sert le Père Gratry est toujours d'une admirable pureté et d'une originalité saisissante. « Le Père Gratry, a dit un académicien, écrit avec tout lui-même » En 1867, l'Académie, en l'admettant au nombre de ses membres ne fit que rendre un hommage bien mérité à l'illustre écrivain.

Malgré ses nombreux travaux, malgré les longues heures qu'il consacrait à la lecture des saints livres, le Père Gratry, qui avait pour la musique la passion d'un véritable artiste, trouvait encore le moyen de se livrer à son délassement favori.

« A dix-sept ans, lisons-nous dans ses *Souvenirs de Jeunesse*, le sens musical se développa en moi, sous l'influence d'un ami, profond musicien qui me fit connaître quelques artistes sérieux. Je buvais avec ravissement et enthousiasme non seulement le vigoureux nectar des anciens classiques, mais surtout les prodigieuses harmonies de Beethoven... Là je devins tout à coup musicien d'esprit et de cœur... La musique, dès cette époque, est devenue pour moi une compagne, une admirable et ravissante amie dont l'absence trop prolongée nuit d'ordinaire à mon travail, à mes facultés et même à ma santé... »

Dans les *Sources*, cet admirable opuscule trop peu connu, nous trouvons ce passage : « ... La vraie musique est sœur de la prière comme de la poésie. Son influence recueille, et, en ramenant vers la source, rend aussitôt à l'âme la sève des sentiments, des lumières, des élans. Comme la prière et la poésie avec lesquelles elle se confond, elle ramène vers le Ciel lieu du repos... »

Cette passion pour la musique le suivit, en quelque sorte, dans les bras de la mort. Comme il était sur son lit d'agonie, un musicien ambulant joua sur ses fenêtres je ne sais quelle mélodie d'un grand maître. Le malade écoutait, puis s'adressant au Père Charles Perraud qui le veillait : « Ce n'est pas cela du tout, dit-il, le mouvement est trop lent, beaucoup trop lent ; allez, remettez-lui cette pièce de dix sous, et dites-lui qu'un musicien l'écoute et lui demande de jouer cet air plus vite ou de cesser ». Le Piémontais, satisfait de l'aumône qui lui était donnée, s'empressa d'accélérer la mesure et le Père écouta la fin du morceau d'un air approbateur.

Nous voici maintenant parvenu à la partie pénible de notre tâche, à l'époque troublée de l'existence jusqu'alors si paisible du Père Gratry : nous voulons parler des quelques mois qui précédèrent la définition du Concile, dans la grande question de l'infaillibilité papale. Nous ne dirons qu'un mot de cette polémique qui exalta certains esprits jusqu'au délire. Combien il est regrettable qu'il n'ait pas suivi le conseil de son ami Le Play qui, en écoutant ses objections contre l'infaillibilité doctrinale, lui répondit :

« Mon cher Gratry, tu as tort, tu soutiens une cause mauvaise. L'infaillibilité est la plus haute expression du principe d'autorité. C'est un devoir pour nous, au seul point de vue social, d'accepter et d'appuyer cette proclamation. »

Tout homme, par la nature même de son intelligence étroite et bornée, est sujet à l'erreur, et l'expérience nous démontre cette vérité à chaque instant ; mais ce qui est rare, ce que peu d'hommes savent faire, c'est de renoncer aux idées qu'ils ont défendues, aux systèmes qu'ils ont adoptés, et de déclarer qu'ils se sont trompés. Il y a là un acte d'énergie, de courage presque surhumain. Le Père Gratry donna ce grand et difficile exemple. Sa soumission à la proclamation du dogme de l'infaillibilité fut complète et sans réserve. « Dès que je connais une erreur, écrivait-il à ce sujet, je l'efface et je ne m'en sens pas humilié. »

Jamais non plus, il ne se permit une parole amère, à l'égard de ceux qui le chargeaient d'injures et qui, durant plusieurs mois, ne cessèrent de l'accabler des outrages les plus sanglants et les moins mérités. De tels adversaires font regretter que la raison soit de leur côté ; involontairement, les sympathies vont à leurs victimes. Quelle que fût sa mansuétude et sa charité, le Père Gratry souffrit beaucoup et jusque dans les fibres les plus intimes de son être, de ces attaques injustes, et il est permis d'affirmer qu'elles ont abrégé ses jours.

Il était encore dans cette période douloureuse quand la guerre avec la Prusse fut déclarée : que n'endura-t-il pas, lui, l'apôtre de la paix, de la fraternité chrétienne, alors qu'il vit nos provinces envahies, nos soldats décimés, notre France vaincue et amoindrie !... Et la lutte fratricide qui succéda presque aussitôt à la guerre et dont il disait : « C'est l'enfer rendu visible ». Quel affreux déchirement ne lui fit-elle pas éprouver !... Néanmoins, au milieu de tant de ruines, de deuil et de sang, le découragement ne pénétra pas dans cette âme faite d'espérance et d'amour : toujours il eut foi dans l'avenir.

Ce cœur qui avait souffert, qui avait été déchiré, savait à

merveille les paroles douces et miséricordieuses qui relèvent et consolent. Au mois de février 1871, il écrivait à la fiancée d'Henri Régnault, ce jeune artiste dont tout le monde connaît le trépas glorieux, à Montretout, une admirable lettre que nous citons en partie.

« Mon enfant, ma bien chère enfant, qu'ai-je à vous demander ? J'ai à vous demander l'immense héroïsme de ne pas fléchir jusqu'au désespoir. Maintenez-vous dans la vie, et bientôt dans l'activité. Soyez un des instruments de cette cause pour laquelle il est mort. Mourir pour une cause sacrée ne saurait être néant et vanité. Cela est grand et a une suite. Un pareil acte, un pareil don de soi, est une réalité qui subsiste. Rien de petit ne se perd, à plus forte raison, rien de grand. Tout martyr a sa vie éternelle, en pleine et solide vérité. Mon enfant, élevez votre âme très haut. Ce monde n'est pas un jeu cruel ni une apparence vaine. Le triomphe de toute justice et de tout bien est assuré, le triomphe de la vie sur la mort est certain. Lorsque deux êtres se sont donné la main et ont dit : pour toujours ; ils se retrouveront, quoi qu'il arrive... Si vous avez demandé le bonheur éternel et l'amour éternel, vous l'obtiendrez. Notre Père est un père, et il est tout-puissant... »

Au mois de juin 1871, le Père Gratry reprit ses leçons à la Sorbonne, mais les derniers évènements avaient achevé de ruiner sa santé déjà ébranlée au moment du Concile ; quelques semaines plus tard, il ressentait les premières atteintes du mal cruel qui devait le conduire au tombeau. Une grosseur se forma sous la joue gauche et, en peu de temps, prit d'effrayantes proportions. Afin d'enrayer le mal, si faire se pouvait, les médecins, au mois d'octobre, l'envoyèrent à Montreux, sur les bords du lac de Genève, pour y essayer une cure de raisin. A peine arrivé, il écrivait à un ami, cette phrase touchante, qui révèle l'aimable simplicité de ce cœur aimant : « Si vous saviez toutes mes complications et peines, vous m'écririez souvent pour me consoler. »

La tumeur grandissait de telle sorte que bientôt elle s'étendit sur l'épaule gauche ; ce poids anormal causait une gêne extrême au patient ; la mâchoire inférieure ainsi que le larynx étaient comme paralysés, et les plus graves accidents étaient à redouter.

Mme Lustreman, sœur du Père Gratry vint, au commencement de l'année 1872, s'établir à Montreux ; son mari, médecin en chef de l'armée de Versailles, offrit à son beau-frère les soins éclairés d'un savant et le dévouement d'un ami.

Malgré son excessive délicatesse nerveuse et la grande impressionnabilité qui en résultait, le malade montrait une douceur et une patience admirables ; durant cinq mois, il endura des tortures atroces, sans que la sérénité de son âme en fût ébranlée. Après l'apostolat de la prière, de la parole, de la plume, il exerçait dans sa dernière étape, le plus fécond et aussi le plus difficile de tous : l'apostolat de l'exemple, apprenant à ceux qui avaient le bonheur de l'approcher, à bien mourir...

Celui qui tant de fois avait médité sur la mort ne pouvait la craindre, il l'attendait, en quelque sorte, comme une amie, comme une libératrice. Peut-être les passages les plus saisissants de ses livres lui ont-ils été inspirés par les grandes pensées de la mort : Écoutez.

« ... Vous qui avez beaucoup vécu, n'y a-t-il pas trop longtemps que vous n'avez aimé comme vous aimiez dans votre enfance ? N'est-il pas fatigant d'être homme ? Toujours craindre, toujours réfléchir, toujours lutter, toujours combattre, et sentir son âme haletante comme la poitrine d'un homme qui s'épuise en parlant... Qu'il en est peu parmi les hommes qui gardent un cœur d'enfant plein de sève et d'amour sous une tête qui blanchit, et des yeux capables de pleurer sous un front qui se ride ! Si nous pouvions, par la mort, redevenir enfant ! enfant sans les germes des vices qui nous entraînèrent ici-bas ! revenir aux plus doux sentiments de l'enfance fécondés et bénis dans la lumière d'En-Haut, et trouver dans le Ciel un Père, une Mère pour l'éternité ; nous jeter dans les bras de ce Père, y répandre nos dernières larmes dans ce premier transport de joie divine, succédant aux douleurs terrestres, et commencer, sous les ailes de l'Être infini qui nous a faits et qui nous aime, d'éternelles et mystérieuses destinées ! Est-ce trop d'accepter la mort pour devenir de tels enfants ?... »

Dans la *Connaissance de l'âme*, lisons ce passage magnifique,

si fortifiant pour l'esprit et pour le cœur : « ... Le temps ne fera que
rendre plus saillants mes défauts, mes laideurs, et les inscrira plus
clairement dans mon corps, sur ma face, dans mes paroles, mes
démarches, mes habitudes... de jour en jour, je serai plus impropre
au but suprême de l'œuvre divine... Et maintenant que je prévois
cet irréparable chagrin, que déjà je le sens m'inonder, qu'ai-je
à faire, si pourtant je ne suis pas éteint par l'égoïsme ?... J'ai à
comprendre que je possède en ce monde une amie, amie puissante et
bonne, qui ne peut me manquer, et que cette amie est la mort. J'ai
à vouloir la mort, j'ai à la regarder en face, il me faut maintenant
aller au-devant d'elle, et lui tendre la main, et faire alliance avec
elle pour toujours... En nous enveloppant de silence, la mort
s'efforce de nous transférer dans la parole qui vient de Dieu.
En faisant taire notre pensée même, elle ôte à notre esprit le
goût, l'estime, la possibilité de tout ce qui n'est pas contemplation de Dieu. En nous plongeant dans l'inaction, elle veut nous
transférer à un plus haut principe d'action, à un plus haut motif
d'amour... »

Tout en conservant à la mort l'aspect grave et solennel qui lui
convient, le Père Gratry lui enlève ce je ne sais quoi de sinistre
et de hideux qu'on lui prête à l'ordinaire ; ce n'est plus le roi
des épouvantements, mais une force miséricordieuse, une loi
d'amour qui nous ramène à notre centre : n'est-ce pas ce qui
ressort de la péroraison d'un sermon prêché chez les Dames de la
Retraite ?

« Il faudrait se préparer à la mort tous les soirs, par un acte
d'amour. Il faudrait imiter le petit enfant qui, avant d'aller prendre
son sommeil sous la garde de Dieu et des Anges, va embrasser
tout le monde, non seulement son père, sa mère, ses frères, ses
sœurs, mais aussi les étrangers qui se trouvent là. Et nous aussi,
avant d'aller dormir, il nous faut embrasser tous les hommes par
un acte de charité. Ce sera une nuit bénie ! »

Outre sa famille, le Père Gratry avait pour l'assister, dans les
derniers jours qu'il passa sur la terre, les enfants de son zèle et de
son amour, ceux qu'il avait engendrés à la vie sacerdotale : les
Pères Adolphe et Charles Perraud ; ce dernier est allé le rejoindre

au Ciel. Les deux frères purent lui donner jusqu'à la fin des marques de leur filiale tendresse ; ils eurent l'indicible joie de le remercier une fois encore du bien qu'il avait fait à leur âme ; ils reçurent comme un cher et précieux héritage, ses dernières paroles et sa bénédiction suprême. Le Père Adolphe, aujourd'hui Mgr d'Autun, eut l'inexprimable consolation de lever sur l'agonisant, sa main sacerdotale, et de prononcer les paroles divines qui font descendre la miséricorde et le pardon. .

Le 7 février, avant midi, le Père Gratry avait cessé de vivre, ou plutôt il naissait à la véritable vie, à la béatitude éternelle...

Terminons par ce passage emprunté à ce que l'évêque d'Autun appelle *Le testament spirituel du Père Gratry.*

« Je laisse à tout être humain que j'ai jamais salué ou béni, et à qui j'ai jamais adressé quelques paroles d'estime, d'affection ou d'amour, l'assurance que je l'aime et le bénis deux ou trois fois plus que je ne l'avais dit. Je lui demande de prier pour moi, pour que j'arrive au royaume de l'amour, où je l'attirerai aussi par l'infinie bonté de notre Père. J'étends ceci à tous mes amis inconnus et à venir, et aussi loin que Dieu me permet de l'étendre. Je les salue tous devant Dieu, je les bénis du fond du cœur, je leur demande de prier pour moi, et j'espère que je serai près d'eux, et avec eux, après ma mort plus que pendant ma vie. Et à revoir auprès du Père ! »

Ces lignes, nous ne les avons pas lues et nous ne les transcrivons pas sans une religieuse émotion. La bénédiction posthume que ce grand cœur adresse par-delà le tombeau, doit être, pour ceux qui la reçoivent avec piété et amour, un encouragement dans leur pèlerinage ici-bas, et comme l'assurance d'un rendez-vous glorieux pour l'éternelle Patrie.

LE
GÉNÉRAL DE LA MORICIÈRE

Spes mea Deus.
(Devise de la famille La Moricière).

E cri de foi et d'invincible espoir que nous avons placé comme épigraphe de cette étude, est la devise de la famille La Moricière, et se détache en lettres d'or sur un champ d'azur semé de coquilles d'argent. Les coquilles, qui rappellent quelque lointain voyage des aïeux, en Palestine, sans doute, conviennent merveilleusement au général dont une partie de l'existence s'écoula loin de la patrie et qui, dans ses dernières années, entreprit, chacun sait pour quelle admirable cause, le pèlerinage de Rome et de Lorette.

Louis-Christophe-Léon Juchault de La Moricière naquit le 5 février 1806, sur cette forte terre bretonne qui a donné tant de héros à la France. Son père, ancien volontaire de l'armée de Condé, puis soldat de Charette, était le type du gentilhomme chrétien : sérieux, méditatif, il fuyait les plaisirs bruyants, les réunions mondaines; l'incomparable bonté de son cœur l'inclinait vers les petits, les pauvres, qu'il aimait à soulager dans toutes leurs misères. Sa mère, Désirée de Robineau était une nature toute différente; elle avait été élevée dans les idées nouvelles, qu'elle acceptait avec une sorte d'ivresse; gaie, vive, spirituelle, recherchée dans le monde, elle s'y plaisait et y obtenait de grands succès. Ces contrastes, ces oppositions qui enveloppèrent le berceau de Léon, marquèrent sa personnalité d'une empreinte indélébile, et lui communiquèrent un charme spécial très séduisant.

Un vieux génovéfain lui enseigna les éléments du catéchisme, et jeta en cette âme les premières semences de la foi qui, étouffées un instant par les soins et les préoccupations de la vie, devaient un jour fructifier magnifiquement. A ce digne religieux succéda un jeune professeur laïque instruit, distingué, et, ce qui vaut mieux encore, fort bon chrétien ; le général lui garda toujours un souvenir attendri et reconnaissant. Jusqu'à l'âge de quinze ans, il vécut d'une vie simple, laborieuse, consacrée tout entière au devoir ; à cet âge, il eut le malheur de perdre son père, et sa famille l'envoya au collège de Nantes pour y achever ses études. Il y rencontra des maîtres chrétiens, entr'autres un professeur de philosophie, mort il y a peu d'années, abbé de la Trappe de Bellefontaine. Esprit chercheur et curieux, le jeune élève aurait voulu pénétrer et comprendre tous les grands problèmes de la destinée humaine ; ses questions, sans cesse renouvelées, embarrassèrent plus d'une fois, dit-on, son professeur, qui se plaisait à lui rappeler, quarante ans plus tard, cette fièvre questionneuse poussée jusqu'aux dernières limites.

Vers 1824, nous retrouvons Léon à Paris ; il se prépare à l'École polytechnique, non pour devenir ingénieur, mais pour être soldat : ses goûts, ses aptitudes, aussi bien que le désir de sa famille, l'entraînent vers la carrière militaire. Ce fut alors qu'il subit l'ascendant d'un maître répétiteur encore inconnu, et qui devait bientôt acquérir une triste célébrité ; nous avons nommé Auguste Comte, chef de l'école positiviste. Cette philosophie un peu étrange réduisait tout à des formules algébriques : rien n'est certain que ce qui peut être démontré mathématiquement : la vertu, la conscience, Dieu lui-même ne sont que des hypothèses impossibles à vérifier d'une manière certaine. Ce système devait séduire des jeunes gens qui ne s'occupaient que de sciences exactes, et qui regardaient un peu dédaigneusement les vérités d'ordre spéculatif.

Nous voyons Léon écouter avec un intérêt marqué ces théories nouvelles, ces innovations dangereuse qui plaisent à son intelligence avide de clarté et de netteté, aussi sa foi ne sortit-elle pas indemne de cette influence pernicieuse. Cependant il veut, avant tout, entrer à l'École polytechnique et, stimulé par ce désir, il travaille avec une rare énergie, réservant à un moment plus propice, l'examen des questions morales et religieuses.

Il est admis à l'École, dans un bon rang, et il y continue avec persévérance sa vie de labeur intellectuel; l'étude qui absorbe ses heures, lui est un sûr préservatif contre les entraînements périlleux et les plaisirs dégradants où tant de jeunes hommes de son âge gaspillent leur santé, leur fortune, et trop souvent leur honneur. Léon a conservé, privilège des âmes pures, un cœur plein de tendresse et de naïve bonté; chaque semaine, il écrit longuement à sa mère, s'informant avec détails de sa santé, qui était fort délicate, allant au-devant de ses inquiétudes, de ses difficultés, glissant parfois un respectueux avis, alors qu'il s'agissait de maintenir la bonne harmonie avec ses chères tantes paternelles.

Sorti le second de sa promotion, Léon n'en persiste pas moins à devenir militaire, et il est envoyé à l'école de Metz. Les jeunes officiers, ses compagnons et ses émules, l'accueillent avec une sympathie marquée, presque tous deviennent ses amis. C'est également vers cette époque qu'un compatriote, Kergolay, lui fit connaître un sien parent, Alexis de Tocqueville, dont nous retrouverons plus d'une fois le nom dans cette biographie.

Voyons quelle impression produisit sur ce dernier, le jeune officier d'artillerie. « J'ai cru voir en lui tous les traits d'un homme véritablement remarquable. Sa manière de parler de ce qu'il entend m'a donné de lui une idée supérieure à celle que j'ai presque jamais conçue d'un homme au premier abord... Je lui ai dit que j'espérais que nous retrouverions l'occasion de nous revoir, ce qui n'était pas un compliment... »

Muni de son brevet de sous-lieutenant, La Moricière, en quittant Metz, était envoyé à Montpellier. Après les heures consacrées aux devoirs de leur profession, les jeunes officiers s'occupaient beaucoup des questions religieuses et politiques à l'ordre du jour. C'était le moment où un novateur plus hardi et plus populaire qu'Auguste Comte exposait son système de religion soi-disant régénératrice : Saint-Simon venait de produire son *Nouveau christianisme*. Si les doctrines nouvelles semblaient à La Moricière assez pauvres et sans grande profondeur, les aspirations de la secte, d'apparences si généreuses, ce rêve de la rénovation du monde intellectuel et moral le séduisait et le passionnait. Plusieurs de ses anciens condisciples à l'École, et certes les plus brillants, collaboraient au *Producteur*, journal hebdomadaire destiné à propager les idées et les théories de Saint-Simon.

Malgré ce concours de circonstances qui paraissait devoir entraîner le jeune breton vers les utopies Saint-Simoniennes, il eut la sagesse de ne pas prendre rang, d'une manière officielle, parmi les sectaires. S'il fût demeuré en France, aurait-il embrassé complètement ces doctrines insensées et subversives dont il ne voyait que le côté idéal?... Nul ne saurait le dire.

Écoutons les paroles mélancoliques qu'il prononcera un peu plus tard, quand l'expérience lui aura démontré le vide, l'inanité de ce système, alors à l'apogée de sa gloire, et qui devait bientôt sombrer sous le ridicule. « J'avais été si heureux de penser qu'il y avait au monde des gens vivant entre eux comme des frères, et reconnaissant un chef! et voici qu'il me faut encore dire adieu à cette ère d'harmonie que je croyais si bien comprendre... »

L'expédition d'Afrique, en dérobant La Moricière au danger, allait fortifier son intelligence, mûrir son jugement, tremper son caractère, et faire de lui l'homme de guerre consommé, l'administrateur habile dont, à si juste titre, la France peut être fière.

Le 16 mai 1830, il s'embarquait à Toulon, sur l'*Occidente*, navire illyrien ; le 13 juin, la flotte était en vue d'Alger, dont il fallait à tout prix faire la conquête. Les matelots jetèrent l'ancre à Sidi-Ferruch, distant de cinq lieues environ de la capitale. Ce fut là que, pour la première fois, La Moricière vit M. de Quatrebarbes, dont il apprécia vite la nature généreuse et délicate ; ils devaient se retrouver à Ancône, quelque vingt ans plus tard, dans de tragiques circonstances.

A la suite de plusieurs engagements meurtriers, la ville d'Alger fut enfin prise, le 10 juillet. La Moricière, qui s'était fait remarquer par sa bravoure et son calme au milieu du danger, eut l'honneur de hisser le drapeau français sur la casbah, ou palais du dey. Peu de jours après (on ne connaissait encore que le télégraphe aérien), arrivait la nouvelle de la révolution de juillet, qui plaçait sur le trône le chef de la maison d'Orléans. MM. de Kergolay et de Quatrebarbes, fidèles aux traditions de leurs familles, donnèrent aussitôt leur démission. Tout en respectant les nobles scrupules de ses amis, La Moricière ne crut pas devoir imiter leur conduite ; il voulait continuer de servir la France qu'il aimait d'une mâle tendresse.

Délicat, chevaleresque même dans ses sentiments, ignorant cette crainte honteuse qui se nomme le respect humain, le jeune officier se fit un devoir, alors que bon nombre de ses camarades s'empressaient d'aller saluer le nouveau général, d'accompagner son ancien chef, le maréchal de Bourmont qui, le cœur brisé par la mort de son fils tué à l'ennemi, prenait la route de l'exil à la suite de son vieux roi.

Plus que tout autre, La Moricière possédait les qualités, les aptitudes qui conviennent à la vie aventureuse et semée de périls qui, pendant dix-sept ans, allait être la sienne. Non seulement, il était brave, ce qui, en somme n'est pas très rare en France, mais il était audacieux, infatigable, plein d'entrain, d'élan, de bonne humeur et jamais à bout de ressources ; malgré son impétuosité qui se riait du danger, il ne manquait pas d'une certaine prudence, et il savait allier une intrépidité hors de pair à un sang-froid merveilleux. Toujours désireux de s'instruire, il s'était mis résolument à apprendre l'arabe, non seulement avec un professeur, mais avec les indigènes eux-mêmes qu'il interpellait partout où il les rencontrait, bravant en cette occasion, les représentations de ses camarades qui, sous ce rapport, le trouvaient d'une témérité folle. Ils ne négligeait pas non plus l'équitation, et il y fit de si rapides progrès qu'il chevauchait des journées entières sans fatigue.

Au début de l'expédition, le jeune officier, par ses connaissances spéciales, son énergie, son endurance, avait rendu des services si importants que le général Clauzel le proposa pour la croix, déjà il en avait été question ; on répondit en haut lieu qu'il était trop jeune et qu'on verrait plus tard ; nous remarquerons dans l'étude sur Marceau, un refus semblable et tout aussi peu justifié.

Le général Clauzel veut pénétrer plus avant dans le pays, il se dirige sur Médéah, et pour lever la route, il emmène avec lui La Moricière, dont il apprécie la vaillance et la sûreté de coup d'œil. Notre Africain raconte cette expédition avec une simplicité qui montre combien il était modeste et sans prétention aucune.

« ... On est parti le 7 novembre avec six mille hommes, emportant des vivres pour quinze jours. Le second jour on alla coucher à Blidah, dont les habitants se sauvèrent dans les montagnes, coupant l'eau qui arrive à la ville. On n'eut que du jus d'oranges pour se désaltérer... Le quatrième jour l'on repart, et l'on couche à la ferme de l'agha, au pied de la montagne. Le cinquième, on monte dans la gorge par un vrai sentier de chèvres, homme par homme, laissant derrière soi l'artillerie de campagne et les chariots que l'on ne peut plus mener avec soi. On n'a plus que la batterie de montagne. A une demi-lieue du sommet, on trouve le chemin coupé, et au moment de le rétablir, on est assailli par un feu très vif. Deux bataillons escaladent les montagnes qui dominaient la position à gauche, mais on entendait leur feu et l'ennemi ne paraissait pas céder. Au col même, il fallait monter un à un sous le feu de deux pièces de canon, on pouvait être écrasé par des pierres roulées, et deux compagnies bien résolues auraient suffi pour rendre ce passage inaccessible. On enlève les soldats au cri de : Vive la France, vive le roi ! Le bruit de la charge et du canon déconcerte les Arabes, et la Providence qui nous destine à civiliser l'Afrique nous donne la victoire. »

Quoique son tempérament le porte au mouvement, à l'action, et ne le prédispose ni à la rêverie ni à la contemplation, il est loin de rester indifférent aux splendeurs du pays qu'il habite ; il sait en goûter les charmes, ainsi que le prouvent les lignes suivantes :

« Le pays où nous sommes est délicieux. L'air est embaumé du parfum des jasmins, des géraniums et des roses. La maison que j'occupe est à deux cents pas de la mer. C'était un lieu de plaisance du dernier dey d'Alger. Partout des bassins de marbre, des jets d'eau, des fontaines vives. C'est là, au milieu des mer-

veilles de l'art et de la nature et de l'appareil militaire de mon
camp, que matin et soir je prends mon café et fume ma longue
pipe. On s'ennuie beaucoup, dit-on, en Afrique. Pour moi, le ciel
du midi est un vrai bonheur. Cette nature si variée dans ses
paysages et dans ses productions, si pleine de vie dans tout ce
qu'elle enfante, est une source d'observations qui ne tarit jamais,
et je dis un peu comme Victor Hugo :

> Pourtant j'aime une rive
> Où jamais des hivers
> Le souffle froid n'arrive
> A mes vitraux ouverts.

Mais voilà suffisamment de rhétorique... »

Le plus beau titre de gloire du héros qui nous occupe, est
peut-être la formation des zouaves, corps incomparable dont on a
pu dire « qu'il est le premier corps, non seulement de l'armée
française, mais de toutes les armées existantes. » Citons le passage
suivant, où le jeune officier annonce à sa mère qu'il a dû, sans
prendre le temps de la consulter, quitter le génie et entrer comme
capitaine au 2ᵉ bataillon de zouaves.

« Ce nom de zouaves est emprunté à la tribu qui leur fournit
le plus grand nombre de soldats. Nous n'avons pas encore
d'hommes ; on attend du drap de France pour les habiller. Me
voilà capitaine à vingt-quatre ans, infiniment plus tôt que dans la
ligne. Le costume ressemblera aux mamelucks du premier Empire...
Je laisse pousser ma barbe, c'est l'uniforme. Nous aurons le turban
tricolore avec une aigrette, la veste à la turque bleue, le pantalon
à la mameluck, rouge, une ceinture avec les pistolets et le sabre
recourbé... »

Le jeune capitaine n'ignore pas que, sur cette terre d'Afrique,
il y a autre chose à faire que de guerroyer sans cesse, il sent qu'il
faut administrer le pays conquis, s'attacher les Arabes par des
procédés équitables et généreux, au lieu de les exterminer comme
certains colonisateurs au rebours veulent le faire. Jusqu'ici les
choses n'ont pas été bien comprises : plusieurs tribus envers
lesquelles on a mal agi, montrent une hostilité véritablement

inquiétante. Afin de ramener la bonne entente, les négociations par intermédiaires ne sont pas pratiques ; il est nécessaire de se voir, de se parler. Avant d'en arriver là, il y a des périls à courir ; il faut, pour ne pas exciter la défiance, se présenter seul ou à peu près devant les Arabes qui, à l'exemple de presque tous les Orientaux, sont prompts au fanatisme et à la vengeance. La profonde connaissance que La Moricière a de la langue arabe, la vive sympathie qu'il inspire à tous, son intrépidité, sa joyeuse insouciance, le désignent pour cette mission épineuse. Après s'être fait accompagner jusqu'à une certaine distance, il lance son cheval au galop et s'avance seul, ainsi qu'il a été convenu.

Les Hadjoutes, à cheval également, rapides comme la foudre, viennent à sa rencontre ; tout d'un coup, les montures s'arrêtent, et un cercle se forme autour du jeune et hardi négociateur. Pendant une heure et demie, ce dernier, toujours à cheval, s'entretient avec les chefs qui l'environnent. L'entrevue fut des plus courtoises ; un vieux cheik, traduisant la pensée de ses frères, dit à l'officier, au moment où il prenait congé : « Tu es venu ici sans sauf-conduit écrit ; tu t'es fié à la parole de l'Arabe, tu as eu raison ; sa parole, il ne la fausse jamais. Il ne tombera pas un cheveu de ta tête. Pars, et que la paix t'accompagne ! »

Cette démarche eut d'excellents résultats et produisit le meilleur effet sur l'esprit impressionnable et mobile des indigènes.

La périlleuse reconnaissance de Bougie, que le jeune capitaine entreprit seul et où il faillit perdre la vie, fut bientôt suivie de la prise de cette ville, poste très important par sa situation. Ces brillants faits d'armes valurent à leur auteur le grade de chef de bataillon, et enfin la croix de la Légion d'honneur.

En 1835, lors d'une expédition contre les *Mouzaïas*, notre héros se signale encore par son intrépidité qui ne connaît pas d'obstacles ; laissons-le raconter lui-même cette affaire à Mme de La Moricière, avec une modestie qui ajoute à sa belle action un relief de plus.

« Tu auras sans doute su comme quoi le fils du général Brô, ayant été abandonné par son peloton dans une charge faite en avant de mes tirailleurs, son cheval a été tué, et lui a eu les deux cuisses traversées par la même balle. Étant tombé sur le coup, il se défendait à pied, quoique blessé, contre les Arabes, qui naturellement cherchaient à le sabrer. Le jeune homme était tombé derrière un bouquet de cactus qui m'empêchait de le voir. J'aperçois son peloton revenir sans lui, je devine ce qui se passe, je cours sur le peloton ; les hommes me disent que leur officier est pris. Pendant ce colloque, j'avais tourné sur le flanc des cactus, et je vis notre jeune homme aux prises avec trois Arabes dont il parait les coups ; deux officiers dont j'étais sûr me suivaient de près, mais leurs chevaux, moins bons que le mien, étaient en retard. J'arrive sur le groupe le premier ! je pare un coup de sabre destiné au jeune blessé, j'en pare un second qui m'était adressé, puis, tournant rapidement mon cheval, je prends un des Arabes par derrière et lui enfonce un coup de pointe sous l'aisselle gauche ; celui-là qui était le plus hardi, lâche prise, les deux autres ont un moment d'hésitation, j'en profite pour saisir mon jeune homme par le collet de son habit, avec ma main droite, et comme il n'est pas gros, en trois bonds de mon cheval, je l'emporte à vingt pas de là. Les deux autres Arabes me poursuivant, je suis forcé de lâcher mon blessé pour me remettre en garde ; il roule par terre entre les jambes de mon cheval. A ce moment mes deux camarades me rejoignirent, et la lutte fut tout à notre avantage ; nous sauvâmes le jeune homme, à la grande satisfaction de son père et de sa mère, qui sont à Alger, et qui nous ont fait de grands remerciements... »

Si vif que soit l'attachement qu'il porte à sa famille, il lui préfère encore son devoir, et pour une âme de cette trempe, le devoir c'est de faire bien au-delà de ce qui est commandé. Aussi, le voyons-nous, en 1836, ayant dans sa poche une permission de deux mois, renoncer au plaisir d'embrasser sa mère chérie, dont il est séparé depuis six ans, parce que la situation, en Algérie, lui paraît d'une gravité exceptionnelle, et qu'il veut être là, en tête de ses zouaves, s'il est nécessaire de frapper un grand coup.

L'année suivante, il fait en France une courte apparition ; il eût voulu consacrer tout son temps à sa chère Bretagne et aux siens, mais les intérêts de la colonie qu'il aime comme une seconde patrie réclament sa présence au ministère. A Paris, il fréquente les salons officiels, il se met en rapport avec les personnages influents de l'époque, et, par ses récits animés, il s'efforce de faire connaître l'Algérie, et d'intéresser à son développement, à sa prospérité, tous ceux qui l'écoutent.

Peu de mois après son retour sur la terre africaine, avait lieu la prise de Constantine, immortalisée par le pinceau d'Horace Vernet. La Moricière fut le héros de cette journée mémorable. En avant de ses zouaves qu'il entraîne par son impétueuse audace, sous le feu incessant de l'ennemi, il s'élance, renverse tout sur son passage, et sans nul souci des projectiles qui pleuvent de tous côtés, il arrive le premier sur la brèche. A ce moment, une terrible explosion retentit et fait trembler le sol : c'est une mine qui saute et ensevelit les assaillants sous les débris des remparts écroulés. Le combat est un instant suspendu ; les zouaves qui recherchent leur colonel, ont grand'peine à le découvrir à travers les décombres fumants. Un coup de feu l'a blessé, son visage et ses mains sont affreusement brûlés et ses yeux ont perdu la lumière. Transporté sous sa tente, il est l'objet des soins les plus dévoués. Les affreuses douleurs auxquelles il est en proie ne l'empêchent pas de se préoccuper de ses compagnons d'armes, et il demande anxieusement de leurs nouvelles. Ses souffrances, vraiment intolérables, — la peau de la figure et des mains n'existe plus, — ne lui arrachent aucune plainte, il ne songe qu'aux autres blessés, veillant à ce qu'ils soient aussi bien traités que lui-même. Ses soldats ont une inspiration sublime : ils recouvrent le lit du glorieux vainqueur avec le grand drapeau rouge pris à l'ennemi !

Un peu plus tard, La Moricière fait hommage de ce précieux trophée à sa mère, en lui écrivant les lignes suivantes, tracées d'une main encore mal assurée. « Je ne sais ce qu'on dira de notre affaire en Europe, mais, à parler absolument, c'est une affaire superbe. Les zouaves sont plus haut que jamais ; l'armée n'a qu'une voix pour nous applaudir et, quoi qu'on vous dise, vous ne comprendrez jamais tous les témoignages de reconnaissance dont on nous a entourés ici. »

Nous ne suivrons pas notre héros dans ses expéditions continuelles qui le transportent sur tous les points de l'Algérie ; disons seulement qu'en 1839, malgré sa grande jeunesse (34 ans), il est nommé maréchal de camp, et appelé au commandement de la province d'Oran ; pendant deux absences du maréchal Bugeaud, il remplira même les fonctions de gouverneur général par intérim. Les responsabilités de tout genre qui lui incombent, le touchent plus que les honneurs qu'il reçoit et au milieu du concert de félicitations qui s'élèvent sur ses pas, il reste grave et préoccupé.

Son impétuosité dans les combats ne lui fait point oublier les droits imprescriptibles de la clémence, si difficile à observer au fort de l'action. Un jour, à la tête de ses soldats, il poursuit une tribu qui, au mépris de ses serments, a trahi la France ; un instant encore, et les Arabes félons, hors de combat, acculés à la mer, vont y être précipités... La Moricière arrête l'élan de ses troupes, ivres de sang et de carnage. « Dans la disposition d'esprit où étaient mes soldats, expliquait-il plus tard, cette vengeance aurait peut-être été trop sévère. »

En 1841, au cours d'un voyage en Afrique, Alexis de Tocqueville s'empresse d'aller voir le jeune breton qui l'avait si fort charmé, lors d'une première entrevue ; dans une lettre à son cousin Kergolay, il montre bien quelle place La Moricière tenait en Algérie.

«... J'ai vu pendant deux jours La Moricière à Mostaganem, au moment où il partait pour Tagdempt, avec l'armée. C'est déjà l'homme principal de ce pays ; il y fait admirablement, et il a l'art d'exciter au plus haut point la confiance du soldat, tout en satisfaisant la population civile. Sa capacité spéciale me paraît croître... »

Une grande douleur allait fondre sur le général, et l'atteindre jusqu'aux fibres les plus intimes de son être : la mort de sa mère, survenue presque subitement, sans qu'il pût songer à aller recevoir sa bénédiction suprême. En apprenant la triste nouvelle, il fondit en larmes et se retira dans sa tente, où personne n'osa le suivre. Aucun courrier ne s'éloignait sans emporter une lettre à cette mère bien-aimée, et comme pour lui réserver le meilleur de son cœur, il l'écrivait toujours en dernier, après toutes ses dépêches.

Laissons-le poursuivre Abd-el-Kader par-delà les montagnes de l'Atlas ; s'établir à Mascara, trouver, grâce à son génie organisateur, le moyen d'y faire vivre pendant plusieurs mois, six mille hommes ; se signaler par son intrépidité à la bataille d'Isly, un des plus beaux faits d'armes modernes, enfin recevoir la soumission de l'émir, laissons-le exécuter ces grandes choses et d'autres encore, pour dire quelques mots de l'esprit qui présida toujours à ses essais de colonisation.

Nous l'avons vu, depuis qu'il a quitté la catholique Bretagne, La Moricière a graduellement abandonné la pratique religieuse ; cependant, sous un nuage de préjugés, il a conservé quelques étincelles de la foi inculquée par son père ; tout, dans ses actes, décèle la sympathie et le respect qu'il a gardés aux croyances d'autrefois. Pour lui, conquérir un pays, n'est ni l'asservir, ni le décimer, c'est l'amener peu à peu, par des procédés intelligents et toujours empreints d'humanité, à subir volontiers la loi du vainqueur. Il veut légitimer la conquête, montrer aux fils de Mahomet les bienfaits de la civilisation chrétienne et française ; pour cela, il n'ignore pas qu'il lui faut s'appuyer sur l'Évangile et sur la Croix.

En 1843, à Oran, un prêtre se présente devant La Moricière, s'offre, ainsi que ses collègues, pour le service des hôpitaux, des prisons, et même des ambulances ; le gouverneur accepte ce concours avec empressement et reconnaissance.

« Général, dit alors le prêtre, qui n'était autre que le Père Paschalin, je dois ajouter que je suis Jésuite, et mes compagnons également.

— Peu importe, réplique, en lui tendant sa loyale main, La Moricière, dont l'esprit largement ouvert ignorait les préjugés vulgaires et mesquins. Vous êtes un brave. Nous nous entendrons toujours. Allez en avant. Si l'on vous entrave, je serai derrière vous pour vous épauler. »

Il tint parole et permit non seulement aux religieux de transformer en chapelle catholique une mosquée à demi ruinée, mais il leur accorda deux mille francs de secours. Cet acte, qu'une certaine presse qualifiait d'atteinte à la liberté de conscience, souleva de vives clameurs en France, et exaspéra fortement une partie de la Chambre.

Le général ne s'émut pas outre mesure de tout ce bruit; à ceux qui déployaient un zèle si énergique en faveur des musulmans, il répondit :

« S'il fallait se préoccuper d'une chose, c'était bien plutôt du honteux abandon dans lequel on a laissé le culte catholique à Oran, depuis quatorze années! S'il fallait prêter l'oreille à des plaintes fondées, c'était aux plaintes de toute la population et d'environ cinq mille Espagnols, qui réclamaient en vain un édifice pour la célébration du culte catholique... »

Un peu plus tard, nous le voyons appuyer de la manière suivante, une demande d'acquisitions d'immeubles, présentée par les religieuses de la Sainte-Trinité. « Cette congrégation hospitalière et enseignante avait déjà rendu de grands services à Oran. Elle avait su gagner l'estime et la confiance des habitants. Le bien qu'elle avait fait au milieu de difficultés sans nombre répondait de l'avenir. Il fallait donc l'encourager, et nulle part les parents n'avaient plus besoin d'être secondés ou remplacés par des personnes dévouées et charitables dans l'œuvre de l'éducation de leurs enfants. »

Dans une lettre, ou sorte de mémoire, que le général adresse au ministre de la guerre, on lit ces lignes significatives: « L'Algérie n'est pas une colonie comme les Antilles ou comme Bourbon, où il s'agit de faire vivre cent mille Européens avec des privilèges, des esclaves, la mer de tous côtés comme frontière et les Arabes de moins. C'est quelque chose qui ressemble au Canada, mais en beaucoup plus grand. Or, que firent Louis XIV et Colbert quand ils voulurent fonder cette belle colonie? Ils y amenèrent des paysans, des gentilshommes et des curés. Ils y constituèrent le pays comme il était alors en France, en paroisses, en districts, etc... »

Afin de mieux défendre les idées chères à son cœur, et qui, suivant lui, peuvent seules assurer l'œuvre de la civilisation en Afrique, La Moricière songe à se faire élire député ; ses amis, **MM.** de Tocqueville et de Beaumont, le poussent dans cette voie. Deux échecs successifs lui démontrent la valeur morale du suffrage universel, ce système qui jadis, lui semblait si admirable.

« Ah ! s'écrie, dans une boutade indignée, M. Gustave de Beaumont, le général eût mieux avancé ses affaires si, au lieu de cent victoires qui ont honoré nos armes, il avait offert aux électeurs cent actions de chemins de fer. »

En 1847, nous retrouvons La Moricière siégeant à la Chambre. Un maître dans l'art d'écrire et dans l'art de parler va nous apprendre quel effet ce foudre de guerre produisait à la tribune.

« C'était plaisir, rapporte M. de Montalembert, de l'entendre et de le voir s'élancer à la tribune comme à cheval, l'enfourcher pour ainsi dire, et la maîtriser tout d'abord avec l'aisance d'un parfait cavalier ; l'œil étincelant, la tête haute, la voix saccadée, il semblait toujours sonner la charge en parlant. Il maniait les chiffres, les images, les arguments avec autant de prestesse, d'élan et de sans-gêne qu'il maniait ses zouaves. Souple et impétueux, bondissant comme la panthère, il tournait autour de son adversaire comme pour chercher le point vulnérable, avant de se jeter sur lui et de le renverser. Rarement, il descendait de la tribune sans avoir remué son auditoire, éclairci une question, dissipé un malentendu, réparé une défaite, préparé ou justifié une victoire... »

Un député ayant parlé en termes éloquents de l'envahissement de l'Amérique du Nord par les Anglo-Américains, qu'il proposait en quelque sorte, à notre imitation.

« Oui, reprend le général qui, dans son esprit de justice, n'avait garde d'oublier les indigènes, mais que sont devenus les Indiens ?... Ils ont été massacrés et empoisonnés par les liqueurs fortes. Ce que les Anglo-Américains ont fait des Indiens, nous ne voulons pas le faire des Arabes. De pareils procédés, de pareils moyens, de pareils crimes, nous n'en voulons pas. Nous les repoussons au nom de la France, au nom de l'honneur de notre pays, au nom de la mission qu'il remplit dans le monde, au nom du christianisme... »

Citons encore ces paroles vibrantes de foi et de patriotisme qu'il adressait à des colons prêts à partir pour Alger. « ... C'est au travail intelligent et civilisateur d'achever ce que la force a commencé. La poudre et la baïonnette ont fait en Algérie ce qu'elles pouvaient y faire ; c'est à la bêche et à la charrue d'accomplir leur tâche. Mais rappelez-vous que ces plaines que vous allez féconder de vos sueurs ont été longtemps arrosées du sang de vos frères de l'armée, qui l'ont versé pour vous et sans espoir de récompense. Avant de vous quitter, permettez à un ancien soldat d'Afrique de vous dire que, si jamais, en défrichant vos champs, vous trouvez dans les broussailles une croix de bois entourée de quelques pierres, cette croix vous demande une larme ou une prière pour ce pauvre enfant du peuple qui est mort là, en combattant pour la patrie, et qui s'est sacrifié tout entier pour que vous puissiez un jour, sans même savoir son nom, recueillir le fruit de son courage et de son dévouement. »

Trois ans plus tard, La Moricière, inspiré par les mêmes sentiments, réclamait à la Chambre des subsides pour créer de nouvelles paroisses, alors qu'on envoyait sur la terre africaine, vingt mille émigrants, enfants perdus de la civilisation parisienne. « Il faut que la population transportée en ces lieux y retrouve la patrie. La patrie, c'est la famille, c'est le clocher, l'église du village. L'église est bâtie, mais pour lui donner la vie, il faut un prêtre. »

En préparant aux colons des moyens de sanctification, en insistant pour que des prêtres fussent envoyés en Algérie, La Moricière, sans le savoir, se rapprochait de Dieu, et attirait sur lui les bénédictions d'En-Haut; encore quelques années et sitôt que la douleur, cette forte éducatrice à nulle autre pareille, l'aura touché, il sera transformé; la foi qui sommeille en son âme aura un magnifique rayonnement qui illuminera jusqu'à son tombeau. N'anticipons pas. Disons seulement qu'en 1847, son mariage avec Mlle d'Auberville, petite-fille d'une sainte — la marquise de Montagu — eut sur lui la plus heureuse influence, et enveloppa le reste de sa vie d'une atmosphère toute céleste. Mlle d'Auberville n'était point une de ces mondaines pour lesquelles la piété est encore une sorte de parure, c'était une chrétienne sérieuse, convaincue, qui avait été à l'école du Père de Ravignan et de la sœur Rosalie; elle essayait, de loin sans doute, mais elle essayait de marcher sur les traces de ces illustres modèles.

Le commandant Marceau, condisciple du général à l'École polytechnique, revenu, lui, depuis plusieurs années, à la pratique héroïque du catholicisme, écrivait, à l'occasion de ce mariage, à son ancien ami :

« En apprenant que Dieu t'avait ménagé la grâce de devenir le gendre d'une sainte, j'ai pensé que c'était afin de te conserver pour des temps meilleurs. »

Au mois de janvier 1848, La Moricière, qui était retourné en Afrique, faisait ses adieux définitifs à sa patrie d'adoption pour rentrer en France ; il y revenait, à la veille d'une révolution, envoyé par Dieu, en quelque sorte, pour combattre l'anarchie, et contribuer au rétablissement de la paix. Louis-Philippe aux abois voulait le nommer commandant de toutes les troupes ; il refusa ce poste d'honneur, car il eût fallu l'enlever à son ancien chef, au maréchal Bugeaud. « On ne fait pas descendre de cheval un maréchal de France », dit-il.

On lui demande alors de prendre le commandement de la garde nationale, il y consent. Il était en civil, pantalon à carreaux, gilet ouvert, etc., on le revêt d'une tunique d'emprunt sur laquelle on applique, tant bien que mal, des épaulettes de colonel. Dans ce costume fantaisiste, La Moricière s'élance à cheval et va rallier la garde nationale à travers les faubourgs de Paris. Son cheval s'abat sous un plomb mortel, lui-même est frappé de deux coups de baïonnette ; il se relève, reprend une autre monture et court où le devoir l'appelle. Blessé de nouveau, il est cerné par des adversaires ivres de fureur et de sang, sa vie est en péril ; d'anciens zouaves qui ont reconnu leur colonel, vont à lui, et l'aident à regagner sa demeure. Là, meurtri, brisé de fatigue, La Moricière abandonne ses vêtements d'emprunt, puis, sans vouloir prendre un peu de repos qui lui serait cependant bien nécessaire, il retourne à l'Hôtel-de-Ville.

Libre de toute attache avec le gouvernement qui vient de sombrer, le héros d'Afrique accepta franchement le régime républicain, lequel plus qu'un autre, lui semblait, à cette époque, propice à l'éclosion et au développement de toutes les libertés. Ces illusions d'un esprit loyal et généreux ne devaient pas être de longue durée. Au mois de juin, une insurrection formidable éclatait à Paris et jetait l'effroi dans tous les cœurs : la moitié de la

LE GÉNÉRAL DE LA MORICIÈRE

P. 65

capitale était hérissée de barricades et il semblait que le peuple
entier se fût insurgé.

La Moricière est désigné par le ministre de la Guerre,
Cavaignac, pour rétablir l'ordre et la paix. Jamais sa bravoure
n'avait été plus grande, son sang-froid plus admirable que pendant
ces trois jours qui firent tant de victimes, où soldats et officiers
tombaient à ses côtés, frappés par la mitraille. Une décharge de
mousqueterie renverse le cheval du général ; il se relève, ramasse
tranquillement son cigare, le remet à ses lèvres en disant gaiement
à ceux qu'il commande : « Ne craignez rien, petit bonhomme vit
encore ! » Si la physionomie de La Moricière a, pendant ces heures
terribles, le cachet de mâle intrépidité qui la caractérisait dans ces
expéditions d'Algérie, on y chercherait vainement l'entrain joyeux
qui était la note distinctive de son courage, car ce ne sont plus
les Arabes, les Kabyles qu'il charge cette fois, ce sont des Français, des frères et, comme l'a si bien dit un de ses panégyristes :
« Un crêpe funèbre recouvre ses lauriers ».

Après une de ces charges héroïques exécutées par le général
du côté du Château-d'Eau, « M. Thiers survint, rapporte Alexis de
Tocqueville, il se jeta au cou de La Moricière, en lui disant qu'il
était un héros. Je ne pus m'empêcher de sourire en voyant cette
effusion, car ils ne s'aimaient point. Mais le péril est comme le vin,
il rend les hommes tendres. »

Au lendemain de ces jours néfastes qu'on voudrait rayer de
notre histoire, Cavaignac lui écrivait ceci : « Merci, mon ami, vous
avez été grand, plus grand que vous-même pendant ces quatre
jours. La Patrie, la République vous en remercient par ma voix,
puisque je puis encore aujourd'hui parler en leur nom. Amitié et
aussi du respect. »

Ce billet, dans sa mâle concision, n'a-t-il pas comme un parfum
antique ? Ne le dirait-on pas écrit aux temps héroïques des répu-
bliques grecques et romaines, et adressé soit à un Léonidas, soit à
un Scipion ?...

Peu après, La Moricière était nommé ministre de la Guerre,
Un peu plus tard, Pie IX, menacé par les hordes révolutionnaires
se tournait du côté de la France, de la fille aînée de l'Église ;

Cavaignac et le nouveau ministre furent un instant perplexes ; mais l'assassinat de Rossi, les saturnales qui accompagnèrent cet acte de sauvagerie, en révoltant ces âmes honnêtes, changèrent tout d'un coup leur manière de voir et leur firent adopter un noûveau plan de conduite. Un détachement de trois mille hommes reçut l'ordre de s'embarquer pour aller à la défense du Saint-Père. Dans une note demeurée secrète alors, et que le temps a permis de divulguer, le ministre de la Guerre promettait au général Mollière des troupes suffisantes pour renverser, si cela devenait nécessaire, le pouvoir tyrannique des assassins de Rossi.

Quand Alexis de Tocqueville fut appelé aux Affaires Étrangères, il envoya La Moricière à Saint-Pétersbourg, en qualité d'ambassadeur. Lui, le soldat à la nature primesautière, à la franchise proverbiale montra dans ce nouveau poste, toutes les qualités d'un diplomate de race. Par son tact et par son habileté, il assura le succès de l'intervention française dans une affaire des plus délicates.

Le voilà, jeune encore, au comble des honneurs ; il a conquis la gloire, non seulement sur les champs de bataille, mais aussi à la tribune et dans les cours étrangères. L'envie, qui s'attache à toute supériorité, essaie d'amoindrir sa renommée, et Cavaignac lance aux détracteurs, cette magnifique riposte, qui lui fait autant d'honneur qu'à l'ami qu'il veut défendre : « Pour moi, je ne m'étonne que d'une chose, c'est qu'il soit au second rang et moi au premier. »

Du faîte de la prospérité, notre héros allait bientôt être précipité dans la poussière et subir un long exil, car il fallait, nous l'avons dit plus haut, le diadème de la douleur à ce noble front, pour le courber devant Dieu. Marceau, à la lumière de la foi, avait eu, en quelque sorte, le pressentiment de ces épreuves ; quelque temps avant le coup d'État, il adressait les lignes suivantes à son ancien camarade.

« ... Je ne serais pas surpris que, pour te ramener à Lui, Dieu te ménageât quelques-uns de ces déboires qui tournent à l'avantage où à la perte de celui qui les éprouve, suivant ses dispositions. Si je te parle ainsi, c'est afin que le jour où cela t'arrivera,

au lieu de t'en prendre à un sort aveugle ou de chercher à l'expliquer par des raisons humaines, tu songes à lever les yeux et à
demander à Dieu la lumière... »

Dans une autre lettre écrite à peu près dans le même temps,
l'ancien marin s'exprime de la façon suivante : « Il y a peu de jours
où je ne pense à toi, mon cher ami. Pendant que tu sollicitais pour
moi auprès du ministre de la Marine, je faisais la même chose
pour toi auprès d'une grande dame (la sainte Vierge) ; je continue
et je compte bien continuer jusqu'à ce que j'obtienne ce que je
demande. Est-ce que tu comptes nous faire attendre longtemps ?
Je dis nous, car je ne suis pas assurément le seul à demander pour
toi que la lumière se fasse à tes yeux... »

Dans la nuit du 1er au 2 décembre 1851, La Moricière est
arrêté chez lui, pendant son sommeil. Il est conduit d'abord à
Mazas, puis au fort de Ham. D'autres illustres personnages
partagent son sort ; quant à leur destination, le secret le plus inviolable est gardé vis-à-vis de leurs proches. Grâce à la complicité
d'un brave soldat, le général parvient néanmoins à instruire sa
famille de l'endroit où il est renfermé. La sentinelle dépose un
moment sa pipe sur le bord de la fenêtre entr'ouverte. La Moricière
y roule prestement le billet suivant, qu'il recouvre de tabac.

« Nous arrivons au fort de Ham en très bonne compagnie.
Je me porte bien. »

Quelques heures plus tard, par l'entremise d'une personne
amie, ce court message était remis à Mme de La Moricière.

Dès qu'il a quitté la forteresse de Ham, le général, après un
bref séjour à Cologne, prend ses mesures, afin de se fixer en
Belgique, où déjà plusieurs de ses collègues ont trouvé un sympathique accueil. Il n'a qu'un mot à dire, cependant, et la France
s'ouvrirait devant lui, les faveurs, les dignités lui seraient offertes,
prodiguées mêmes ; mais ce mot, un serment que sa conscience
réprouve, il ne le prononcera jamais ; pendant seize ans, il endu-
rera les douleurs inénarrables de l'exilé, gardant intacts son
honneur et l'intégrité de sa vie. Il peut dire, avec la fierté du sacrifice accompli : « Si je ne dois jamais voir des jours meilleurs, je
mourrai avec cette consolation d'avoir accompli mon devoir et

sauvé mon honneur, dans la position qui m'est faite. Ce sera quelque chose que de pouvoir regarder tout le monde en face dans la vallée de Josaphat. »

Qui pourra nous faire connaître les déchirements intérieurs de cette grande âme, que l'injustice a toujours révoltée? la peine amère de ce vaillant, obligé de remettre au fourreau son épée désormais inutile? Écoutons Montalembert.

« ... A quarante-cinq ans, La Moricière, tombant de la plus haute position qu'un soldat pût occuper, sans qu'on eût à lui reprocher l'ombre d'un crime ou d'une faute, se voyait fermer et pour toujours, l'accès de deux carrières où il avait conquis une si glorieuse illustration, où il marchait l'égal ou le supérieur de tous; sa vie militaire et sa vie publique étaient closes... A un âge où l'on a la conscience de la plénitude de ses forces et de ses moyens, où l'emploi de ces dons de Dieu est le premier des besoins, il se voyait condamné à se déshabituer de toute vie active... Il lui fallut connaître et savourer longuement les langueurs mortelles du calme plat, après les salutaires et vivifiantes excitations de l'orage; puis s'enfoncer dans cette oisiveté forcée, mère des désespoirs, dont parlait Fouquet à Pignerol... »

Mme de La Moricière est restée momentanément dans leur propriété d'Anjou; son mari lui envoie les instructions nécessaires pour régler toutes les affaires avant le départ définitif. Une des grandes préoccupations du proscrit à ce moment critique, est une dernière œuvre de charité à l'égard d'un vieux paysan que souvent il a secouru.

« Je voudrais, comme dernier acte de charité à faire en mon nom, avant votre départ, que vous prissiez des mesures pour que le père Meunier pût avoir une vache. Il est peu probable, qu'il me revoie, mais il verra que je pense à lui. »

Sur la terre étrangère, le banni essaie de se reconstituer un foyer : ainsi que deux anges gardiens, sa femme et la mère de celle-ci l'entourent d'une affectueuse sollicitude; ses enfants aimables et bien élevés réjouissent son cœur; il a des amis, entr'autres deux généraux exilés comme lui, Bedeau et Charras. Le premier, doux et résigné, parce qu'il est chrétien, n'éclate point

en vaines récriminations, en regrets passionnés ; le second, imbu
de tous les préjugés révolutionnaires, s'emporte contre l'Église,
contre les prêtres qu'il accuse de pactiser avec l'empire ; sa vie
ressemble à un accès de folie permanente. Cette irritation, cette
violence qui ne connaît pas d'accalmie, au lieu de surexciter la
nature bouillante de La Moricière, semble, au contraire, l'apaiser.
Il voit l'abîme où fatalement, sont entraînés les hommes privés de
toute lumière religieuse ou plutôt les hommes qui ont éteint en
eux cette lumière, afin de satisfaire leurs passions, quelles qu'elles
soient ; il se tourne du côté du général Bedeau et envie cette foi
qui procure à son ami, le calme et la paix au milieu de l'épreuve.

Le général est loin de la patience du bon Bedeau, et il s'irrite
encore facilement. Un jour, en apprenant que sa femme et sa
belle-mère ont été, à la frontière, brutalement fouillées par des
agents français, il perd tout son sang-froid, quoiqu'il soit en visite,
et il s'écrie hors de lui-même :

« Les misérables ! Laissez-moi casser vos meubles, Madame,
ça me soulage, je vous les paierai. » Plus tard, quand la grâce aura
fait son œuvre, il ne restera presque plus rien du vieil homme, et
ces saillies d'une nature imparfaitement disciplinée, auront tout à
fait disparu.

Déjà, étant à Paris, notre héros avait lu les *Études philosophiques* d'Auguste Nicolas, ce livre qui a fait tant de bien aux
hommes de toute une génération ; enfermé au château de Ham, il
demanda l'Évangile, et médita ces pages sublimes qui, connues
depuis bientôt deux mille ans, sont loin d'avoir livré toutes leurs
beautés. Dans les loisirs forcés que lui fait l'exil, il veut s'instruire
davantage ; la lumière commence à pénétrer son intelligence,
mais combien d'ombres, d'obscurités l'enténèbrent encore. Ainsi
que la plupart des hommes de son siècle, il s'est senti altéré de
vérité et il a cru que les sciences humaines apaiseraient cette soif,
mais il est toujours haletant, car il a négligé la seule science
nécessaire, la source de toute vérité, la religion, que jamais il n'a
étudiée.

A un ancien condisciple, un converti, comme Marceau, le
Père Gratry, dont on a vu plus haut la biographie, La Moricière

confie son ignorance qui le confond et le désir qu'il a de s'instruire dans les choses de Dieu. Son état d'âme nous est dévoilé dans les lignes qui suivent :

« ... J'ai fait mes humanités, y compris ce qu'on nomme la philosophie. J'ai passé deux ans à l'École polytechnique ; j'y ai travaillé en conscience à l'étude des sciences exactes, et quelque peu à celle de leur philosophie. Quant à la théologie, je n'en sais pas un mot. Depuis lors, j'ai manié les armes pendant dix-huit ans ; j'ai passé quatre ans au milieu de nos luttes et discordes politiques, et me voici maintenant dans l'exil, où Dieu m'a conduit pour me donner le temps et le besoin de réfléchir, en regardant les choses au point de vue où on les voit ce qu'elles sont... »

Le saint religieux, touché de la confiance qui lui est témoignée, veut y répondre ; son cœur sacerdotal, foyer d'une ardente charité qui n'a peut-être jamais été surpassée, lui inspire le beau livre qui a pour titre : *Philosophie du Credo*. C'est l'entretien d'un prêtre avec un homme instruit. Remarquons ce mot d'une saisissante profondeur qui est presque au début : « Pleurez votre vie, ou vaine ou profanée, et dans la première larme vous trouverez Dieu. »

Citons encore cette pensée vraiment sublime, à propos de l'explication du mystère de la Sainte-Trinité : « On boirait cette lumière pendant des siècles, jusqu'à s'en enivrer, que l'abîme subsisterait. » Et la terminaison : « Cette terre ne sera plus que, toi, tu seras encore, et que tu jouiras de Dieu et de sa créature dans une autre demeure. Efforce-toi donc de quitter celle-ci sans te plaindre et bénis-la, comme le champ où, fils de l'Immortalité, tu as joué dans ton enfance ; comme l'école où tu as été conduit, à travers le chagrin ou la joie, à l'âge viril. Tu n'as plus de droit sur cette terre, elle n'a plus de droit sur toi. Reçois la couronne de la liberté et la ceinture du Ciel, et dépose sans regret le bâton du voyage. »

Il était impossible que de tels accents n'eussent pas de retentissement dans l'âme déjà si bien disposée de l'illustre proscrit.

Cette recherche de la vérité, cette étude sérieuse, réfléchie de la religion, en arrachant La Moricière aux intérêts mesquins, aux préoccupations vulgaires, lui communique un calme, une sérénité qui frappent ceux qui viennent lui rendre visite. Vers cette époque, en 1854, Alexis de Tocqueville le rencontrait à Heidelberg où les deux amis s'étaient donné rendez-vous avec un autre ami, M. de Corcelle.

« ... Nous avons passé quarante-huit heures avec M. et Mme de La Moricière, et nous les avons quittés avec grand regret. Jamais La Moricière ne m'a témoigné une plus véritable amitié. Mari et femme supportent la situation actuelle avec une tranquillité sereine qui leur mérite le respect... »

L'année suivante, le général, avec cette noble simplicité qui était un de ses charmes, suit à l'église Saint-Jacques-de-Bruxelles, la station quadragésimale, prêchée par le R. P. Dechamps, alors simple Rédemptoriste, aujourd'hui archevêque de Malines et cardinal ; à la fin de ce carême, il s'approchait de la table sainte, sans ostentation comme sans respect humain. Il étudie et médite les ouvrages du pieux fils de saint Alphonse, ceux de Balmès, aussi grand écrivain que théologien profond. Au fur et à mesure que les voiles de l'erreur se déchirent, il s'indigne de l'aveuglement coupable de tant d'hommes qui, volontairement, ferment les yeux à la lumière.

« Les savants du XVIIe siècle, écrit-il à un Jésuite, étaient des géants, parce qu'ils étaient philosophes et théologiens, les savants du jour ne sont que des pygmées. Ils ont de la science en l'air. Ils sont mathématiciens, physiciens, chimistes, avocats, médecins, historiens, publicistes, mais ils ne sont pas de grands savants. Ils n'ont pas la science comparée, la science centrale. Les mathématiques isolées brûlent et dessèchent l'esprit, la philosophie le boursoufle, la physique l'obstrue, la littérature l'exténue, le répand en surface, et la théologie parfois le stupéfie. Croisez les influences, superposez ces cultures diverses, rien de bon ne se perd, beaucoup de mal est évité. Or, moi qui vous parle, c'est ce que je n'ai pas fait jusqu'à présent. J'ai étudié toutes les sciences, excepté la première. J'ai manœuvré à l'arrière-garde et j'ai oublié l'avant-garde. J'ai examiné les effets et j'ai oublié la cause. Aussi je travaille de toute l'énergie dont je suis capable à remettre de l'ordre en moi et dans toutes mes études, et je reconquiers la vérité peu à peu, comme j'ai autrefois conquis une position militaire, de haute lutte. Je veux de la clarté, des raisons pour tout et en tout, et je ne me rends qu'à la raison... »

Tout ce qui entoure le général trahit ses nouvelles tendances et l'objet de ses constantes préoccupations. Un visiteur, le trouvant à demi couché sur des cartes où il suit fiévreusement les étapes glorieuses de nos troupes en Crimée, remarque que ces cartes sont maintenues par un catéchisme, un paroissien, une *Imitation de Jésus-Christ* et un ouvrage du Père Gratry, la *Philosophie du Credo*, sans doute. A son coup d'œil stupéfait, le général reprend en souriant :

« Eh bien ! oui, j'en suis là, je m'occupe de cela. Je ne veux pas rester comme vous un pied en l'air, entre le ciel et la terre, entre le jour et la nuit. Je veux savoir où je vais et à quoi m'en tenir et je n'en fais pas mystère. »

Qui pourrait retracer, durant cette campagne de Crimée, les poignantes émotions, les brisements de cœur de ce soldat qui n'a pas le droit de tirer l'épée, alors qu'il voit ses compagnons d'armes monter à l'assaut et combattre les ennemis de la patrie?... Ses élans patriotiques, toujours renaissants et que toujours il faut refréner, sont un martyre que Dieu seul peut mesurer...

Pour savoir l'estime, l'affection que lui gardent, même pendant sa disgrâce, les anciens officiers qui ont pu l'apprécier sur la terre d'Afrique, il nous suffit de citer cette belle lettre du général Bosquet, écrite au lendemain de la prise de Sébastopol, où l'on ne sait vraiment ce qu'on doit le plus admirer, du proscrit qui inspire de si nobles sentiments ou de celui qui est capable de les éprouver.

« Mon Général, mon bien cher Général! Un ami commun vous remettra cette lettre et vous exprimera, peut-être mieux qu'elle ne le pourrait faire, toute la chaleur de mon affection et de ma reconnaissance pour vous, mon Général, qui m'avez mis le pied dans l'étrier et les rênes dans la main. Vous le croirez sans peine, et votre bon cœur le comprendra, pendant cette rude campagne, votre souvenir ne m'a pas quitté; dans les moments solennels je l'ai toujours invoqué, et il me semblait que la bonne inspiration me viendrait de vous. Et puisque le destin vous tenait loin de nous, votre pensée du moins était présente avec toutes ses ressources de dévouement et de fermeté ! Nous avons fait la guerre comme nous l'avions apprise sous vos ordres, et nos soldats, que vous auriez reconnus, s'inspiraient de la pensée du devoir que vous leur aviez inculquée en Afrique. Nous avons battu les Russes avec les méthodes et les soldats que vous aviez créés, et, pour ma part, si j'ai été favorisé par la fortune dans quelques rencontres, vous le croirez, mon bon Général, c'est à vous, comme à mon maître, qu'à la fin de la journée j'en ai fait honneur. Que ne puis-je, en serrant vos deux mains, vous raconter ces combats, où vous vous sentiriez revivre et où vous applaudiriez à vos élèves, à vos enfants. Un jour, peut-être prochain, les vents contraires auront changé, et je pourrai vous revoir, vous dire combien j'ai été heureux de retrouver tout votre cœur dans les quelques lignes que vous m'adressiez en Crimée. Ces lignes ont été pour ma blessure comme un baume et m'ont mis de douces larmes dans les yeux. C'était pour moi la plus complète des récompenses. L'ami qui se charge de ma lettre vous parlera de tout ce qui ne peut y trouver place, mais il ne vous dira jamais assez la profonde affection et le religieux dévouement que j'ai pour vous au fond du cœur... »

En 1850, La Moricière avait perdu une petite fille en bas âge ; deux autres filles lui restaient, pour lesquelles son affection était sans mesure ; en 1855, il eut le bonheur, désiré depuis longtemps, d'avoir un fils. Ses filles occupent toujours la même place dans le cœur paternel, mais le petit Michel est chéri d'une de ces tendresses ardentes, passionnées, qu'ont souvent les parents à l'égard des petits êtres qui ne font que passer ici-bas. L'enfant comptait à peine un an, lorsqu'étant en Bretagne, il fut atteint d'une fièvre cérébrale ; le père apprit en même temps la guérison et la maladie, néanmoins au fond du cœur, il gardait une secrète inquiétude que rien ne dissipait.

« Vivra-t-il ?... lisons-nous dans une de ses lettres. Je crains bien que Dieu ne veuille le reprendre... Enfin, tout cela est la volonté de Dieu, mais cela n'empêche pas qu'à certains moments la vie est lourde... »

L'année suivante, une rechute conduit de nouveau le petit Michel, aux portes de la mort. Il est encore au Chillon, et le pauvre père ne peut aller le rejoindre, et donner à cet ange qui va s'envoler, le baiser d'adieu.

Les anciens frères d'armes du général, surtout Pélissier, que ses victoires récentes ont rendu le favori de l'empereur, insistent auprès de ce dernier pour que le proscrit puisse se rendre au lit d'agonie de son enfant. Une permission est enfin accordée, mais dans des conditions telles qu'un homme d'honneur ne pouvait l'accepter. Mme de La Moricière, qui, plus qu'une autre cependant, sait les angoisses de son mari, est la première à lui dire : « Restez. »

Le 27 novembre 1857, Michel allait attendre au Ciel ceux qui le pleuraient ici-bas.

La Moricière veut remercier le général Pélissier de sa généreuse intervention ; il le fait avec noblesse, et l'on sent la fierté du soldat à côté de la douleur du père. « ... La porte qu'on m'ouvrait à la frontière était si basse qu'il fallait se mettre à genoux pour y passer. Mon cœur était brisé, je l'avoue, mais mon honneur de soldat s'est révolté. J'ai refusé. Vous à qui je sais ce sentiment dans l'âme, vous comprendrez ce que j'ai fait : Dieu seul sait ce qu'il m'en a coûté... »

Ce deuil supporté d'une manière si digne, excite en France un courant de sympathie pour la victime, et d'indignation pour l'oppresseur ; on s'en émeut en haut lieu, et le général, après six ans d'exil, peut rentrer en France, sans condition. « On m'a rendu mon pays, disait-il, mais qui me rendra mon fils ?... »

Au commencement de l'année 1858, il quitte Bruxelles, évite de traverser Paris et se dirige, incognito, vers sa terre de Bretagne. A peine quelques amis dévoués osent-ils venir à la rencontre du proscrit et lui serrer la main, les autres, les plus nombreux, ceux qui jadis, acclamaient le vainqueur d'Abd-el-Kader, le héros qui avait triomphé de l'anarchie, craignent de se compromettre et de perdre la faveur de César. « On m'a reçu, dit La Moricière, non sans une pointe d'amertume, comme un failli qui serait revenu de Belgique sans avoir payé ses dettes. »

Nous touchons à l'instant le plus solennel de la vie de notre héros, à l'acte grandiose qui en est comme le couronnement, et l'auréole d'un éclat qui ne saurait pâlir. La révolution italienne, dont nous avons déjà dit quelques mots, n'a fait que grandir — nous sommes en 1859 — ses instigateurs s'attaquent maintenant au chef de l'Église, veulent spolier les États qui assurent son indépendance et l'inviolabilité de sa conscience… L'auguste Pie IX voit le danger imminent, il comprend qu'un appel aux puissances catholiques resterait sans réponse; dans la détresse de son âme, il songe au grand homme de guerre qui, sur la terre d'Afrique, a triomphé de la barbarie, et à Paris, de l'émeute.

Si belle, si noble que soit la cause qu'on va lui proposer de défendre par les armes, le général l'acceptera-t-il?… L'État pontifical ne peut disposer que de ressources assez faibles, les quelques troupes qui se sont rangées autour du Saint-Père sont formées d'éléments divers, bien difficiles à discipliner; humainement parlant, on ne peut guère compter sur le succès, mais les défaites les plus humiliantes sont à redouter… D'autre part, comment un tel acte, tout à fait en désaccord avec les idées nouvelles, sera-t-il jugé en France, même par les amis, les admirateurs de La Moricière?… L'acceptation d'une semblable mission ne serait-elle pas le sacrifice complet de son prestige militaire, l'immolation pleine et entière de tout ce qui a fait jusqu'ici, sa gloire et se renommée?…

Notre ancien ambassadeur à Rome, M. de Corcelles, est chargé de pressentir les dispositions du général. Aux premières ouvertures, celui-ci, tout étonné répond : « J'ai besoin de réfléchir, mais c'est là une cause pour laquelle j'aimerais bien mourir. » Le lendemain, il dit simplement : « J'irai. »

Un peu plus tard, lorsque M. de Mérode, qu'il avait vu jadis en Algérie, et qui était allié à la famille de Mme de La Moricière, se présente au château de Prouzel, c'est pour recevoir un acquiescement formel, sans qu'il soit besoin de rien discuter. « Quand un père, dit La Moricière, appelle son fils pour le défendre, il n'y a qu'une chose à faire, c'est d'y aller. » Sa compagne, qui lui est unie de cœur et d'âme, approuve sa résolution et tous les deux, prosternés dans la petite église du village, ils offrent leur sacrifice à Dieu.

Les amis intimes du héros chrétien montrent un peu d'hésitation, d'inquiétude, en sondant l'avenir gros d'orages. « Messieurs, déclare La Moricière, avec noblesse, on ne discute pas l'appel d'un père.

— Vous n'avez jamais été vaincu, Général, il est à craindre que vous ne le soyez cette fois.

— Qu'importe ! la cause en vaut la peine.

— Réfléchissez encore.

— Toutes mes réflexions sont faites. Avant tout un sentiment ou plutôt un devoir me domine, je vois un père que le courant emporte, ce père me tend la main, et j'hésiterais !... Non.

— Sa perte entraînera la vôtre.

— Eh ! bien soit.

— On déclarera que vous n'êtes plus Français.

— Mon ami, quand je mourrai on ne me demandera pas si j'ai su le code pénal, mais le catéchisme, et pour m'ouvrir la porte du Paradis, on n'examinera pas si l'on m'a fermé celle de mon pays. »

Puis, sa fierté militaire reprenant le dessus, il ajoute : « Si l'on m'enlevait ma qualité de Français, le monde catholique tout entier me la rendrait par acclamation. »

Il n'a demandé qu'une seule chose au Saint-Père, et cette chose était implicitement convenue, car Pie IX avait toutes les délicatesses, c'est que jamais il ne porterait les armes contre la France.

Dès que sa résolution est connue, un tolle général s'élève, c'est un déchaînement de colère et d'indignation ; on le conspue, on le raille, on le chansonne. Nous autres Français, nous parvenons à être légers, même dans les questions les plus sérieuses. La Moricière ne s'émeut point : qu'importe à l'homme d'honneur qui marche à son devoir, les vaines clameurs de la foule !...

Les lignes suivantes adressées le 19 mars 1860, au général Bedeau, presque à l'instant du départ, viennent nous révéler les sentiments intimes de notre héros.

« Cher ami, je déplore de plus en plus de n'avoir pu vous rencontrer à Nantes, et je suis désolé de ne pouvoir en ce moment aller vous embrasser. Je charge ma femme ou un de nos amis communs de vous dire le parti que j'ai pris. Je n'ai vraiment d'espoir qu'en Dieu. Car, d'après ce que je sais, la force d'un homme ne peut suffire à l'œuvre que je vais entreprendre. Ce n'est pas de l'audace qui pourtant, j'espère, ne me manquera pas au besoin, c'est du dévouement dont j'attends la récompense Là-Haut, bien plus assurément qu'ici-bas. Adieu, je pars dans un quart d'heure, et je dis au revoir à des gens qui ne savent pas où je vais... »

Le 27 mars, il est à Ancône ; du premier coup d'œil, il juge l'importance militaire de cette place. Il visite les travaux commencés, fait tracer d'autres plans et organise tout un système de défense. Le 2 avril, nous le retrouvons à Rome ; il reçoit avec bonheur la bénédiction de l'auguste Pie IX et s'entretient avec lui. Ces deux grandes âmes, si différentes sous bon nombre de rapports, s'entendent à merveille.

Comme chef de l'armée pontificale, La Moricière a tout à créer ou à modifier ; il ne faut rien moins que son énergie de fer, son rare talent d'organisateur pour improviser, dans le peu de temps dont il dispose, ce qui est indispensable : artillerie, lignes télégraphiques, casernes, hôpitaux, approvisionnements, etc. Qu'on ne croie pas qu'il reste stationnaire à surveiller ce qu'il vient de commander, il parcourt les États du Saint-Siège, inspectant et dirigeant les travaux, et il semble, dans sa prodigieuse activité, être partout à la fois.

Son courage est invincible, aussi bien devant le poignard et le poison qui le guettent qu'en face d'une armée rangée en bataille. Un jour, dans une de ses pérégrinations, il s'arrête dans une auberge du pays ; quelqu'un de sûr l'avertit de se méfier du maître de céans, qui a été soudoyé pour l'empoisonner. Il ne se trouble pas pour si peu ; il fait appeler l'aubergiste, lui donne une poignée de main, le regarde en riant, mais avec un de ces regards qui pénètrent jusqu'au fond des consciences et lui dit :

« Mon ami, je suis prévenu que ce soir vous devez m'empoisonner. C'est très bien, mais sachez que je viens d'ajouter à mon testament un article vous concernant : vingt-quatre heures après ma mort vous serez pendu ».

Nous ne savons ce que répondit ce misérable, les Italiens

sont rarement à court de belles protestations, ce qu'il y a de certain, c'est que le dîner fut excellent.

La Moricière a fait venir de France, pour être son chef d'état-major, le comte de Quatrebarbes, dont il a pu apprécier la bravoure non moins grande que la foi. En l'installant à son poste, où les difficultés abondent, il lui adresse ces belles paroles qui témoignent des progrès que le général a faits dans la piété : « Si vous êtes embarrassé, faites comme moi, invoquez le Saint-Esprit, il vous viendra aussi en aide. »

Nous ne referons pas l'histoire lamentable et glorieuse tout à la fois de cette campagne. Rappelons seulement qu'au soir de la bataille de Castelfidardo, qui vit succomber tant de généreux volontaires, La Moricière, revenant à Ancône disait à M. de Quatrebarbes : « Je n'ai plus d'armée ». Puis il lui raconte l'affaire du matin.

« Il y avait, rapporte son ami, dans ses traits, son langage, son regard, la certitude du devoir accompli, la résignation la plus absolue à la volonté de Dieu, et l'abnégation de lui-même jusqu'au sacrifice de sa gloire. J'ignore si je l'eusse plus aimé, plus admiré vainqueur que vaincu. »

Après avoir combattu douze jours et douze nuits, La Moricière, le soldat héroïque, le grand vainqueur qui jamais n'a capitulé, est contraint de se rendre. Laissons encore la parole à son chef d'état-major.

« ... Il était quatre heures du soir quand nous quittâmes. Je montai à la citadelle, où je trouvai le général se promenant seul dans une casemate. Je regardais avec une profonde émotion ce glorieux et loyal soldat, ce conquérant de l'Algérie, ce défenseur de la société chrétienne, aujourd'hui vaincu, prisonnier de guerre, à la merci d'un ennemi obscur, qui ne devait son succès qu'au nombre, à la trahison, à la perfidie, à la ruse. Son teint était pâle, mais nul sentiment violent ne contractait les traits de sa belle et noble figure ; bientôt on n'aperçut sur son front que le calme d'une volonté inclinée sous la main de Dieu. »

A Gênes, le glorieux vaincu, car certaines défaites grandissent ceux qui en sont les victimes, reçoit du Souverain Pontife une lettre où se trouvent les passages suivants :

« Mon très cher Général, si, en considérant les derniers évènements, je me tourne vers Dieu, je courbe la tête devant la divine Majesté qui a cru devoir les permettre. Mais en me tournant vers vous, mon cher Général, je sens toute ma dette de reconnaissance pour le grand service que vous avez rendu au Saint-Siège et à l'Église ; et je prends ma part de votre juste douleur, vous exhortant à lever les yeux vers Dieu qui a déjà écrit vos actes au livre de vie. »

Personne n'ignore que les catholiques, voulant donner au défenseur de la Papauté, un témoignage de sympathie et de gratitude, avaient résolu de lui offrir une épée d'honneur. Dès qu'il eut connaissance de ce projet, La Moricière insista pour qu'on ne continuât pas la souscription commencée. Dans la lettre qu'il écrivit à ce sujet, nous relevons cette phrase :

« Je ne puis oublier qu'un général qui n'a fait que sauver l'honneur de son drapeau ne mérite et ne peut recevoir aucune récompense. »

Cette épée, Mgr Dupanloup, en prononçant, dans la cathédrale de Nantes, l'oraison funèbre du grand chrétien qui nous occupe, la déposa sur son cercueil.

« Vous ne pouvez la refuser maintenant, Général ! La reconnaissance de l'Église et de la France catholique vous la doit, car vous avez bien combattu, et une défaite triomphante à l'envi de victoires, ne peut vous la faire tomber des mains... »

Nous l'avons vu déjà, La Moricière, suivant en ceci des traditions de famille, aimait les pauvres et se plaisait à les secourir. Il voulait aussi que ses filles apprissent à s'intéresser aux malheureux ; il écrivait un jour à sa fille Henriette, qui n'avait pas encore huit ans :

« Dis-moi si l'on a fait acheter une vache pour la Gilot, du Moulin-Neuf. Elle a sept petits enfants comme toi, et elle n'a ni lait ni beurre à leur donner. Je t'ai recommandé de t'occuper de ces pauvres enfants, et je crains que tu n'aies songé qu'à t'amuser et à manger du lait et des fraises, sans penser aux pauvres du bon Dieu qui n'ont rien à manger avec leur pain... »

A l'égard de ses inférieurs, il se montrait bienveillant, affable, prenant sa part de leurs joies et de leurs peines. Peu de temps avant sa mort, un jardinier du Chillon perdait un de ses enfants ; il s'empresse aussitôt de lui écrire.

« Mon cher Louis, quel horrible malheur vous m'apprenez ! Combien je vous plains, vous et votre pauvre femme ! Nous avons bien besoin de nous rappeler que Dieu n'éprouve que ceux qu'il aime. Il ne nous épargne pas les épreuves, que sa volonté soit faite ! Qu'il nous reçoive un jour dans sa miséricorde ! Vous retrouverez alors votre petite Amélie au milieu des Anges. Prenez donc courage, mon cher Louis, je vous embrasse de cœur. »

Nous n'avons pas besoin d'ajouter que tous ceux qui servaient un maître si bon, si compatissant, lui étaient profondément attachés, car l'amour appelle l'amour.

La piété toujours croissante de La Moricière le rendait vigilant, attentif, pour se préserver des fautes qu'il commettait facilement autrefois, et aussi pour se corriger de ses mauvaises habitudes. A l'exemple de la plupart des militaires, les jurons les plus énergiques ponctuaient jadis presque toutes ses phrases ; les paysans angevins prétendaient même qu'il était le plus grand *juriste* du pays. Il était parvenu, par suite de combien d'efforts ? nous ne saurions le dire, à déraciner complètement ce défaut invétéré. Ses emportements, ses colères qu'un rien, une bagatelle, suffisaient à exciter avaient également cédé sous l'impression de la grâce. Écoutons Montalembert.

« ... Il était resté bouillant et éblouissant comme autrefois, avec tout son feu et tout son charme, avec cette surabondance de vie, de jeunesse, d'originalité, d'ardeur qui paraissait toujours déborder sur tout ce qui l'entourait. Seulement l'aigreur, la colère, l'irritation, même la plus légitime, semblaient désormais noyées dans une passion supérieure, la passion du bien, dans la recherche et l'acceptation de la volonté de Dieu, dans l'amour des âmes... »

A son retour d'Italie, le général se confina dans la retraite la plus absolue, partageant son temps entre sa résidence de Louroux en Anjou, de Prouzel près d'Amiens, ou poussant une pointe dans son château de Bretagne. Il faisait ouvrir des routes, créait des écoles catholiques, et la construction de l'église de Prouzel fut la grande occupation des cinq dernières années de sa vie. Les grandes questions qui agitaient le pays ne le laissaient pas non plus indifférent ; il suivait avec un intérêt passionné toutes les phases de la révolution italienne, et il rêvait d'aller une fois encore offrir sa vie au Souverain Pontife. Deux jours avant sa mort, il disait au curé de Prouzel, son ami :

« Toutes mes affaires sont arrangées. Je règle tout comme si je ne devais pas revenir ici. D'un moment à l'autre le Saint-Père peut me rappeler. Je suis toujours à ses ordres comme chef de ses troupes et je ne désespère pas de mourir pour lui. »

Il attendait d'être appelé et l'appel vint d'En-Haut, la mort le guettait; il était prêt d'ailleurs, et le jour où elle devait le frapper, le 10 septembre 1865, il avait passé la plus grande partie de son temps à l'église, où se célébrait l'Adoration perpétuelle.

Mme de La Moricière et ses filles étant en Bretagne, le curé vint passer la soirée avec le général; par une coïncidence étrange et voulue de Dieu, l'entretien roula sur les indulgences, le purgatoire et la vie future. Après avoir entendu les explications de son pasteur, La Moricière dit : « Monsieur le curé, je suis très content de tout ce que vous m'avez appris ce soir. »

Avant de prendre son repos, il lut, ainsi qu'il en avait l'habitude, quelques pages dans l'histoire de l'Eglise. Vers une heure du matin, une crise d'étouffement, résultat de son affection cardiaque, l'oblige de se lever; ce qu'il éprouve est une douleur plus aiguë, plus angoissante qu'à l'ordinaire, le pressentiment que c'est la fin le saisit... Il sonne et, à son domestique qui accourt: « Vite, M. le curé, allez vite chercher M. le curé! » Il a détaché le crucifix suspendu à son chevet et se promène lentement dans sa chambre. Le prêtre arrive, le mourant tombe à genoux, appuyé sur son lit, et tenant toujours le Christ dans sa main défaillante. Le prêtre lui donne l'absolution, puis il essaie de le relever et de l'approcher de la fenêtre entr'ouverte. Soins inutiles, un soupir, un regard levé vers le Ciel... Dieu a reçu l'âme de son serviteur...

En apprenant les détails de cette mort si consolante, Mme de La Moricière non moins grande, non moins forte que les chrétiennes d'autrefois, s'écria: « Dieu soit loué! Il n'aura pas eu le temps de s'affliger de notre absence, et notre pensée ne l'aura pas détourné de la pensée de Dieu. »

La reconnaissance des catholiques envers le défenseur de la

papauté lui a élevé, dans la cathédrale de Nantes, un magnifique tombeau qui est un des chefs-d'œuvre de la statuaire moderne. L'inauguration de ce monument eut lieu dans le mois d'octobre 1879, avec une grande solennité. En présence de plusieurs évêques et d'une foule recueillie, Mgr Freppel, de sa voix éloquente, célébra les vertus et le dévouement du héros chrétien, glorifiant celui qui eut, suivant son expression « l'insigne honneur d'être à la fois un grand serviteur de la France et un grand serviteur de l'Église. »

Le ciseau de l'artiste a représenté La Moricière enveloppé dans un linceul ; une de ses mains presse le crucifix sur son cœur ; le visage transfiguré est seul à découvert. Aux angles du monument sont quatre belles statues en bronze que la gravure a rendues populaires et qui personnifient, en quelque sorte, la vie du général : La Foi ou la Prière, est représentée par une jeune fille qui élève ses mains jointes vers le ciel. La Charité, par une femme d'une grande beauté d'expression, qui serre deux orphelins sur son sein. Le Courage militaire nous montre un guerrier, presque un adolescent, assis dans une attitude virile, se préparant au combat, avec calme et sérénité ; la Méditation, un vieillard qui soutient d'une main sa tête lasse sous l'effort de la pensée.

Des trophées d'armes françaises et arabes, la tiare pontificale, des emblèmes héraldiques, forment les arabesques ; de petits Anges en prière séparent les cartouches qui ornent le soubassement du tombeau. Au frontispice rayonne la devise que nous citons au début de cette étude : *Spes mea Deus*.

Pour le héros qui repose sous le marbre, l'espérance n'est plus, elle a fait place aux splendeurs de la beauté que l'œil n'a point vue, que l'oreille n'a point entendue, que le cœur de l'homme ne saurait comprendre, et que Dieu donne en partage à ses élus.

AUGUSTE MARCEAU

Quand un cœur a reçu du Ciel le don précieux de
recourir à Marie, dans ses peines, ses dangers,
ses épreuves, ce cœur est pacifié, reposé, béni !

(R. P. de RAVIGNAN.)

L'HÉROÏSME, la grandeur d'âme, la sainteté, ont un je ne sais
quoi d'attirant qui frappe jusqu'aux âmes communes et
force leur admiration. Et si la vertu, la piété, apparaissent
dans nos contemporains, dans ceux qui ont affronté et vaincu
les mêmes ennemis qui nous attaquent, qui ont gémi sur les
mêmes abus, sur les mêmes lâchetés qui révoltent nos consciences,
qui ont ensanglanté leurs pieds aux mêmes cailloux qui déchirent
les nôtres, nous nous sentons remués plus profondément encore,
et le souvenir de leur dévouement, de leur existence consacrée au
devoir ou fécondée par la pénitence, excite notre zèle et peut-être
notre envie.

Auguste Marceau, dont nous essayons d'esquisser la belle et
sympathique figure, ne fut pas un ouvrier de la première heure,
mais dès qu'il eut été appelé par le père de famille, il se donna
tout entier et ne se reprit jamais. Ame de feu, caractère de fer,
il conserva, quand la grâce l'eut touché, et dépensa pour Dieu,
pour le salut de ses frères, les énergies de sa nature exubérante,
et tourna contre lui-même la sévérité dont il était doué, n'ayant à
l'égard de ses semblables, de ses adversaires mêmes, que l'indulgence, la douceur qu'il puisait dans le Cœur du Divin Maître.

C'était le neveu du général Marceau, le jeune héros de l'armée de Sambre-et-Meuse, dont la dépouille mortelle repose à Coblentz. La gloire posthume de l'oncle empêcha le neveu de suivre la carrière militaire ainsi qu'il en avait eu le désir. « Non, lui dit un officier supérieur, il vous faut viser à une gloire indépendante et personnelle. »

Il naquit à Châteaudun, où son père était sous-préfet, le 1er mai 1806 : n'est-il pas remarquable que celui qui, plus tard, devait être un si dévot serviteur de la sainte Vierge, et rendre tant de services à la Société de Marie, soit venu au monde dans le mois consacré à la Reine du Ciel ?...

Il sortait à peine de l'enfance, lorsqu'il perdit son père, et avec lui l'aisance dont il avait joui jusque-là.

Sa mère qui le chérissait, n'épargna rien pour lui faire donner une éducation brillante suivant le monde, mais où l'élément religieux manquait totalement. En 1824, il entrait à l'École polytechnique et bientôt il y occupait un rang distingué. Ce fut là qu'il connut et aima La Moricière qui, lui aussi, était appelé à devenir une des gloires les plus pures du catholicisme moderne.

De toutes parts, on engageait le jeune Marceau à entrer dans la marine royale ; il s'y décida, quoiqu'il ne sentît pour cette carrière qu'un goût assez médiocre.

Au mois de novembre 1826, il est embarqué comme élève de première classe, sur la corvette *la Bayonnaise*, qui entreprend une campagne autour du monde. Deux ans plus tard, il obtient d'être transbordé sur *la Zélée*, qui fait partie de l'expédition de Madagascar.

Un fait d'armes éclatant, où il déploie autant d'intelligence que de courage, lui vaut d'être porté pour la croix, par l'amiral lui-même. Le gouvernement répond que l'élève est trop jeune pour une telle récompense, et qu'il sera promu au grade d'enseigne de vaisseau sans subir aucun examen. L'amiral réplique que Marceau ayant mérité la décoration qu'il a sollicitée, il faut la lui accorder, et que son âge peu avancé — il avait seulement vingt-trois ans — n'est qu'un mérite de plus. Il obtient enfin gain de cause, et le jeune élève est promu chevalier.

En 1836, nous le retrouvons lieutenant, et commandant le
bateau à vapeur *le Minos*. Comme il faisait relâche à Gibraltar,
une violente tempête s'élève, et un navire anglais, *le Pembroke*,
manque d'échouer sur les rochers où il eût infailliblement péri.

Marceau voit le danger. Il offre au commodore l'aide de sa
machine ; celui-ci, dominé par la susceptibilité britannique, refuse
le secours offert par un Français. Dans la nuit, le péril augmente,
le vaisseau anglais va sombrer ; il faut avoir recours au *Minos*. Le
jeune commandant, malgré la tempête qui fait rage, réussit à
dégager *le Pembroke* d'entre les récifs, et le ramène à l'entrée de
la baie.

Le lendemain, les Anglais résidant à Gibraltar font une sorte
d'ovation à notre compatriote ; un peu plus tard, le roi Guillaume
lui fait offrir une récompense pécuniaire assez considérable : il la
refuse noblement. Le cabinet britannique s'aperçoit qu'il s'est
mépris, et lord Granville, alors ambassadeur à Paris, lui envoie,
au nom de son souverain et de la nation anglaise, l'expression
de sa vive reconnaissance.

Nous l'avons déjà dit, Marceau n'était point religieux, et sous
ce rapport, il n'avait pas été mieux traité au sein de sa famille que
dans les écoles qu'il avait fréquentées. Sa mère, quoique douée de
qualités éminentes, professait, à l'égard de la religion, sinon
l'hostilité, du moins l'indifférence la plus complète. A l'inverse
de ce qui advint à saint Augustin et à sainte Monique, c'est le
fils qui convertit la mère, et l'amena peu à peu à une éclatante
sainteté. On peut juger des sentiments nobles et délicats de
Mme Marceau, par les paroles suivantes, qu'elle écrivait au moment
où l'on préparait la biographie de son fils.

« Je vous promets de faire tous mes efforts, en lisant cette
précieuse vie, pour me tenir en garde contre tout sentiment
d'orgueil. Ces sentiments seraient d'autant plus condamnables que
je n'avais pas élevé chrétiennement ce cher fils, et que Dieu seul
a ramené à lui cette belle âme, ce dont je ne saurais assez lui
rendre grâce. »

N'anticipons pas. A l'époque où nous arrivons, Marceau, en
fait de religion, n'en est encore qu'aux doctrines des Saint-Simo-

niens. C'est avec enthousiasme qu'il a embrassé les théories de Saint-Simon, séduit par les grands mots de philantropie, d'humanité, de rénovation sociale dont on use beaucoup dans les réunions. Aussi, durant dix-huit ans prêcha-t-il la religion nouvelle avec un zèle ardent. Son penchant pour ce système philosophique ne l'empêche pas d'aimer follement le monde, où sa belle mine, sa distinction et son talent de causeur lui attiraient de vifs succès. Bien que son esprit fût naturellement sérieux, il avait adopté les habitudes oisives et frivoles de ceux qu'il fréquentait; dans le loisir que lui faisaient ses congés, il passait son temps d'une manière futile — heureux encore quand elle n'était pas coupable! — s'occupant beaucoup de sa toilette, lisant des romans et fréquentant tous les lieux de plaisir et de distraction. D'un caractère emporté jusqu'à la violence la plus extrême, il était redouté de tout son équipage, et on l'avait surnommé la *terreur des matelots;* dans le paroxysme de ses colères, il s'en prenait même quelquefois aux objets inanimés. A l'égard de ses supérieurs, il affectait une insupportable arrogance, une raideur que rien ne faisait fléchir, et, comme son orgueil, son ambition était sans borne.

Marceau avait toujours vécu dans un milieu indifférent ou hostile à la religion, et son goût ne le portait point à rechercher les controverses religieuses; le catholicisme surtout ne lui paraissait pas digne d'attirer l'attention d'un homme intelligent; il avait un peu étudié le Coran, mais n'avait jamais ouvert l'Évangile. Humainement parlant, il n'était donc point préparé à recevoir la vérité. Toutefois, les plaisirs grossiers, les jouissances plus relevées de la littérature et des arts commençaient à le lasser, il comprenait vaguement que les sources auxquelles il essayait de se désaltérer ne faisaient qu'irriter et accroître sa soif inextinguible de bonheur et de vérité! « Dieu seul est plus grand que notre cœur » dit excellemment l'auteur de l'*Imitation;* quoique encore athée, le jeune marin éprouvait ce besoin impérieux de toute créature humaine : comme les grandes âmes, il sentait le tourment de l'infini.

A un ami, il disait :

« J'ai un immense besoin d'aimer et de me donner corps et âme. Mais dans le monde je ne trouve rien qui mérite ce don de moi-même. Il n'y a que Dieu qui puisse satisfaire mon âme. »

Les préoccupations de l'Au-Delà assaillent le brillant officier jusqu'au milieu du monde et de ses fêtes. Un jour, à Toulon, dans une soirée dansante, il demeure à l'écart, l'air mélancolique et rêveur. Un ami l'accoste et, riant, lui demande :

— Quel problème êtes-vous en train de résoudre, Marceau ?

— Vous avez raison, répond-il gravement, c'est un vrai problème que je poursuis sans en trouver la solution ; le grand problème de la vie.

Le mot fit le tour du salon et, prononcé entre deux tours de valse, il parut seulement une boutade piquante et originale ; nul n'en soupçonna l'amère profondeur.

Mais alors son heure n'était pas venue, et il continua son train de vie accoutumé. Ce qui commença à l'ébranler sérieusement, ce fut la conversion de quelques-uns de ses camarades, officiers de marine ainsi que lui, et dont il ne pouvait suspecter ni la bonne foi ni la loyauté. La mort d'un neveu, enfant unique sur lequel reposaient les espérances et les affections de toute une famille, lui porta un nouveau coup. En s'efforçant d'adoucir la profonde douleur de sa sœur et de sa mère, il constatait avec tristesse qu'il ne pouvait leur offrir que des consolations vides, sans portée aucune, et il avait l'intuition que la religion, elle, possédait le secret d'enlever aux larmes leur cruelle amertume.

« ... Nous n'avons point, écrivait-il, d'espérance à donner à notre chère Evélina, il faut absolument qu'elle prenne ses consolations dans la religion. Ce n'est que là que nous en pourrons trouver, car celles-là seules sont impérissables... »

De pieux amis, auxquels il s'ouvrit un peu sur le travail latent qui s'opérait en lui, l'engagèrent à lire quelques bons livres qu'ils lui désignèrent ; il suivit leur conseil avec cette humble bonne volonté que Dieu récompense toujours. Peu à peu, les ténèbres épaisses qui enveloppaient son esprit se dissipèrent, et ses doutes les plus fortement enracinés commencèrent à être battus en brèche. Vers cette époque aussi, un de ses collègues le recommandait aux prières de l'Archiconfrérie érigée à Notre-Dame des Victoires : nul doute que Marie, dont il devait être le fils si dévoué, ne lui obtînt ces grâces puissantes, irrésistibles en quelque sorte, qui préparent et décident une conversion. Citons le passage suivant, que Marceau écrivait alors, avant d'avoir fait le pas décisif, après que son ami lui eut conseillé de faire le signe de la croix et de prier.

« ... Je me promenais dans mon jardin, et réfléchissant à tout ce qui m'avait été dit, je voulus faire le signe de la croix. Je portai la main droite à mon front; mais aussitôt je me retournai avec effroi, de tous côtés, pour voir si on m'apercevait. Indigné contre moi-même, j'achève de marquer sur moi le signe sacré de notre salut. Au même instant, j'éprouve, dans tous mes membres, comme un frisson électrique, une transpiration subite couvre mon corps... Je ne savais plus ce qui se passait en moi, je sentais que je venais de faire quelque chose de grand. Mille sentiments opposés et indéfinissables se pressant dans mon cœur, je tombe à genoux dans ce jardin même, en fondant en larmes; j'essaie de dire le *Pater*, je l'avais oublié. Je rentrai chez moi, je cherchai le livre de ma domestique et j'y lus le *Pater* et l'*Ave*... »

Malgré ses bonnes dispositions intérieures et une certaine modification dans ses habitudes, Marceau reculait toujours le moment de sa confession, tantôt sous un prétexte, tantôt sous un autre; enfin, il accomplit ce grand acte bravement, sans respect humain, il alla en plein jour, au milieu de la foule, s'agenouiller à la porte d'un confessionnal. Cette âme droite et énergique ne connaissait pas les demi-mesures. Quelques jours plus tard, le 9 octobre 1841, il était, nouvel enfant prodigue, admis au divin banquet.

L'ami qui, le premier, lui avait parlé de religion, s'était absenté pour raison de service; à son retour, il apprit la conversion de Marceau; il voulut l'interroger lui-même et savoir comment s'était effectué cet heureux changement. « Eh bien! mon ami, répondit-il, j'ai fait ce que vous m'avez dit : J'ai lu, j'ai prié, et le bon Dieu a fait le reste. »

A peine a-t-il pressenti les joies que l'on goûte au service de Dieu, que son zèle s'enflamme, et qu'il se fait apôtre auprès de sa mère. « Ayons confiance en Dieu, bonne mère, lui écrit-il, demandons-lui l'un et l'autre tout ce qu'il nous faut pour revenir complètement à Lui. Il est venu nous chercher lorsque nous ne pensions pas à lui, oh! maintenant, si nous avançons d'un pas pour le trouver, il ne nous laissera pas faire tout le chemin... »

Un peu plus tard : « Il ne faut pas se décourager, parce qu'on ne trouve pas de suite le bonheur dont parlent les personnes qui nous engagent à rentrer en grâce avec Dieu. Quelle est la récompense d'une sainte vie? c'est dans le ciel, un amour de Dieu éternel et en quelque sorte infini. Quelle récompense Dieu accorde-t-il ici-bas à ceux qui cherchent à remplir toutes ses volontés? N'est-ce pas de leur faire ressentir, de temps en temps, comme un avant-goût de ce bonheur éternel, en leur inspirant des mouvements d'amour pour lui? De quel droit, nous qui, jusque-là, n'avons rien fait pour son service, prétendrions-nous à ces joies saintes? Ne faut-il pas, auparavant, que nous soyons purifiés? »

Quel langage! et il n'y avait pas encore un mois que Marceau était rentré en grâce auprès de Dieu.

Sous l'action de l'amour divin, son cœur se dilate et devient plus affectueux; et c'est surtout avec sa mère qu'il se laisse aller aux effusions de sa tendresse. Il termine ainsi une lettre qu'il lui adressait dans les premiers temps de sa conversion.

« ... Adieu, bonne mère, adieu. Je t'embrasse de cœur; heureux, je le répète toujours, de penser que rien désormais ne saura nous séparer; car je compte bien sur la grâce de Dieu pour nous attirer vers Lui, et nous faire persévérer dans la voie du salut. Oui, je me sens tout heureux de penser que notre affection n'a plus de limites. C'est une sainte et douce chose que de s'aimer en Dieu; à Dieu donc! »

Sa foi épurée avait d'exquises délicatesses; il tenait de sa mère et de sa sœur deux bagues qu'il portait à l'ordinaire; ces souvenirs lui parurent trop mondains; il désira les sanctifier en quelque sorte, et demanda la permission de transformer ces bijoux en une croix, « ce qui, ajoutait-il, ira à la transformation de mon amour pour vous, qui est autrement grand, aujourd'hui que je vous aime en Dieu. »

Avant d'être chrétien, Marceau s'était toujours montré

esclave du devoir, remplissant avec une scrupuleuse exactitude les obligations de son état, aussi ne doit-on pas être surpris de le voir, après sa conversion, accomplir avec une fidélité inviolable, non seulement les préceptes de l'Évangile, mais encore marcher à pas de géant dans la voie des conseils. Sa vigilance sur lui-même est admirable, il ne tolère pas un mouvement de vanité ni d'impatience, et ne se pardonne pas le plus léger manquement à la charité, se reprochant jusqu'aux mouvements intérieurs trop naturels, auxquels sa volonté ne donnait pas un plein consentement. Afin de travailler avec plus d'efficacité à son avancement spirituel, chaque jour, il notait ses fautes, ses manquements. Nous détachons quelques passages de cet examen de conscience, qu'on dirait copié dans la vie d'un saint d'autrefois.

« 22 octobre. J'ai parlé un peu lestement d'un de mes chefs. J'aurais dû être plus mortifié à dîner.

— 26 octobre. J'ai été un peu paresseux. J'ai été trop médisant. Que signifie ce trop?... comme si j'avais le droit de l'être un peu! Quelle sottise!

— 13 novembre. A la commission des chaudières du Tartare, j'ai blessé mes collègues par mon ton tranchant. J'ai eu le malheur, en cette occasion, de jeter du blâme sur mon prédécesseur. J'ai été désolé de cette nouvelle chute, sans en concevoir pourtant de la tristesse, mais effrayé de ce que je serais, si je n'étais pas revenu à la religion.

— 20 novembre. A l'église, un mouvement de curiosité. Parlant bâtiment à vapeur avec un de mes amis, celui-ci a fortement blâmé mes chefs et mes collègues; bien que je voulusse changer la conversation, je n'ai pas osé et j'y ai pris part faiblement.

— 22 novembre. J'ai fait une dépense dont j'aurais dû peut-être me dispenser.

— 22 décembre. Je suis resté dans le salon de l'amiral une heure, au lieu d'une demi-heure que j'avais résolu d'y rester. Le temps fuit si vite au milieu de la dissipation.

— 12 mars. J'ai manqué à l'examen particulier et au chapelet, à l'heure indiquée.

— 17 mars. J'ai manqué à un devoir de politesse avec le

second. Avec M. D., je me suis laissé aller à un mouvement d'orgueil et de jalousie contre un ingénieur. J'ai affecté de paraître meilleur que je ne suis. Je me suis plaint, quoique je souffrisse peu. J'ai, durant l'inspection, cherché plusieurs fois à m'excuser, et je n'ai pas assez songé à faire valoir chaque homme. Je me suis laissé prendre aux éloges qui m'ont été donnés. Je me sens froissé, intérieurement, quand on me rappelle mes défauts, et dans mon humilité, il n'y a pas la sincérité qui conviendrait.

— 3 octobre. J'ai par moments oublié tout à fait la présence de Dieu. »

A fur et mesure qu'on avance dans cet admirable examen, on sent que cette âme s'élève plus haut de jour en jour ; terminons nos citations par celle-ci, qui n'a pas besoin de commentaires : *J'ai trop de plaisir d'être avec ma mère!*

Dieu, qui ne se laisse jamais vaincre en générosité, comblait de grâces son fidèle serviteur, et le façonnait peu à peu, ainsi qu'il façonne les siens, par la tribulation et l'épreuve, en vue de la haute mission qu'il lui avait destinée de toute éternité : nous voulons parler de la société des missions de l'Océanie. A cette époque, 1841-1845, les îles de l'Océanie étaient peu connues et il n'y avait guère que les baleiniers à les visiter ; les rares missionnaires que l'on désignait pour ces contrées inexplorées étaient forcés d'attendre longtemps un bâtiment en partance. Mgr Douarre, évêque d'Amata, de l'ordre des frères Maristes, frappé de cet état de choses qui entravait l'évangélisation de ces peuplades barbares, avait songé à fréter un navire pour le service des missions océaniennes, et à cette occasion, il avait été même en rapport avec un négociant du Havre, très zélé pour toute les questions religieuses. Dans l'entrefaite, le gouvernement français ayant décidé une expédition pour les îles Marquises, Mgr Douarre et ses compagnons obtinrent leur passage sur les vaisseaux de l'État, en sorte que le premier projet fut abandonné. Avant son départ, l'évêque d'Amata rencontra plusieurs fois notre lieutenant, et il lui parla, comme il savait le faire, de sa chère Nouvelle-Calédonie ; il lui dépeignit les déchirements de son cœur d'apôtre, en face des besoins pressants de ces églises naissantes et de la quasi impossibilité où l'on se trouvait de les visiter et de les secourir. C'était un premier jalon posé par la divine Providence.

Un peu plus tard, après la perte du *Marie-Joseph*, qui transportait une vingtaine de prêtres et de religieuses, M. Marziou, le négociant havrais, se sentit de nouveau pressé d'armer un navire pour transporter Mgr Épalle et d'autres religieux Maristes qui se disposaient à partir pour l'Océanie. Il vint à Lyon, ce berceau de la Propagation de la Foi où la charité est toujours si vivace, et eut plusieurs conférences avec des prêtres et des religieux éminents : la difficulté capitale à ses yeux était de rencontrer un capitaine de vaisseau réunissant tout à la fois les connaissances techniques au zèle et à la piété indispensables à une telle entreprise. Un Père Jésuite, qui avait connu et apprécié Marceau, à Toulon, le désigna comme l'individu le plus capable de conduire l'expédition et marqué en quelque sorte par Dieu, pour remplir cette mission providentielle. On lui écrit immédiatement en le priant de répondre courrier par courrier. Justement, le lieutenant venait de partir avec son bâtiment et se disposait à accompagner le roi Louis-Philippe en Angleterre. La lettre ne lui fut remise qu'un mois plus tard ; aussitôt, il écrivit, à M. Marziou. Citons quelques passages de cette missive, afin de montrer quelle était l'humilité du nouveau converti.

« ... Si le capitaine de votre navire est désigné, je verrai dans les retards qu'a subis votre lettre, un moyen ménagé de Dieu, pour empêcher qu'une œuvre aussi importante soit compromise par le zèle inconsidéré d'un serviteur incapable qu'il saura employer ailleurs. S'il en est autrement, veuillez me le mander, et me faire connaître l'ensemble de votre projet. Alors je pourrai faire, auprès de M. le ministre de la Marine, les démarches nécessaires pour être libre de ma personne et mettre mes services à la disposition de l'œuvre. Il y a deux ans, j'en ai entendu parler par Mgr d'Amata. La pensée d'entrer dans cette œuvre m'a toujours séduit ; j'ai été retenu par la considération que mes habitudes de marine militaire me rendaient peu apte à remplir ce poste... »

Après avoir écrit cette lettre, il sollicita un congé illimité, ainsi que l'autorisation de prendre le commandement d'un navire de

commerce; non seulement sa demande fut refusée au ministère de
la Marine, mais il reçut l'ordre de partir pour le Brésil. Cette
expédition n'eut point lieu ; néanmoins, durant des mois entiers,
Marceau fut ballotté de toute manière ; des âmes moins fortement
trempées que la sienne eussent perdu le courage et l'espoir ; lui,
conserva inaltérables son calme et sa confiance en Dieu, demeurant
complètement soumis au bon vouloir divin. Sa générosité et son
zèle pour le salut des âmes devaient être mis à une dernière
épreuve, dont il sortit vainqueur. M. Marziou lui adressa les lignes
suivantes :

« ... C'est à vous de décider à quand la réalisation de nos
projets d'une marine catholique pour l'Océanie ; si vous croyez
pouvoir donner votre démission, nous sommes disposés à continuer nos efforts ; si vous tenez à faire votre campagne et à gagner
vos épaulettes de capitaine de corvette, nous reprendrons nos
projets à votre retour, dans trois ans. »

Si, docile à la voix intérieure qui parlait en lui, Marceau donnait
sa démission, il perdait sans retour le fruit de vingt années de
service dans la marine royale, il brisait son avenir et renonçait
pour jamais à toute espérance humaine... Il prit deux jours afin de
se recueillir et de prier ; ce terme expiré, sans faiblesse, sans
forfanterie, comme s'il eût fait la chose la plus simple du monde,
il envoya sa démission.

En apprenant cet acte inouï, un de ses amis, incrédule, s'écria :
« Mais tu as perdu la tête, Marceau !

— Oui, répondit-il, humainement parlant, j'ai perdu la tête ;
mais j'espère que, par la Foi, ma folie deviendra sagesse, car je
travaille par la Foi et pour la Foi. »

Et l'autre de répliquer : « Oh ! puisque c'est par la Foi et
pour la Foi que tu agis, Dieu sera avec toi. » Cette parole tombée
des lèvres d'un homme irréligieux frappa beaucoup Marceau.

Mme Marceau se montra tout à fait à la hauteur de l'héroïsme
de son fils, quand elle sut la résolution prise par ce dernier :
« J'aime mieux, dit-elle, voir mon enfant bien-aimé le dernier
sur le martyrologe que le premier sur la liste des amiraux. »

Le ministre de la Marine, qui était alors l'amiral de Mackau,

touché de la grandeur d'âme de cet officier, qui sacrifiait un brillant avenir à ce qu'il considérait comme un devoir de conscience,
ne voulut pas accepter sa démission, et le congé qu'on lui avait
refusé lui fut aussitôt accordé avec des avantages exceptionnels.

« Dieu, dit alors le lieutenant, en me faisant l'objet d'une
pareille faveur, a voulu rappeler avec quelle générosité il est disposé
à remplir la promesse renfermée dans cette parole sortie de sa
bouche divine : *Cherchez d'abord le royaume de Dieu et sa justice,
et le reste vous sera donné par surcroît.* »

On pourrait croire qu'après cette victoire insigne, Marceau
n'eut plus qu'à s'embarquer ; il n'en fut pas ainsi et bon nombre
de contradictions et de difficultés lui restaient à subir. A Lyon où
il se rendit, il rencontra en mainte occasion, sinon l'hostilité, au
moins l'indifférence et la lassitude ; il y avait si longtemps déjà
qu'on parlait de cette société des missions de l'Océanie, qu'on
s'efforçait de réunir les fonds nécessaires et que rien n'aboutissait !
Tout en ne négligeant aucun des moyens humains à sa portée, le
pieux marin comptait plus encore sur le secours d'En-Haut, et il
ne cessait guère de prier. Il résolut d'emporter d'assaut, pour ainsi
dire, l'aide de Dieu. A huit heures du matin, on put le voir tête
nue, tenant ses bottes d'une main, son chapelet de l'autre, gravir
la montée Saint-Barthélemy qui conduit au sanctuaire de Four-
vières. Un religieux, son ami, informé de cette prouesse, lui dit :
« On me rapporte de vous quelque chose de nouveau : qu'avez-vous
donc fait ? » Marceau le lui avoue ingénuement et ajoute : « C'est
l'amour-propre qui a fait tout mon malheur, il faut que j'écrase
l'amour-propre. — Fort bien, reprend le religieux, mais promettez-
moi de ne rien tenter de semblable sans ma permission. »

Enfin les obstacles parurent s'aplanir, et les préparatifs de
l'expédition commencèrent : avant de s'engager définitivement, le
futur commandant voulut aller à Rome soumettre au Saint-Père les
plans de l'œuvre projetée et recevoir sa bénédiction. Soit à l'aller
soit au retour, il visita le célèbre sanctuaire de la Salette et y
déposa comme ex-voto, sa croix de la Légion d'honneur.

Le navire choisi par M. Marziou, et qui devait être commandé
par l'ancien lieutenant de la marine royale, fut béni à Nantes par

LE COMMANDANT MARCEAU

d'après une lithographie conservée à la Bibliothèque nationale.

M⁸ʳ de Hercé et reçut le nom de *l'Arche d'Alliance*. A la proue, on avait placé un buste de Notre-Dame de Compassion. Le 30 novembre 1845, il prit la mer. Saintement jalouse de marcher sur les traces de son héroïque fils, Mᵐᵉ Marceau avait écrit à ce dernier que, si telle était la volonté de Dieu, elle faisait le sacrifice de ne pas lui dire adieu avant son départ pour l'Océanie.

« O bonne mère, lui répondit-il, comment manquerai-je de générosité envers Dieu, lorsque tu me donnes un pareil exemple? Je te remercie sincèrement, bonne mère, d'avoir fait une telle offrande. »

Durant les premiers jours, le temps fut affreux, comme si Dieu eût voulu éprouver la foi et le courage de ses fidèles serviteurs. Le commandant ne se laissa pas abattre un instant; il conserva un calme et un sang-froid admirables qu'il réussit, jusqu'à un certain point, à faire partager à son équipage.

Tout était réglé à bord de *l'Arche d'Alliance*, fort judicieusement; en prélevant le temps nécessaire aux manœuvres et aux exigences du service, on avait fait une large part aux exercices de piété et même aux délassements. Chaque matin, la prière se disait en commun, c'était Marceau qui la récitait à haute voix, sa contenance recueillie était à elle seule une prédication. A l'issue de la prière du soir, il y avait deux heures de classe pour les matelots, et tous, sans fausse honte aucune, apprenaient à écrire, à calculer, et quelques-uns à lire. Dans l'après-midi, les missionnaires faisaient le catéchisme aux mousses et expliquaient la doctrine chrétienne. Le dimanche, plusieurs messes étaient célébrées, de sorte que personne n'était privé d'y assister.

Aux environs de Noël, le navire se trouvait près de l'Équateur; de grands préparatifs de toutes sortes furent faits en vue de solenniser aussi bien que possible la naissance de l'Enfant-Dieu. Quoique le temps fût couvert, et que de nombreux éclairs sillonnassent la nue, la messe de minuit se célébra sur le pont, en plein air. Une tente avait été dressée entre le grand mât et le mât d'artimon; elle était ornée de tous les pavillons du navire, et cette décoration originale offrait un coup d'œil ravissant.

L'autel paré de fleurs, étincelant de lumières, se détachait merveilleusement sur ce fond multicolore. La messe de Dumont fut chantée avec beaucoup d'entrain par les marins, que deux ophicléides accompagnaient. Au *Gloria in excelsis*, une salve d'artillerie remplaça le cantique des Anges annonçant la paix aux hommes de bonne volonté ; à l'Élévation, la voix du canon s'éleva de nouveau pour saluer Jésus-Hostie. Un grand nombre de matelots s'approchèrent de la table sainte et donnèrent les marques d'une sincère piété ; le chant triomphal du *Te Deum* acheva la cérémonie, qui laissait dans le cœur des assistants des émotions inoubliables.

Au lieu de suivre la route ordinaire, le commandant, d'après le désir exprimé par les missionnaires, se dirigea vers le détroit de Magellan, qui était alors peu connu et fort redouté des navigateurs, à cause des courants et des récifs qui abondent dans ses parages. Les missionnaires souhaitaient ardemment visiter les pauvres naturels de la terre de Feu et de la Patagonie ; un tel dessein ne pouvait qu'attirer sur le navire la protection de Marie, l'Étoile des mers, et personne ne douta qu'elle ne l'eût fait sortir sain et sauf des dangers qui l'environnaient de toutes parts ; aussi entra-t-on dans le détroit en chantant les litanies de Notre-Dame de Lorette.

Écoutons Marceau rendre compte de cet événement à sa mère :

« ... Ne voulant point perdre de temps, je suis entré dans le détroit par un vent qui me faisait courir trois lieues à l'heure. Durant toute la journée suivante, j'ai continué la route avec un bonheur extrême, la brise semblait être à mes ordres. La sainte Vierge, dont nous chantions les litanies, nous envoyait à chaque instant le vent qui nous convenait... Je répugne à faire la relation de mon voyage, parce que, dans ma tête, il se résume tout par cette seule pensée : Que la providence de Dieu est admirable ! qu'elle est miséricordieuse ! quels soins elle prend de ceux qui mettent leur confiance en elle ! Le bon Dieu m'inonde de consolations. »

« Un jour que je me trouvais dans une position fâcheuse qui n'était pas sans dangers, au moment où je commandais les travaux nécessaires pour en sortir, survint un vent menaçant qui faisait prévoir à tous de longues fatigues ; mais le vent de la grâce soufflait aussi fort dans mon âme ; et, rempli d'un calme ineffable, je disais à Dieu : C'est vous, mon Dieu, qui ordonnez ainsi, et quels que soient vos desseins en cela, je les adore et je les aime, parce que je suis certain qu'ils sont dictés par votre amour pour de pauvres créatures qui mettent toute leur confiance en vous. Et ce vent, qui soufflait de manière à épouvanter tout le monde, a fait gonfler les eaux de façon à nous permettre d'être à flot dans l'après-midi.

« Tu juges si j'ai remercié le bon Dieu et la sainte Vierge. Quelle douce chose que l'abandon à Dieu, que le repos en Dieu, que de travailler à faire sa volonté, au moins autant qu'on le peut avec toutes les misères qui ne nous abandonnent jamais ! Ah ! si les pauvres gens du monde connaissaient le bonheur qu'il y a de servir Dieu, avec quelle ardeur ils renonceraient à toutes leurs sottises pour se jeter entre ses bras ! Hélas ! que de comptes n'aurai-je pas à rendre à Dieu ? Que de grâces ! Que je devrais avoir de générosité ! Bonne mère, chère sœur, soyons unis en Dieu, travaillons à nous anéantir en Lui pour nous retrouver. »

Le 7 avril qui, cette année-là, se trouvait le samedi saint, l'*Arche d'Alliance* entra dans le port de Valparaiso, au moment où les cloches sonnaient à toute volée pour le *Gloria in excelsis* de la première messe de Pâques ; elle reprit la mer sept jours plus tard, se dirigeant vers les îles Marquises, où elle abordait après une navigation de quarante jours. L'équipage séjourna quelque temps à Tahiti *la Délicieuse*, ainsi que la nomme Marceau. Ce fut là que les missionnaires apprirent le martyre de Mgr Epalle, vicaire de la Mélanésie, que les naturels avaient massacré.

Le commandant visita également plusieurs îles de l'archipel des Navigateurs ; grâce à sa prudence judicieuse secondée par son ardente piété, il eut la consolation de voir tomber plusieurs préjugés contre le catholicisme et d'amener les insulaires à reconnaître le dévouement et l'abnégation des prêtres zélés qui les évangélisaient. Il serait trop long de le suivre dans tous ses voyages à Wallis, à Tonga, à Loyalty, à Sydney, dans la Nouvelle-Calédonie, etc., et de raconter les services immenses qu'il rendit aux Missions. La vie forcément active qu'il menait ne nuisait en aucune façon à ses habitudes de piété intérieure; ses progrès dans la perfection étaient merveilleux et sa fidélité à répondre à la grâce lui attirait de nouvelles faveurs.

Pendant le mois de juin 1847, on fit, à bord de *l'Arche d'Alliance*, des exercices quotidiens en l'honneur du Sacré Cœur. Durant ce temps, le pieux commandant, afin de se rendre favorable le divin Cœur qui a tant aimé les hommes, s'imposait des sacrifices, des pénitences qu'il appliquait à tel ou tel matelot, à tel ou tel passager qui lui semblait avoir un besoin plus particulier du secours d'En-Haut.

Ses tentations d'antipathie, jadis si fortes, et qu'il croyait à jamais disparues, se réveillèrent plus intenses que jamais, surtout à l'égard d'un officier. Il s'appliqua courageusement à les vaincre, s'infligeant une pénitence quand il jugeait ne s'être pas montré suffisamment cordial. Cette antipathie fut si admirablement vaincue, que l'officier en question, parlant de Marceau quelques années après sa mort, croyait en avoir été tendrement aimé.

Avant d'aborder à Sydney, le navire fut assailli par une tempête épouvantable, il bondissait sur les vagues en furie comme un jouet d'enfant. Malgré les précautions prises et la vigilance du timonier, le gouvernail fut emporté par les flots. Le ciel était couvert de sombres nuages, pas une étoile ne brillait au firmament; par conséquent aucun moyen de se diriger, ni même de connaître le lieu où l'on se trouvait.

On savait seulement, et cette connaissance n'était pas de nature à rassurer l'équipage, qu'à droite et à gauche se trouvaient des écueils et des récifs.

Le commandant se montra comme toujours admirable de résolution, de sang-froid et de confiance en Dieu : s'adressant à son équipage et désignant le gaillard d'avant, où l'on voyait la statue de la sainte Vierge :

« Qu'avons-nous à craindre, s'écria-t-il, n'avons-nous pas un bon pilote ? »

Évidemment l'Étoile des mers protégea son navire, car

pendant sept jours, *l'Arche d'Alliance*, bien que privée de gouvernail, marcha sans dévier de la ligne droite : les matelots, dans l'émerveillement, se disaient l'un à l'autre : « Quand nous raconterons cela, personne ne voudra nous croire. »

Le Memento quotidien de Marceau va nous révéler ses sentiments intimes durant cet effrayant cataclysme, où un naufrage semblait imminent ; nous y lisons ce qui suit :

« Mon âme est calme par la pensée que je suis entre les mains de Dieu. Il m'arrive bien d'être un peu tourmenté par la crainte des événements possibles ; mais cette inquiétude n'est qu'à la surface, le fond de mon âme est paisible. Il ne peut rien arriver que ce que le bon Dieu voudra. J'accepte d'avance toutes les épreuves qu'Il lui plaira de m'envoyer. »

A Sydney, où il séjourna quelque temps, le commandant donna l'exemple d'une piété vraiment angélique, passant à l'église tous les instants qu'il pouvait dérober à ses nombreuses occupations.

Une dame de cette ville, très pieuse aussi, le pria d'être le parrain d'un de ses enfants, et elle voulut que son fils s'appelât *Auguste Marceau*. Avant d'accepter, le commandant lui avait dit en souriant : « Vous ne savez pas, Madame, à quoi vous vous exposez ; je m'intéresse beaucoup au bonheur de mes filleuls, et n'en connaissant pas de plus grand que celui du Ciel, il me paraît que, plus tôt ils en jouissent, moins ils sont exposés à le perdre. »

En effet, peu après son baptême, le petit ange remontait au Ciel, et la mère héroïque s'écriait au milieu de ses larmes : « C'est à son parrain que je dois le salut de mon fils, sans lui, peut-être se serait-il damné. »

Au retour, sur les côtes de la Sénégambie, presque à l'endroit où *la Méduse*, de sinistre mémoire, avait péri, *l'Arche d'Alliance* courut encore de grands périls ; comme dans les dangers précédents, Marceau donna l'exemple de la foi et du courage, sa confiance en Dieu ne faiblit pas un instant. Les câbles qui retenaient les ancres s'étaient rompus, le gouvernail ne fonctionnait plus et le navire, craquant de toutes parts, semblait à tout moment s'abîmer dans les flots; le commandant après avoir fait exécuter les manœuvres qui lui paraissent nécessaires, s'écrie, dans un magnifique élan de foi qui électrise tous les cœurs :

« Que tous les matelots et soldats exercés au chant des cantiques montent sur la dunette, nous allons invoquer la sainte Vierge. »

Lui-même entonne l'hymne des marins : *Ave maris stella;* cinquante voix s'unissent à la sienne et, au sein de la tourmente, retentit cette belle prière à la Reine des Cieux. Les matelots se remirent ensuite au travail avec une ardeur nouvelle : cette fois encore *l'Arche d'Alliance* était sauvée.

Enfin après une campagne, de quarante-quatre mois, Marceau rentra en France; il était accompagné d'un naturel de l'île de Wallis, Salomoné, qui n'avait pas hésité à laisser père, mère, patrie, tout enfin, pour suivre le commandant qu'il aimait tendrement. Ce dernier prenait grand soin du jeune insulaire, qui n'avait que dix-huit ans, et il veillait sur lui avec une paternelle sollicitude. A cause de sa santé, que le froid de notre climat menaçait de compromettre, il fut envoyé à Toulon, chez les Pères Maristes et y passa l'hiver. Afin d'adoucir cette séparation qui était très cruelle au jeune sauvage, Marceau lui écrivait fréquemment, car Salomoné était assez instruit pour lire une lettre et pouvait écrire lui-même, ce qu'il fit plusieurs fois. Citons quelques fragments d'une lettre du jeune insulaire, en langue wallisienne, adressée à ses parents et qui a été traduite littéralement.

« Ceci est le livre écrit d'amitié, de moi Salomoné à vous deux, Jacques et Angélique. Je vous aime beaucoup. Vous qui m'aimez aussi, souvenez-vous de Dieu. Vous aimez Dieu et vous m'aimez, c'est bien pour vous et pour moi. Je vais vous parler à présent de ce que j'ai vu en France. Je suis monté d'abord dans un coin de terre qui s'appelle Brest, puis je suis monté au Havre. Le Havre, c'est un coin de terre où il y a beaucoup de grands bateaux qui trafiquent... Je suis allé avec Marceau dans le grand coin de terre du grand chef français (Paris), j'ai vu des maisons et des églises tout à fait belles, tout à fait belles. J'y suis resté deux dimanches. Marceau est parti, et j'ai été seul dans le village du grand chef français. Ensuite Marceau m'a écrit d'aller à lui ; j'y suis allé tout seul dans une maison de feu. Une maison de feu, c'est une chose bien jolie et qui va vite, vite... Il a fait froid ; j'ai vu une chose qui fait peur : c'est l'eau qui est dure comme les pierres, et j'ai marché sur cette eau dure... Jacques et Angélique, si vous m'aimez tout à fait, priez Dieu qu'il me donne la sagesse et le bonheur. Aimez Dieu, aimez Marie, qui est la protectrice de ce monde et notre Mère parfaite. Salomoné. »

Après la mort de Marceau, le pauvre sauvage se sentit si complètement isolé qu'il abandonna la France et revint dans sa patrie.

Il n'y avait guère qu'un an que la République était proclamée, quand Marceau rentra en France, les esprits étaient en proie à une effervescence qui, chaque jour, semblait aller grandissant ; ses projets d'une marine religieuse, qu'il caressait toujours, ne pouvaient guère être compris, ni même écoutés, au milieu de la fièvre générale. Il se résigna et attendit, dans le silence et le recueillement, des jours meilleurs, ignorant qu'il était mûr pour le Ciel et qu'il faisait sa préparation à la mort.

Dans un de ses voyages à Lyon, il fut reçu membre du tiers-ordre de Marie.

— C'est un lien intérieur qui vous rapprochera de la sainte Vierge, lui dit un Père.

— Ah? répliqua-t-il, en souriant, je ne crains pas de me rapprocher d'Elle ; je me suis déjà fait son esclave.

Ce fut aussi vers cette époque qu'il vit à Paris, et se lia d'amitié avec un homme dont la vie présente avec la sienne de saisissants rapports : Alexis Clerc, alors lieutenant de vaisseau, qui plus tard devait être Jésuite, et que la Commune a sacré martyr. Ces deux hommes, partis du même point ou à peu près, ayant fait des études analogues, incrédules l'un et l'autre, puis revenus à Dieu avec une générosité parfaite, brûlant de la soif du dévouement et des héroïques immolations, durent s'entendre à merveille. Les célestes gardiens de ces âmes magnanimes, témoins de leurs entretiens, de leurs élans passionnés vers le bien, entendirent, sans nul doute, des paroles dignes du Ciel.

Pendant les derniers temps de sa vie, Marceau fut éprouvé par des peines, des contradictions de tout genre, et dont quelques-unes lui vinrent, par une permission spéciale de la Providence, de la part de personnes pieuses et estimables. Ces épreuves, que Dieu lui ménageait sans doute comme une suprême et dernière préparation, lui furent très douloureuses ; néanmoins, sa soumission au bon vouloir divin, son égalité d'âme ne s'altéra pas un seul instant. Quelques fragments de ses lettres intimes montreront mieux que nos paroles ce qu'étaient ses dispositions et ses sentiments.

« Mon bien-aimé Père, je suis arrivé ici pas très fatigué, mais ne marchant qu'avec peine, à cause de l'inflammation de mes jambes. C'est une très bonne mortification, je crois ; d'abord on n'en tire pas vanité aux yeux du monde, et puis c'est toujours au moment où l'on y pense le moins qu'un mouvement vient vous rappeler votre infirmité... Je suis tout étonné de ma nouvelle situation. Comme cela est loin de tout ce que je m'étais proposé en rentrant en France ! Je devais me donner bien du mouvement afin d'être prêt à repartir pour l'Océanie. Que la volonté de Dieu se fasse ! Je ne me sens pas un très grand désir de demander au Seigneur la santé. C'est cependant la première chose que je ferai, car celui qui est pour moi l'interprète de la volonté divine me l'a ordonné... Durant ma route, j'ai mieux compris ce que vous m'avez fait observer sur la conduite de la Providence à mon égard, et sur l'oubli dans lequel elle me tient à l'égard de tout le monde. J'ai même remarqué que, depuis mon dernier séjour dans ma famille, des personnes qui, jusqu'alors, avaient eu pour moi une affection très vive, n'ont pas même répondu aux lettres que je leur ai adressées. Il me semble donc que le Seigneur daignera poursuivre son œuvre sur moi, et me fera mourir à tout par les autres ! Ah ! si j'avais un peu de générosité !... Pour le moment, je me sens surtout attiré à un grand abandon, à une grande confiance en Dieu pour ma santé et pour mon âme, comme un petit enfant entre les bras de son père... »

A sa mère qui, en dépit de la générosité qui l'avait portée à offrir son fils à Notre-Dame des Sept-Douleurs, s'inquiétait de la santé de son cher Auguste, il écrivait ce qui suit :

« Ne t'occupe, bonne mère, de ma santé, que pour remercier
Dieu de la grâce qu'il m'a faite en m'envoyant une longue et bonne
maladie. Certes, je n'avais pas l'espoir d'une aussi large récompense de ma campagne, et je suis fort d'avis que Dieu donne
toujours plus qu'on ne lui demande. Et dis-moi donc, que trouves-
tu de si avantageux à se bien porter? Le mieux n'est-il pas d'être
dans l'état où il plaît à Dieu de nous mettre? Et parmi toutes les
situations qu'il nous fait, ne doit-on pas regarder comme plus
favorisées celles qui rapprochent le plus de Lui? Ma mère, le
monde attache un grand prix à la santé; donc, nous qui avons la
foi, n'en attachons qu'à l'accomplissement de la volonté de Dieu,
et préférons la croix. »

Quelle humilité admirable dans les lignes suivantes, adressées
à un religieux qui le dirigeait : « La couleur de mes lettres, bon
Père, ne tient pas à mon séjour ici, que vous avez cru une solitude.
Hélas! elle tient à une cause autrement grave, le vrai est que mon
ancien maître sait très bien se servir de mon amour-propre et de
ma vanité pour me rendre intolérant dans mes jugements, et dur
dans mes rapports avec mes frères. Mon zèle a toujours quelque
chose d'acerbe. Il semble que je veuille emporter de haute lutte et
que je compte sur mes forces. Aussi ce zèle est-il généralement
stérile... Il est certain que, comme la tolérance et la charité sont la
mesure de la sainteté, qui m'entend parler de certains sujets sait
bien vite ce que je vaux... »

Quoiqu'il eût été prévenu que sa maladie pouvait être mortelle,
Marceau espérait encore guérir, et même il avait formé la résolution de se donner tout à Dieu en entrant dans l'ordre des Maristes;
à cet effet, et pour mieux connaître la volonté de Dieu, il fit, au
mois de janvier 1851, malgré des souffrances intolérables, une
retraite chez les Pères Jésuites, à Notre-Dame-de-Liesse. Dieu le
voulait à lui, mais pas de la manière que Marceau supposait; sa
tâche était finie désormais, l'heure de la récompense avait sonné!
Quelques jours seulement après cette retraite, qui avait duré
quatorze jours, il s'alita pour ne plus se relever. Sa mère eut la
consolation de l'assister dans ses derniers moments. Laissons-la
elle-même raconter la sainte mort de son fils :

« ... Le samedi 1er février, ce pauvre ami fut pris d'une horrible convulsion... le sang lui sortait par le nez, par la bouche ; il était sans connaissance. J'essayais de lui faire respirer des sels, de lui donner de l'eau de la Salette. Ma fille envoya chercher le médecin ; je lui dis de faire aussi demander le prêtre, qui ne se fit pas attendre. Le supérieur des Dames de la Présentation (Marceau était à Tours) dont il est aumônier, le suivit et donna à mon Auguste les secours spirituels et corporels en son pouvoir. La convulsion passa ; on lui administra l'Extrême-Onction ; à chaque onction, ce cher enfant demandait pardon à Dieu. Il y eut un peu de mieux, qui dura une demi-heure environ. Je vous l'avouerai, Monsieur, ce cher ami m'avait tant de fois répété que le bon Dieu ferait un miracle en sa faveur et le guérirait, que, dans ce moment, j'ai cru qu'il allait avoir lieu. Mais cet espoir m'a été promptement enlevé. Lui ayant dit une fois : « Cher fils, tu souffres bien ! — O ma mère, répondit-il, cela peut-il s'appeler souffrance, en comparaison de ce qu'a enduré Notre-Seigneur ?... Et puis, sais-je souffrir comme il faut ?... » Une seconde convulsion, bien plus affreuse que la première, est arrivée et, à onze heures et demie (1er février 1851) sa belle âme était devant Dieu. Dans ce moment, le sourire est revenu sur ses lèvres, et sa figure, contractée par d'horribles souffrances, est redevenue calme et belle... Pour moi, cher Monsieur, bien que le bon Dieu m'ait frappée dans ce que j'avais de plus cher, je ne saurais assez le remercier de toutes les grâces dont il a daigné me favoriser, non seulement en me préparant au plus grand des sacrifices par une retraite, mais encore en permettant que ce cher et bon fils qui, depuis son retour, menait une vie errante, soit venu mourir près de nous, que j'aie pu lui donner les derniers soins, et qu'enfin j'aie la douce et précieuse consolation de pouvoir aller prier sur sa tombe... »

Quelques années plus tard, Mme Marceau était de nouveau frappée en plein cœur ; sa fille, le seul enfant qui lui restât, mourait dans ses bras. L'héroïque mère se soumit courageusement et ne fit entendre ni une plainte ni un murmure.

« Je me garderais bien, disait-elle, de demander à mon cher fils la délivrance des croix ; je lui demande de les aimer, de les

porter comme il l'a fait, et d'être en tout soumise à la volonté de
Dieu. Tout mon désir est que ce sentiment soit animé du pur
amour de Dieu, et libre de toute affection terrestre. »

Neuf ans après la mort de ce fils tant aimé, dont elle s'efforçait d'imiter les vertus, Mme Marceau alla le rejoindre dans le lieu béni des éternelles réunions.

Terminons en disant que *l'Arche d'Alliance*, ce navire de Marie qui avait servi à une si haute mission, sur lequel la Victime sainte s'était immolée tant de fois, s'abîma dans les flots, peu de mois après la mort de celui qui l'avait commandé ; ne semble-t-il pas que l'auguste Reine des Cieux, auquel il était consacré, n'ait pas voulu qu'il fût en quelque sorte déshonoré, en étant employé pour un usage profane ou vulgaire ?

VICTOR DE LAPRADE

Excelsior !
(Longfellow.)

Parmi les poètes français qui ont illustré notre siècle, Victor de Laprade mérite un rang choisi et distingué ; si d'autres ont tiré de leurs lyres, des chants plus suavement mélodieux, ont célébré Dieu et la nature avec des accents d'une sublimité plus audacieuse, nul peut-être n'a cherché l'inspiration dans des sphères plus élevées et plus pures. Son âme vraiment noble, étrangère à toute petitesse, à toute mesquinerie se peint dans ses ouvrages : on sent en le lisant, qu'on n'est pas seulement en présence d'un poète, mais qu'on a devant soi, un honnête homme et un chrétien. Semblable à la majestueuse contrée qui le vit naître, aux montagnes agrestes que contemplèrent ses yeux d'enfant, la langue sonore de Victor de Laprade possède une beauté saine, vigoureuse, et un charme pénétrant parfois un peu austère.

> O terre de Forez, large et douce nature,
> J'ai bu ton lait paisible et suis ta créature ;
> Chez toi je fus enfant aimé, tendre et joyeux ;
> J'ai tout connu d'abord à ta chaste lumière ;
> Sur l'œuvre du Très-Haut, c'est toi qui, la première
>   Ouvris mes faibles yeux.
> J'ai vu, dès mon berceau, tes monts en longues chaînes
> Dérouler dans l'azur leurs couronnes de chênes,

> Monter d'un rythme égal et toucher jusqu'au ciel.
> J'ai fait mes premiers pas de l'un à l'autre étage,
> Et des pêchers en fleur à l'airelle sauvage,
>   Cueilli mon jeune miel.

Il ne faut chercher dans ses œuvres ni l'exquise harmonie des vers lamartiniens, ni les épithètes étincelantes ou les strophes merveilleusement scandées de certains ciseleurs modernes, le talent de l'auteur de *Pernette* est tout autre, mais il n'en est pas moins réel et de bon aloi.

Notre poète naquit à Montbrison, le 13 janvier 1812, d'une noble et ancienne famille provinciale. Guidé par les leçons d'un père, doux et ferme à la fois ; soutenu par la tendresse infatigable de sa mère qui lui inspirait un vrai culte,

> Ma mère ! avez-vous su comme je vous aimais ?
> Comme en vous j'ai vécu ; comme, dès mon enfance,
> Envers le monde et Dieu vous fûtes ma défense ?
> Tel que je l'ai senti, je ne l'ai dit jamais...

chéri de deux aïeules pieuses et dévouées, Victor, au foyer domestique, apprit toutes les vertus. L'enseignement par l'exemple est toujours fécond : homme fait, il n'eut, pour se maintenir dans les sentiers du devoir et de l'honneur, qu'à se rappeler le spectacle, qu'enfant, il avait eu journellement sous les yeux.

Il comptait neuf ans à peine quand, de cette paisible atmosphère familiale, il passa sous la férule de maîtres relativement durs et sévères. Le collège de Lyon, dont il a laissé une description lugubre, ne pouvait guère, on doit en convenir, faire oublier à l'écolier, les joies de la maison paternelle et les chères collines foréziennes.

« ... Quatre hautes murailles bordées de fenêtres grillées et douze platanes rabougris, voilà le paysage. Une odeur de moisissure ou de maçonnerie salpêtrée, la température d'une cave ou d'un four, suivant la saison, voilà l'air ambiant et le parfum vital que respirent nos jeunes poitrines... »

Cependant ses études furent bonnes et solides, dans ce milieu abhorré, il eut l'heureuse chance d'avoir, comme professeur de philosophie, l'abbé Noirot dont Victor Cousin disait : « L'abbé Noirot ne fait pas des élèves, il fait des hommes. »

En 1830, il avait conquis ses diplômes universitaires, il fallait choisir une carrière; le D\ de Laprade, encouragé par un de ses plus chers amis, alors garde des sceaux, rêvait pour son fils, une situation brillante soit dans la magistrature, soit dans l'administration; la révolution, qui répudia les Bourbons et replaça l'ami dans l'obscurité de la vie privée, anéantit sans retour, ces belles espérances. M. de Laprade, médecin distingué, qui aimait passionnément sa profession, en fit alors commencer les premières études à Victor; quoique celui-ci y apportât de la bonne volonté et un certain intérêt, il ne put les continuer longtemps : bon nombre de natures impressionnables reculent devant le spectacle des amphithéâtres.

« ... Mon père jugea bientôt que mes pauvres nerfs, qui m'ont toujours tourmenté, étaient trop délicats pour des études aussi sévères et pour le séjour des hôpitaux. Il m'envoya loin des brouillards de Lyon, faire mon droit à la Faculté d'Aix... »

Sous le ciel ensoleillé de la Provence, au milieu de ses paysages pittoresques, non loin de la Méditerranée aux flots limpides et azurés, le jeune rêveur sentit peu à peu sourdre en lui, une source inconnue jusque-là, et quand il la quitta, la douce charmeuse, il put se dire : « Moi aussi je suis poète! »

Néanmoins, désireux de se frayer un chemin dans la vie, il suivait sérieusement les cours de droit, et il pouvait être compté parmi les bons élèves de la Faculté. Ses rêveries et ses études ne l'empêchaient point d'être un gai compagnon, aux heures de délassement et de repos; nul mieux que lui ne savait improviser une joyeuse bouffonnerie, organiser une manifestation un peu extravagante, diriger une excursion champêtre. S'il ne reculait pas devant certaines fantaisies d'un genre un peu carnavalesque, il ne tombait jamais dans le mauvais ton ni la vulgarité.

A cette époque, où le cœur a gardé toute sa fraîcheur printannière, Victor de Laprade se lia d'amitié avec plusieurs des jeunes gens qui formaient sa société habituelle et qui, à son exemple, étaient remplis d'enthousiasme et tous plus ou moins férus de poésie. Aussi plus tard a-t-il célébré en de magnifiques accents, cette amitié qui lui fit éprouver de si nobles et de si pures jouissances.

Pain des forts que le cœur à son gré multiplie,
Calice aux profondeurs pures de toute lie,
Vin qui réchauffe l'âme et n'enivre jamais,
Chaste plante qui croît sur les plus hauts sommets,
Amitié! don du Ciel, fleur des vertus de l'homme,
Nom viril dont l'amour chez les Anges se nomme!

. . . .

Soleil de tous climats et de toute saison,
Douce chaleur au cœur, lumière à la raison,
Amitié! tu ne luis que sur les grandes âmes;
Jamais un œil impur ne réfléchit tes flammes
Tu ne dores qu'un front de sa candeur vêtu.
Amitié! n'es-tu pas toi-même une vertu?
Forte vertu qui cache une douceur insigne!
On ne peut s'en sevrer sitôt qu'on en est digne.
Saint trésor qu'on achète avec le don de soi,
Amitié! l'Homme-Dieu n'a pas vécu sans toi!

Ce dernier trait n'est-il pas d'une incomparable beauté?...

Esquissons ici le portrait de notre poète; il semble qu'on se fasse une idée plus nette, plus juste du caractère d'un individu, quand on connaît quelque chose de son apparence physique et de sa physionomie. Il était grand, élancé, d'allures aristocratiques, quoique sans morgue ni fierté déplacée; son visage pâle dominé par un large front de penseur, éclairé par des yeux profonds, un peu mélancoliques, plaisait à première vue. Sa barbe extrêmement soignée était noire ainsi que ses cheveux, qu'il portait un peu longs, ce qui lui allait bien.

Peu de temps avant de quitter Aix, il publia dans la *Revue Aptésienne*, sa première poésie. Ce sont des stances aux Trappistes de la Sainte-Baume. En voici la dernière strophe.

Dans le monde oublieux de la sainte parole
Tout s'écroule dans l'ombre au gré des passions :
Que votre chant sacré pour lui vers Dieu s'envole
Plus fort que les rumeurs des bénédictions.
Frères, songez à ceux que tourmente l'orage,
Loin du tranquille autel qui vous voit à genoux,
Tandis que nous luttons, pour nous donner courage,
Frères, priez pour nous!

Ces essais juvéniles étaient simplement signés des initiales du grand poëte Shakespeare, une des passions littéraires de Laprade.

A la suite de ses examens de droit et après qu'il eut consacré quelque temps à sa chère famille, Victor se fit inscrire au barreau de Lyon et entra comme secrétaire chez un avocat très en renom, quelque peu son parent. Mais les études juridiques ne l'attiraient guère : le meilleur de son temps se passait sur les routes et les chemins, heureux d'oublier, en s'enivrant de lumière et de verdure, la sombre étude du quartier Saint-Jacques, et la fade odeur du papier timbré.

Durant les vacances de l'année 1838, il voyage en Suisse et en Savoie ; les Alpes avec leurs sommets immaculés, leurs horizons à perte de vue lui causèrent une sorte d'enivrement. En face de ces pics sauvages, de ces cascades jaillissantes, il sentit le souffle de l'inspiration passer sur son front, et mieux encore que dans la lumineuse Provence, il comprit qu'entre la poésie et lui venait de se conclure une alliance irrévocable. Quarante ans plus tard, faisant allusion à cette inénarrable émotion, il écrivait : « C'est là que j'ai eu la vraie révélation de l'Infini et de l'Éternel. »

Néanmoins, il continua son stage, et personne autour de lui ne soupçonnait qu'il avait envie de jeter aux orties, cette toge importune qu'il revêtait à regret. Personne avons-nous dit : nous nous trompions ; un professeur de la Faculté de Lyon, un maître aussi celui-là, quoique dans un autre genre, avait deviné, dans le jeune stagiaire, le poète de race : Edgard Quinet, philosophe, historien, fin lettré n'était pas alors l'écrivain irréligieux qu'il devint plus tard. Victor de Laprade pouvait être heureux et fier de la sympathie qui lui était témoignée, aussi, allait-il souvent chercher près du jeune et déjà célèbre professeur, les encouragements et les conseils dont il avait besoin.

L'influence de celui-ci est visible dans *Psyché*, qui bientôt allait voir le jour. Ce poème qui devait paraître en 1840, ne put être édité que l'année suivante. Afin d'en hâter et d'en surveiller la publication, Victor de Laprade se rendit plusieurs fois à Paris. A l'un de ces voyages, il fut introduit par Ballanche, dans le cénacle de l'Abbaye-au-Bois, où trônait, à côté de Mme Récamier, Châteaubriand alors à son déclin. L'auteur de *René* qui, cependant, n'aimait guère les nouveaux venus, daigna sourire au jeune poète qui s'inclinait devant lui : « Monsieur, je sais par cœur, votre *Branche fleurie*.

> Déjà mille boutons rougissants et gonflés
> Et mille fleurs d'ivoire
> Forment de longs rubans et des nœuds étoilés
> Sur votre écorce noire...

Ce fut également dans ces années d'enthousiasme et de verve poétique que Victor alla saluer Lamartine, à Saint-Point. Le maître fut touché de cette démarche et séduit par la distinction de son jeune émule ; un peu plus tard, il écrivait à ce sujet :

« ... Ce visage inspirait tant de sécurité par sa franchise et son recueillement, qu'on se sentait en amitié dès la première parole... Après les premiers mots d'accueil rapidement échangés, tout fut dit entre nous : on ne pouvait être longtemps banal avec ce jeune homme. Nous nous serrâmes les deux mains, qui ne se desserrèrent jamais plus. »

Dans *Psyché*, œuvre symbolique, dont un poète a dit « que la forme en est impeccable » l'auteur s'est inspiré tout à la fois des mythes gracieux de l'antiquité païenne, et des austères enseignements du christianisme. Psyché, c'est l'âme humaine, innocente d'abord, puis coupable et repentante, poursuivant à travers les âges, sa course expiatrice, et parvenant enfin au Ciel pour s'unir à jamais avec Dieu.

Psyché fut bientôt suivie de *Odes et Poèmes*, qui n'obtinrent pas moins de succès. La magnifique poésie *A un grand arbre*, que François Coppée, dans son discours de réception à l'Académie, ne craignit pas de citer tout entière est extraite de cet ouvrage. Nous allons en transcrire ici les dernières strophes :

> Verse, oh ! verse dans moi tes fraîcheurs printanières,
> Les bruits mélodieux des essaims et des nids,
> Et le frissonnement des songes infinis ;
> Pour ta sérénité, je t'aime entre nos frères.
> Si j'étais un grand chêne avec ta sève pure
> Pour tous, ainsi que toi, bon, riche, hospitalier,

J'abriterais l'abeille et l'oiseau familier
Qui, sur ton front touffu, répandent le murmure;
Mes feuilles verseraient l'oubli sacré du mal;
Le sommeil, à mes pieds, monterait de la mousse;
Et là viendraient tous ceux que la cité repousse
Ecouter ce silence où parle l'idéal.
Nourri par la nature, au destin résignée,
Des esprits qu'elle aspire et qui la font rêver,
Sans trembler devant lui comme sans le braver,
Du bûcheron divin j'attendrai la cognée.

Ce lyrisme, cette exaltation en présence de la nature
attirèrent à l'auteur, de la part de certains critiques, un reproche
auquel il fut très sensible : « C'est du panthéisme! » s'écrièrent-ils
en chœur. Il a été bien vengé de cette accusation, par ses admirateurs et ses amis. Écoutons Saint-René Taillandier.

« ... N'y a-t-il pas çà et là un souffle de panthéisme dans ces
amours du poète, avec les chênes, au fond des forêts fraternelles?
On l'a dit, et il est possible que l'expression enthousiaste ait
quelquefois trahi la pensée de l'écrivain. Mais comme l'inspiration
générale du livre réfute éloquemment ce reproche! Ce que
M. de Laprade cherche sous ces chênes druidiques, ce ne sont pas
les énervantes rêveries des peuples du nord; ce sont les mâles
conseils d'une nature toute pleine de Dieu... »

Et François Coppée : « ... Jamais, dans ses plus complètes
extases, dans les heures où il unit plus intimement son âme à
l'univers, il n'oublie celui qui en est l'auteur... Sa pensée se mêle
un moment à la création, mais pour remonter aussitôt vers le
Créateur : elle est pareille à l'eau du ciel qui est absorbée par la
terre, mais pour reparaître bientôt dans le flot des sources dont
le murmure est une prière, dans la rosée des fleurs dont le parfum
est un encens... »

Le ministre de l'Instruction publique, M. Villemain, voulant
donner au poète un témoignage de sympathie, lui offrit une mission
scientifique en Italie ; cette mission n'était qu'un prétexte, afin de
procurer à un jeune homme de talent, le moyen d'étudier un grand
pays artistique et littéraire. Ce beau voyage, retardé par différentes
circonstances, ne s'effectua qu'au commencement de l'année 1845.

Après avoir visité Milan, Gênes et Paris, Victor de Laprade s'arrêta chez la princesse de Belgiojoso, dont il avait beaucoup fréquenté le salon, lors de ses séjours à Paris. Le château de la princesse où jadis avait logé François Ier est, comme toutes les demeures seigneuriales italiennes, un palais rempli de peintures, de mosaïques et de statues; le jeune homme le parcourt avec un vif intérêt. Notre voyageur rend visite à Manzoni, poétique auteur des *Fiancés*, à César Cantù, le célèbre historien.

Ces premières années de triomphe poétique si elle ont eu leurs joies, ont aussi apporté leur contingent de souffrances et de larmes; le poète avait d'abord perdu l'une de ses chères aïeules, mais elle comptait bien des hivers, c'était dans l'ordre de la nature, tandis qu'il vit disparaître quelques-uns des gais compagnons de sa jeunesse, débordants, ainsi que lui, de vie et d'espoir. L'un d'entre eux, le plus aimé peut-être, Barthélemy Tisseur, mourut victime d'un affreux accident. Atteint dans les intimes profondeurs de son être, le jeune poète s'écrie:

> Et Dieu m'a retiré cette main forte et pure,
> Ce rayon tout puissant qui m'aurait rajeuni.
>
> . . . .
>
> Vous m'êtes si présent que nous causons encore,
> D'hier, et de demain, de nos projets nombreux
> Hélas ! comme si Dieu, dans un but que j'ignore,
> N'avait pas déjà mis un monde entre nous deux.

Quatre ans plus tard, nous le retrouvons au lit de mort de Ballanche, son maître, son ami et l'inspirateur, avec Quinet, de sa *Pysché*. Les prêtres manquaient pour la dernière veillée funéraire, Victor de Laprade resta près du cercueil, priant ou s'entretenant avec la belle âme qui venait de rompre ses liens terrestres.

Nul plus que lui ne convenait pour prononcer, sur la tombe de l'auteur d'*Antigone* et de la *Vision d'Hébal*, l'adieu des Lyonnais à leur compatriote vénéré; mieux que tout autre, il connaissait, il appréciait le penseur profond, le délicat écrivain dont il avait à faire l'éloge; leurs âmes avaient de mystérieuses affinités, et la plupart des vertus, des dons qu'il allait louer dans ce mort, lui-même les possédait.

« ... Ballanche n'avait pas d'effort à faire sur lui-même pour rester pacifique dans ses écrits; il l'était par le fond même de sa nature. La charité et la tendresse étaient natives en lui comme la pureté du cœur, comme l'élévation de la pensée. Pour être plus faciles et coûter moins de combats, certains génies et certaines vertus n'en sont pas moins admirables. Qu'est-ce en effet que tout génie et toute vertu? Dieu présent au fond de l'homme, et l'homme docile à l'action de Dieu... Auprès de ce vieillard à l'œil limpide et doux, on se sentait dans une atmosphère de mansuétude et de pureté. Sa tête semblait toujours éclairée par un sourire intérieur; il n'y eut jamais en lui de cette morosité que produit souvent une longue expérience de la vie. Ses censures du présent étaient sans amertume, ses encouragements pour l'avenir, presque passionnés... »

Depuis plusieurs années, Victor de Laprade, encouragé par ses amis qui appréciaient en lui et l'imagination colorée du poète et la gravité du philosophe, rêvait d'entrer dans le haut enseignement de l'Université. Déjà, en 1841, Edgard Quinet lui avait offert la suppléance du cours de littérature étrangère qu'il professait à Lyon; mais ce projet n'eut pas de suite. Quelques années plus tard, le temps était venu pour Victor de Laprade de répondre aux avances qu'on lui faisait de toutes parts, et, en 1847, M. de Salvandy le désignait comme titulaire de la chaire de littérature française, à cette même Faculté de Lyon.

De sa leçon d'ouverture, citons cette pensée d'un patriotisme si élevé et si beau : « La France n'est pas un poète peut-être; elle est mieux que cela, elle est un héros; ce que d'autres voient dans leurs rêves et ce qu'ils chantent, la France l'accomplit de ses mains. »

Le soin qu'il donnait à la préparation de son cours, laissait cependant au professeur, le temps de se livrer encore à la poésie. En 1852 parut un nouveau livre sous le titre de *Poèmes évangéliques*. Ces poèmes où, plus que dans les œuvres antérieures, Victor de Laprade a mis son âme et sa foi, sont dédiés à sa mère, alors très malade :

> Il est à vous ce livre issu de la prière,
> Qu'il garde votre nom et vous soit consacré ;

> Ce livre où j'ai souffert, ce livre où j'ai pleuré,
> Ainsi que tout mon cœur, il est à vous, ma Mère !
>
> J'y mets tout ce que j'ai d'espérance et de foi,
> Ma plus ferme raison, mes ardeurs les plus hautes,
> Mon âme entière... hormis ses erreurs et ses fautes ;
> L'œuvre en est donc à vous, ma Mère, plus qu'à moi.
> . . . .
> Va donc, ô poésie, et porte-lui mes pleurs !
> Porte-lui tout mon cœur saignant de son martyre ;
> Elle en sait, de ce cœur, plus que tu n'en peux dire ;
> Va, pourtant, lui parler sur son lit de douleurs.
> . . . .
> Puis, qu'elle prie et jette au Ciel ce cri sacré,
> Plus fort ô Dieu clément, que toutes vos colères,
> Ce cri qui rend le Ciel obéissant aux mères,
> Qui, des bras de la mort, malgré vous m'a tiré,
>
> Afin qu'à votre esprit, Seigneur, je sois fidèle,
> Que je demeure en lui ferme et pur ici-bas ;
> Et pour que je sois digne, après tous nos combats,
> D'aller, au sein du Christ, me reposer près d'elle !

C'était près du lit de douleurs de cette mère tant aimée et
si digne de l'être, que le fils pieux traçait ces beaux vers ; avant
que les *Poèmes évangéliques* eussent vu le jour de la publicité,
Mme de Laprade était partie pour un monde meilleur ; aussi le livre
se termine-t-il par une admirable pièce intitulée : *Consécration*,
qui complète la dédicace et montre que chez notre poète, la tendresse filiale était presque de l'adoration :

> Mère ! vous me voyez ; dites, que puis-je faire
> Pour vous prouver mon culte et pour qu'il vous soit doux ?
> Puisque Dieu vous a prise et vous garde en sa sphère,
> Je veux aller à Dieu pour approcher de vous
>
> De ce livre, ici-bas, je vous faisais l'offrande :
> La prière en est l'âme, il fut par vous dicté :
> J'y gravai votre nom, vous l'avez accepté,
> Mais vous me demandez, Mère, une œuvre plus grande.
> . . . .
> Si des assauts du mal ma foi sort agrandie ;
> Si je me fais un cœur à l'image du tien.....
> Voilà, ma Mère ! ô toi par qui je suis chrétien,
> La seule œuvre durable et je te la dédie !

VICTOR DE LAPRADE

d'après une photographie.

La Bible raconte que l'amour de Rébecca sut consoler Isaac de
la mort de Sara, sa mère ; Dieu en usa de même à l'égard de Victor
de Laprade : quelques mois avant le deuil profond dont sa vie
devait être à tout jamais assombrie, notre poète épousait une charmante jeune fille, Mlle Nelly de Parieu, qui le rendit parfaitement
heureux. L'année suivante, la naissance d'un fils vint ouvrir aux
deux époux, une nouvelle ère de félicité. Voyons quels souhaits sa
mâle et forte tendresse formait pour le nouveau-né :

> Enfant ! toi qui m'es cher, moins à cause de moi
> Que pour le sang des miens qui doit revivre en toi,
> Pour le sang de mon père et de ta sainte aïeule,
> La prière, ô mon fils, sur toi parlera seule...
> . . . .
> Mon Dieu ! mesurez-lui la souffrance et les chutes ;
> Surtout armez ses reins pour soutenir nos luttes ;
> Qu'il soit, même en tombant, plus fort que la douleur,
> Et n'ait jamais souffert sans devenir meilleur.
>
> Donnez-lui, pour marcher dans le chemin du juste,
> Une saine raison, un sang calme et robuste,
> Un cœur qui, sans rêver les orgueilleux sommets,
> Ferme en son droit sentier, ne recule jamais.
> . . . .

Quelques années plus tard parurent les *Symphonies ;* dans ce
nouveau recueil, le poète parle encore de sa mère bien-aimée.
Cette dernière descend des sphères éternelles et lui dit :

> Moi je veille et j'entends ! et du fond de la tombe
> Je suis toujours présente à mon poste éternel.
> Tes cris sont arrivés à mon cœur maternel
> Et le poids du cercueil en vain sur moi retombe.
> . . . .
> Va ! je sais tout de toi, les vertus et les torts.
> Je suis là comme au jour où je pansai ta plaie :
> S'il passe à ton chevet un spectre qui t'effraie,
> Moi, je te défendrai des vivants et des morts !

Déjà lauréat de l'Académie, Victor de Laprade ne devait pas
tarder à faire partie lui-même de la docte assemblée. En 1858, il
fut élu en remplacement d'Alfred de Musset : quelle antithèse que
ces deux poètes !...

Par ses traditions de famille, Victor de Laprade avait toujours abhorré Napoléon ; le coup d'État n'était pas fait pour le réconcilier avec cette dynastie ; néanmoins, grâce à la poésie, à l'étude, il planait au-dessus des orages politiques. Mais, après le traité de Villafranca, quand il vit l'empereur pactiser avec les révolutionnaires d'Italie, son indignation, contenue jusqu'alors, se fit jour dans de mordantes satires. A la suite d'une riposte de Sainte-Beuve qui, on le sait, était un des familiers de la cour impériale, l'auteur de *Psyché* répondit par les *Muses d'état*, où l'on trouve les apostrophes les plus véhémentes et les plus hardies.

Cette sanglante réplique eut pour résultat de faire destituer son auteur, et cette révocation fut insérée à l'*Officiel*, avant que celui qu'elle frappait eût été averti. Tous les amis et les admirateurs du poète se firent un devoir, de lui exprimer, dans les termes les plus flatteurs pour lui, la pénible émotion qu'ils ressentaient de cette mesure sévère. Dans ces protestations, dans ces adresses arrivées un peu de partout, on retrouve un nom, obscur alors, mais qui devait, quelques années plus tard, avoir tant de célébrité : celui de Léon Gambetta.

Victor de Laprade et sa digne compagne acceptèrent avec une noble résignation le coup qui les atteignait et diminuait fortement leurs revenus. Fier dans l'adversité comme il l'avait été dans le succès, le poète ne chercha point à se faire un piédestal de sa disgrâce, et à exploiter le bruit qui se fit alors autour de son nom. Il se renferma dans la retraite, qu'il avait toujours aimée, et l'étude fut sa plus chère distraction. Après avoir donné différents volumes de poésie et de prose : *Voix du Silence*, *Le sentiment de la nature chez les Anciens*, etc., M. de Laprade publia *Pernette*, et l'on put voir que cet écrivain, auquel on avait reproché jadis de laisser un peu l'homme de côté pour se complaire dans la nature, se ressouvenait sans doute qu'il lui avait été dit : « Ce sera toujours le cœur qui aura pour le cœur la voix la plus douce, car dans le sourire de la nature il y a un charme qui est grand, mais dans le sourire de la créature humaine, il est irrésistible. »

Dans *Pernette* « cette idylle héroïque », comme la nomme si justement M. Coppée, le poète a placé de ravissantes figures qui rayonnent de vie et de naturel, car pour les peindre, il n'a eu qu'à évoquer, ses souvenirs d'enfance : aussi cette œuvre est-elle dédiée « Aux Aïeux ».

> Ce livre et le portrait de mon héros rustique,
> L'histoire de ces cœurs simples, forts et pieux,
> Je viens les dédier, sur l'autel domestique,
> Aux auteurs de mon sang, à mes humbles Aïeux ;
>
> A ces chers inconnus, sources de ma famille,
> A vous dont je suis fier, sachant vos nobles morts,
> Au martyr dont ma Mère était la noble fille,
> A mon vénéré Père, à tous ceux dont je sors.

Puis, unissant à ceux qui ne sont plus, les jeunes rejetons qui s'élèvent et grandissent, il s'écrie :

> . . . .
> O mon Père, ô ma Mère, ô mes Aïeules saintes,
> Voici toute ma joie et tout notre avenir,
> Ces enfants que j'amène, objets de tant de craintes.
> Ces enfants à genoux que vous allez bénir !
> . . . .
> Qu'ils sachent résister sans colère et sans haine,
> Patients, comme on l'est appuyé sur sa foi :
> Qu'ils atteignent l'azur de la vertu sereine,
> Et, semblables à vous, qu'ils vaillent mieux que moi !

A la fin du poème, sous les traits de Pernette en deuil, il nous montre sa grand'mère maternelle, et nous redit les sentiments que cette vaillante chrétienne avait su lui inspirer.

> Je la retrouve encor telle qu'à mes dix ans
> Je la suivais, épris de ses traits imposants.
> J'obéissais près d'elle à ce charme sévère
> Des êtres que l'on craint parce qu'on les révère.
> . . . .
> Je la voyais géante en sa petite taille,
> Tant sous sa coiffe blanche elle avait de grands airs,
> Quand ses yeux noirs brillaient de larmes et d'éclairs.
> . . . .
> Si j'avais le pinceau vif comme la mémoire,
> Pernette serait là, brune aux tempes d'ivoire,
> Longs cils noirs abaissés, clair et profond coup d'œil,
> Droite, leste et parée en simple habit de deuil,

Glissant d'un pied cambré sur l'herbe ou sur les dalles,
Avec je ne sais quoi des fiertés féodales.

Le vieux médecin si sympathique, c'est le père du poète.

. . . . chéri dans la maison
Pour sa gaieté sereine et sa verte raison,
Redouté des trembleurs pour sa franchise rude;

. . . .

Quant au bon curé, c'est celui de Montbrison, qu'il a connu et vénéré aux jours de son enfance :

Grand vieillard encor vert, austère et plein de grâce
Et, sous son humble habit, sentant sa noble race;
De l'exil, des prisons, il avait rapporté
Une fleur de tendresse ornant sa charité :
Ayant souffert beaucoup, il aimait plus encore.

. . . .

Le sujet de *Pernette* est d'une grande simplicité ; les sentiments qui animent ce poème, quoique très élevés et très délicats, sont à la portée de toutes les intelligences ou plutôt de tous les cœurs. Ceux qui ont aimé et souffert — et qui, en ce monde, échappe à cette double loi de la souffrance et de l'amour ? — peuvent comprendre cette délicieuse composition où l'auteur fait vibrer avec un rare talent, toutes les cordes du clavier humain.

Le livre s'ouvre sur les rustiques fiançailles de Pierre,

Un rude laboureur qui n'a pas son pareil
Pour tracer un sillon aussi droit qu'une règle,
Et porter, en riant, ses dix boisseaux de seigle.

Avec Pernette...

Les grappes de rubis enchassés dans [*les*] treilles
N'ont pas plus de rayons et de fraîches couleurs
Que les yeux de Pernette et que sa joue en fleurs.

Écoutons les paroles du digne pasteur qui préside ce repas familial : quelle aimable morale, quels judicieux conseils !

Il faut tenir paré le logis de famille ;
C'est l'œuvre de l'épouse et de la jeune fille.

> L'homme à ses durs labeurs reviendra plus dispos,
> Si dans l'ordre et la grâce il a pris son repos ;
> Si, par les soins discrets et le riant accueil,
> La modeste maison lui sourit dès le seuil.
> . . . .
> Et Dieu garde au moins riche un merveilleux trésor,
> La sainte propreté qui change tout en or.

La joie qui règne parmi les convives va bientôt se changer en amertume : ici-bas, le bonheur est un hôte que l'on se dispose toujours à recevoir, et qui ne se fixe jamais. Nous sommes aux années désastreuses de 1812 ou 1813, un ordre impérial vient d'arriver, et tous les jeunes gens qui n'ont pas été fauchés dans les guerres précédentes, doivent partir immédiatement.

Ainsi que beaucoup d'autres, en ces temps si troublés, Pierre refuse d'obéir.

> Je ne servirai pas ! je n'aurai pas de maîtres ;
> Je vivrai, je mourrai sur le sol des ancêtres ;
> Je vais dans la forêt joindre les insoumis
> Et j'y ferai la guerre à mes vrais ennemis.

Le prêtre, tout en plaignant du fond de l'âme, les chers enfants qu'on arrache de la sorte à leurs foyers, s'écrie, avec l'autorité de sa parole sacerdotale :

> La loi reste la loi, même injuste et cruelle ;
> Sa force vient d'En-Haut : nul n'est au-dessus d'elle.
> Tout un peuple obéit, nous devons obéir ;
> Dieu jugera plus tard et saura qui punir.
> . . . .
> Mais celui qui, rebelle et marchant à l'écart,
> Dans les devoirs de tous veut se choisir sa part,
> Qui se croit, sans nul titre, excepté du vulgaire,
> Et seul contre son peuple ose se mettre en guerre.
> Qui des lois et des mœurs veut remonter le cours,
> Haï souvent, flétri parfois, vaincu toujours,
> Ne sachant plus se prendre à rien de légitime,
> Se condamne au malheur... hélas ! peut-être au crime.

Le vieux pasteur n'est pas écouté : Pierre, avec d'autres réfractaires, gagne les montagnes voisines, et laisse, dans d'affreuses angoisses, sa mère et sa fiancée.

Un peu plus tard, l'envahissement du sol par les Allemands, fournit au jeune homme une éclatante occasion de se réhabiliter. Pour flétrir l'invasion étrangère, le poète a des accents d'une mâle indignation.

> Cette terre est à nous, faite par nos ancêtres;
> Nous y devons, comme eux, vivre et mourir en maîtres ;
> Nous seuls avons le droit d'en barrer le chemin,
> D'y marcher librement, les armes à la main ;
> Nous n'y devons souffrir, debout à cette place,
> De chefs et de soldats que ceux de notre race ;
> Et nul dans nos maisons ne doit trouver accueil
> Sans déposer, d'abord, son glaive sur le seuil.
>
> . . . .
>
> Moi, je n'accepte pas cette alliance altière ;
> Je leur tendrai la main, mais hors de ma frontière,
> Quand ma terre écartant des voisins mal venus,
> Ne verra plus flotter ces drapeaux inconnus.
> Tant qu'ils osent camper sur le champ de mes Pères,
> Je maudis, je combats ces hordes étrangères !
> Souffrirez-vous, amis, des hôtes oppresseurs
> Dormant sous votre toit et servis par vos sœurs ?...
>
> . . . .
>
> Si nous voulons prouver qu'à l'abri de nos bois,
> Lorsque nous avons fui, bravant d'injustes lois,
> Fiers entre tous, bien loin que le cœur nous défaille,
> Nous avons craint l'exil et non pas la bataille,
> Rentrons dans nos hameaux, les armes à la main ;
> Envers et contre tous, frayons-nous un chemin,
> Et chassons l'étranger qui prétend faire grâce
> En nous laissant chez nous reprendre notre place.

Ces fières paroles, où respire le patriotisme le plus élevé, ont entraîné les jeunes gens ; ils marchent contre les envahisseurs et les repoussent ; mais ceux-ci reviennent plus nombreux, incendient le village et promènent partout la destruction et la mort. A la tête des francs-chasseurs qu'il commande, Pierre veut protéger la retraite des femmes et des enfants ; bientôt il tombe mortellement frappé.

Dans des vers magnifiques où l'expression est à la hauteur de l'idée, au sein des beautés agrestes qui servent en quelque sorte de cadre aux sentiments religieux, l'auteur nous fait assister à la dernière communion du blessé.

Dès que l'apôtre eut dit la formule adorable
Qui délie à jamais le bienheureux coupable,
Et qui le rend, au prix d'un sincère remord,
Assez pur pour le Ciel et joyeux de la mort,
Il se leva, tranquille et sûr de la victoire ;
D'une pieuse main prit l'auguste ciboire,
Et de l'autre il tira du vase de vermeil
Le pain des forts brillant aux rayons du soleil.
Tout le peuple à genoux tombé sur la bruyère.
Formait autour du prêtre un cercle de prière,

. . . .

Tout s'inclinait aussi dans l'immense nature :
Les feuilles des forêts n'osaient plus un murmure ;
Les vents évanouis n'effleuraient pas le sol,
Les oiseaux arrêtaient leur musique et leur vol ;
Les seuls parfums montant d'un essor invisible,
Remplissaient l'air au loin de leur hymne paisible ;
Tout l'univers enfin, du bois sombre au ciel bleu,
Semblait se recueillir dans l'amour de son Dieu.

. . . .

Soulevé de sa couche, au moment solennel,
Pierre, assis, reposait sur le sein maternel.

. . . .

Le peuple est prosterné; les pleurs coulent des yeux ;
La prière s'épanche en flots silencieux ;
Le pain fait chair descend sur les lèvres de l'homme,
Et de l'âme à son Dieu l'union se consomme.

Un dernier désir agite le cœur du mourant ; avant de dormir
ce long sommeil qui n'a point de réveil ici-bas, il veut avoir
Pernette pour femme, et il dit au prêtre :

Mon père, unissez-nous ! prononcez sur nos têtes
Le mot qui nous convie à d'éternelles fêtes.
Chargez nos fronts bénis de ces puissants liens
Qui, jusque dans le Ciel, suivent deux cœurs chrétiens,
Et qu'une fois serrés sur la terre où nous sommes,
Nul pouvoir ne rompra, pas plus Dieu que les hommes.
Vous qui savez mon cœur, qui l'avez éprouvé,
Cher pasteur ! donnez-lui ce qu'il a tant rêvé :

. . . .

La main de cette enfant, mon unique douceur,
Le droit d'être son frère et de l'avoir pour sœur,
De ne faire à nous deux, par un chaste mélange,
Qu'un seul cœur ici-bas et Là-Haut qu'un seul ange,

. . . .
Le voulez-vous, mon Dieu ?... Pernette, le veux-tu ?
Un sanglot éclatant répondit pour Pernette.
A genoux, près du lit, elle tomba muette,
Saisit la pâle main que tendait le mourant,
De sa lèvre à son sein la baisant, la serrant,
La baignant de ses pleurs, et, du geste et de l'âme,
A Pierre mille fois fit l'aveu qu'il réclame,
Disant par tout son être un oui silencieux
Etouffé dans sa voix, mais résonnant aux Cieux.

Le vœu suprême du soldat expirant va être exaucé.

Le prêtre autour de lui, comme il était besoin,
Appela les parents, prit le peuple à témoin,
Et sous les noirs sapins formant le sanctuaire,
Commença devant Dieu la noce mortuaire.

. . . .

Comme pour se mêler par des douceurs amères
A cet amour sevré des transports éphémères,
La terre, à larges flots, exhalait autour d'eux
L'âpre encens du genièvre et des pins résineux,
Et mille odeurs des buis et des fleurs d'humble taille
Sous les pieds des soldats broyés dans la bataille,
Et qui, pareils aux cœurs tendres et gémissants,
Plus ils sont écrasés, plus ils donnent d'encens.

Ce trait final n'est-il pas admirable ?

Enfin la mort va frapper le héros ignoré ; sa dernière heure
se confond harmonieusement avec le crépuscule d'un soir d'été :

Le soir encor, du haut des cimes empourprées
De sa rougeur suprême inondait nos contrées,
Plus qu'à demi caché par les monts, le soleil
S'abaissa tout à coup sous son rideau vermeil,
Et l'ombre, à larges pas, des forêts aux villages,
Glissa rapidement d'étages en étages.
Tour à tour s'éteignaient, en de noirs horizons,
Les clochers flamboyants et les blanches maisons.
Bientôt, submergeant tout de l'une à l'autre chaîne,
La pâleur de la nuit noya l'immense plaine ;
Rasant l'herbe et les fleurs, un vent léger et frais,
Comme exhalé du sol souffla vers les forêts ;
Dans les vignes épars, mais à leur nid fidèles,
Les oiseaux vers les bois rentraient à tire d'ailes ;
Et l'âme, vers le Ciel prêt à la recevoir,
Partit dans un soupir sur les brises du soir.

Le poète nous montre ce que fut Pernette après que les siens
l'eurent quittée pour un monde meilleur.

> Partout dans le pays, à trente ans, libre et seule,
> La vierge avait conquis les honneurs d'une aïeule,
> Son pas était connu, son nom était béni,
> Sous les chaumes obscurs où le pauvre a son nid.
> Providence attentive, avant qu'on ne l'appelle,
> Sa main s'ouvre en tous lieux et son cœur avec elle ;
> Chez tous les indigents que visitait son or,
> Sa tendre sympathie entrait, plus prompte encor.
> Elle savait franchir, dans sa pitié discrète,
> Cet endroit des douleurs où l'aumône s'arrête,
> Et, puissante à guérir où l'or ne pouvait rien,
> C'est à l'âme surtout qu'elle faisait du bien.
> Elle était le travail chez la pauvreté fière ;
> Au lit des moribonds elle était la prière ;
> Et, chez tous, apportant le rayon de soleil,
> Elle était le sourire, elle était le conseil.
>
> . . . .

Tel est, dans ses grandes lignes, ce poème, populaire entre
tous, et l'un des plus purs rayons de l'auréole poétique de Laprade.

Celui qui avait si bien chanté l'héroïsme et le trépas de Pierre,
le franc-chasseur, fut profondément atteint par nos revers, durant
l'année terrible. Si l'âge, si ses forces déjà déclinantes le lui
avaient permis, nul doute qu'il n'eût volé au secours de la France
envahie ; mais il était chrétien convaincu, et il pria ; il était poète
et sur sa lyre il pleura nos désastres sans nom ; dans des strophes
vibrantes de patriotisme, il fit briller l'espoir et soutint les courages
défaillants :

> Lève ton front sanglant et montre ta blessure,
> Mère ! nous sommes prêts pour de nouveaux combats,
> Lance un dernier appel, avec une foi sûre,
> A ton Dieu dans le Ciel, à ton peuple ici-bas.
> Sois fière des enfants issus de tes entrailles ;
> Tous ont ta flamme au cœur et feront leur devoir ;
> Dussions-nous perdre encor mille et mille batailles,
> Tu peux garder, ô France, un invincible espoir.
> Frappe d'un pied certain cette terre héroïque :
> Des soldats en sont nés ! Vois-les tous accourir,
> Sous les chênes bretons, sous les palmiers d'Afrique,

> Tous ayant fait serment de vaincre ou de mourir,
> Tous égaux par l'honneur : ouvrier, gentilhomme,
> Matelot, laboureur soulevé des sillons...
>
> . . . .
>
> Tu resteras la France et la tête du monde,
> Le vrai peuple choisi pour montrer le chemin,
> Le peuple fraternel en qui l'amour abonde,
> Ouvrant à tous son cœur et sa loyale main ;
> Car ton génie à toi, c'est l'humanité même,
> L'âme du Dieu martyr saignant sur ton autel ;
> Accepte avec orgueil cette lutte suprême,
> Peuple, sois patient!... Je te sais immortel.

Puis il s'écrie, dans un élan de foi ardente :

> Tourne-toi vers le Christ trop oublié naguère,
> Ce Dieu des chevaliers et non des conquérants,
> Qui t'employa mille ans à ses gestes de guerre...
> Pour son œuvre de paix il a besoin des Francs.
>
> . . . .

Cette admirable pièce « A la France ! » valut à son auteur d'être choisi comme député, par une des circonscriptions de la ville de Lyon. Les luttes parlementaires avec leurs intrigues et leur âpreté, ne pouvaient convenir à la nature calme et méditative de notre poète. En 1873, il donna sa démission et rentra dans la vie privée.

Quelques années plus tard, en 1876, parut un nouveau recueil : *Le livre d'un père*, dont la première édition fut enlevée rapidement. C'est dans ces petits poèmes, d'un charme doux et pénétrant que Laprade a mis le plus de son cœur, ou plutôt il y est tout entier. Son amour paternel n'a que de virils accents, jamais il ne tombe ni dans la fadeur ni dans l'exagération. Il aime en chrétien ; avant tout, il veut que ses chers enfants connaissent et comprennent avec la meilleure partie de leur être, les grands mots *Patrie* et *Devoir*.

Le devoir, mot oublié, ou mieux, inconnu de notre génération énervée, où une tendresse aveugle, déraisonnable, le voile sans cesse et l'atténue de façon à lui enlever toute sa noble signification. Notre poète, lui, le répète à chaque instant :

> Petits ingrats, mauvaises têtes,
> Méchants que je ne veux plus voir,
> Savez-vous le mal que vous faites
> Lorsque vous manquez au *devoir*.

Ailleurs :

> Nommez votre pays de ce nom : la *Patrie!*
> Après celui de Dieu, c'est le nom du *devoir*.
> Prononcez-le toujours avec idolâtrie
> Ce nom qui vous oblige au combat, à l'espoir...

Dans *La prière du matin* :

> Enfants ! debout ! la chambre est pleine de lumière.
> Aux pieds de notre Dieu nous reviendrons ce soir,
> Allons dans le travail poursuivre la prière,
> Et tous, petits et grands, faisons notre *devoir!*

Citons encore ces stances magnifiques. En les lisant, on se
sent soulevé comme par un grand souffle venu d'en haut :

> Courage, enfants! montez où je ne puis atteindre !
> J'ai fait ce que j'ai pu, j'ai montré le chemin,
> Je suis las; l'heure approche où mon feu va s'éteindre :
> C'est à vous de me tendre une vaillante main.
>
> C'est à vous d'emporter mon âme sur vos ailes,
> D'annoncer une aurore au soir qui va finir ;
> C'est par vous, par vos yeux, ô mes oiseaux fidèles,
> Que mes yeux et mon cœur plongent dans l'avenir.
>
> . . . . , ...
> Que m'importent mes jours si près de disparaître,
> Enfants! mes seuls objets d'espérance ou d'effroi !
> J'aime en vous l'avenir, tous ceux qui doivent naître,
> Et tous ces morts sacrés que je sens vivre en moi.
>
> . . . .
> Que cet âpre sentier sourie à votre audace!
> Prenez pour but ces lieux d'un difficile accès,
> Où les intérêts vils n'ont pas marqué leur trace,
> La gloire est dans l'effort. Qu'importe le succès !

Dans un autre endroit, il dit, comme s'il regrettait, le noble
poète, de s'être trop plongé dans le rêve et d'avoir négligé l'action :

J'ai trop souvent, mes doux lecteurs,
Parmi les bruyères fleuries,
Parmi les bois, sur les hauteurs,
Conduit vos jeunes rêveries.
J'aimais à cueillir, à genoux,
Au bord des neiges les fleurs roses,
Sous mes doigts exprimant pour vous
Les parfums intimes des choses.

. . . .

Déserts visités en rêvant,
J'aspirai, du moins, sur vos cimes,
Dans le souffle du Dieu vivant,
L'espoir et les désirs sublimes.

. . . .

Et nous rapportions des sommets,
Mieux que des vers et des fleurs vaines,
Une foi qui ne meurt jamais,
Et l'amour, ce sang de nos veines.

. . . .

Élevez vos cœurs et vos yeux
Vers les sommets de notre histoire ;
Saluez l'œuvre des aïeux
Et leurs noms rayonnants de gloire.
Pour exciter votre vigueur,
Nourrissez-vous de leurs exemples ;
Humbles comme eux près du Seigneur,
Soyez fiers au sortir des temples.
Fuyez, oubliez pour toujours,
Tout prêts à de sanglants baptêmes,
Les fleurs, les chansons, les amours,
Mes chères Alpes elles-mêmes,
Le bleu des lacs si doux à voir,
Les bois, ma vieille idolâtrie....
Tout ce qui n'est pas le *Devoir*,
Tout ce qui n'est pas la *Patrie*.

. . . .

Il faut de plus mâles sauveurs
Dans l'affreux orage où nous sommes,
Nous avons eu trop de rêveurs,
    Soyez des hommes !

Terminons ces citations par la pièce suivante, empreinte d'un
patriotisme si pur et si ardent :

Si vous voulez dans votre cœur,
Quand mes os seront sous la terre,

> Sauver ce que j'eus de meilleur,
> Garder mon âme tout entière...
> Aimez, sans vous lasser jamais,
> Sans perdre un seul jour l'espérance,
> Aimez-la comme je l'aimais,
>   Aimez la France !
> Qu'importent les labeurs ingrats
> Et l'injustice populaire !
> Travaillez de l'âme et des bras
> Et je vous réponds du salaire.
> Conservez ma robuste foi :
> Vous aurez de plus la vaillance.
> Enfants ! servez-la mieux que moi,
>   Servez la France !
> Servez-la dans l'obscurité
> Avec la même idolâtrie.
> Arrière toute vanité
> Et gloire à toi, sainte Patrie !
> Votre honneur, amis, c'est le sien,
> Humbles soldats de sa querelle,
> Souffrez, sans lui demander rien,
>   Souffrez pour elle !
> Vous tenez d'elle et des aïeux,
> De ce grand passé qu'on envie,
> Vos mœurs, votre esprit et vos dieux ;
> Vous lui devez plus que la vie.
> Ne marchandez pas votre sang,
> Afin de la rendre immortelle,
> Au premier rang, au dernier rang,
>   Mourez pour elle !

Qui pourrait croire que la plupart de ces petits chefs-d'œuvre ont été écrits alors que Laprade souffrait cruellement d'un rhumatisme nerveux devenu chronique ? Entre deux crises, il prenait sa plume et, s'adressant à ses enfants chéris, il essayait d'oublier les douleurs qui le torturaient.

L'*Orphée chrétien*, ainsi que l'a nommé Lamartine, ne pouvait avoir oublié dans ses chants, la vierge lorraine qui est, en quelque sorte, la personnification de la Patrie. Il l'a saluée dans des vers superbes d'allure et d'expression :

> Fille de Jacques d'Arc, d'Isabelle Romée,
> Je cherche un nom fameux de martyr ou de roi,

Une gloire innocente et digne d'être aimée,
Qui ne pâlissent point, ô Jeanne ! devant toi.

. . . .

Une ardente auréole illumine ta tête :
L'éclat des plus grands noms perd à s'en approcher.
Aux esprits attirés vers la beauté parfaite,
La Croix seule apparaît plus haut que ton bûcher,
Non ! tu ne souffris pas en vain pour notre France.
Son doux Seigneur et toi la viendrez secourir.
Nous attendons, ô Jeanne ! une autre délivrance,
La race d'où tu sors n'est pas près de périr ..

Les dernières années de sa vie, on peut le dire, ne furent qu'un long martyre, supporté avec une sérénité admirable, adouci par les soins pieux de sa famille, et par les témoignages d'affection de ses nombreux amis.

Chaque hiver, il allait à Cannes demander à la ville ensoleillée, un peu de force et de vie ; en 1883, il refusa de partir : il craignait de mourir hors de sa demeure et privé de la présence de quelqu'un de ceux qu'il aimait. Au mois d'octobre, il quittait, pour n'y plus jamais revenir, son château du Perrey, et rentrait à Lyon, presque défaillant, pour y mourir...

Depuis longtemps déjà, le malade envisageait sa dernière heure, avec le calme du vrai sage et la foi du chrétien : sa prière était presque continuelle. Deux jours avant sa mort, il reçut les derniers Sacrements avec une touchante piété, et ne s'occupa plus que de Dieu et de sa chère famille. Enfin, le 13 décembre, au matin, de pénibles suffocations annoncèrent que l'agonie allait bientôt commencer. Avec un profond recueillement, le moribond se joignit aux prières des agonisants que récitait son confesseur, puis il bénit tous les siens, avec une inexprimable émotion... Quelques heures plus tard, il s'éteignait doucement, à l'âge de soixante-et-onze ans.

La ville de Montbrison, justement fière de son illustre enfant, lui a fait, non seulement élever une statue, mais elle a voulu encore qu'une de ses voies principales reçût le nom du poète forézien.

FRÉDÉRIC OZANAM

Là où pénètre la grâce céleste et la vraie charité, il n'y a plus de place pour l'amour-propre.

(*Imit. de J.-C.*).

Parmi les hommes dont la France peut et doit être fière, se place aux premiers rangs, Frédéric Ozanam : aucune gloire contemporaine n'est plus pure, plus haute, plus vraie. A quelque point de vue qu'on se place, force est de le reconnaître : le catholicisme salue en lui le fondateur de cette admirable société de Saint-Vincent-de-Paul qui, durant sa trop courte existence, soulagea non seulement bien des misères, mais préserva tant de jeunes gens des vices et de la corruption ; l'Université le revendique comme un de ses plus illustres membres ; les lettrés goûtent et admirent le philosophe érudit, l'historien consciencieux qui joignait à un vaste savoir les qualités maîtresses qui font les grands écrivains. Sa mémoire restera toujours entourée d'honneur et de gloire, non de cette gloire éphémère née du caprice ou de la mode, mais d'une gloire solide, durable comme la vérité et les doctrines que son beau talent défendit et proclama.

A notre époque tourmentée, il nous semble utile de rappeler à la jeunesse le souvenir de ce chrétien militant qui, mêlé à toutes les questions politiques et sociales de son temps, demeura inébranlable dans ses convictions et sut par sa droiture, sa fermeté, conquérir et garder l'estime de ses adversaires mêmes. D'ailleurs, ce chrétien modèle, ce savant distingué, n'a rien de l'austérité d'un ascète ni de la raideur d'un pédant : nous verrons un adolescent qui, exilé de la maison paternelle, en regrette les douceurs et s'efforce par un travail assidu de faire diversion à la tristesse qui l'envahit, un jeune homme dont l'imagination riche et brillante s'éprend de tout ce qui est saint, noble et beau, un professeur que la science n'enfle point et qui, au sein d'un labeur écrasant, sut toujours s'orienter vers l'idéal et les choses célestes ; nous verrons un fils respectueux, un époux affectionné, un père tendre, un ami dévoué, et dans les diverses phases de cette existence, nous sentirons, pour ainsi dire, palpiter le cœur d'Ozanam, mais surtout, nous nous trouverons en présence d'une âme, et l'étude d'une belle âme est une des jouissances les plus exquises qu'il soit donné de goûter ici-bas.

Frédéric naquit le 23 avril 1813, d'une famille honorable et bien posée ; son père, après avoir pris une part active aux guerres de la Révolution et de l'Empire, abandonna la carrière des armes et vint à Paris ; à la suite de revers de fortune, il étudia la médecine pour laquelle il s'était toujours senti de l'attrait, et pendant un certain nombre d'années, il exerça la profession de médecin, en Italie. Lors de l'épidémie typhoïde qui désola Milan, sa belle et courageuse conduite lui valut, de la part de Napoléon, la décoration de la Couronne de Fer. Quand cette partie de la péninsule tomba au pouvoir des Autrichiens, le Dr. Ozanam quitta Milan avec toute sa famille et vint s'établir à Lyon, ville natale de sa femme.

Dès sa petite enfance, le jeune Frédéric apprit à connaître et à aimer Dieu ; plus tard, il se plaisait à redire les prières, qu'alors lui avait enseignées sa pieuse mère. Il fit de bonnes et fortes études au lycée de Lyon. Sous l'habile direction de l'abbé Noirot, professeur de philosophie, il conçut la première pensée d'un grand ouvrage élevé à la gloire du christianisme ; rechercher à travers les âges, parmi les traditions les plus lointaines, les mythes les plus obscurs, chez tous les peuples, l'idée de Dieu et les premiers indices de la révélation, les dégager des erreurs, des superstitions qui les défigurent ou qui les voilent ; d'anneau en anneau, arriver jusqu'au christianisme, montrer que cette religion est la source vraie, le fondement unique de toute civilisation, telle était une partie du

plan gigantesque rêvé par Ozanam, et il n'avait que dix-sept ans !...
L'âge modifia un peu ce dessein, néanmoins dans les livres, dans
les leçons du savant professeur, se retrouve toujours cette idée
primordiale : la glorification du christianisme par l'histoire.

Afin de mener à bien la vaste entreprise qu'il médite, Frédéric
sent qu'il lui faut acquérir des connaissances nombreuses et
variées, qu'il a besoin de posséder au moins une légère teinture
des langues primitives ; il s'acharne après l'hébreu, puis il traduit,
il commente les divers travaux des écrivains allemands sur le sujet
qui l'occupe.

Pendant qu'il se livre à ces études ardues, il est, par la volonté
de son père, confiné dans une étude d'avoué, où il se plaît médiocrement. Il essaie cependant de s'acquitter de sa tâche journalière,
et de grossoyer les minutes qui lui sont confiées, mais on devine
avec quel empressement il s'arrache à cette ingrate besogne, pour
reprendre ses chers livres.

Les autres clercs, plus âgés que lui, veulent l'initier à leurs
plaisirs faciles, à leurs divertissements coupables ; ils font les esprits
forts et tournent en ridicule la religion et ses divins mystères ; le
jeune chrétien, dont la foi est aussi éclairée que sincère, les a
bientôt réduits au silence ; cette victoire, loin de lui aliéner ses
adversaires, force au contraire leur estime, et désormais il est à
l'abri de toute attaque et de toute raillerie.

Notre ami trouve encore du temps pour s'intéresser aux questions qui sont à l'ordre du jour ; il avait à peine dix-huit ans lorsqu'il fit paraître une brochure intitulée : *Réflexions sur la doctrine
de Saint-Simon.* Ce premier écrit n'est certes pas à la hauteur des
autres ouvrages d'Ozanam, néanmoins, on y remarque déjà de
sérieuses qualités, une appréciation juste et raisonnée de cette
philosophie subversive, renouvelée de l'antiquité. M. de Lamartine,
alors dans tout l'éclat de son génie — 1831 — adressa une lettre
très flatteuse au jeune auteur.

Peu après, Frédéric se rend à Paris pour achever ses études.
M. Périsse, de Lyon, a favorablement parlé de lui à son cousin
Ampère, et ce dernier l'accueille avec la plus cordiale sympathie.
Presque tout de suite, l'illustre mathématicien lui offre le vivre et

le couvert, aux mêmes conditions que dans la pension modeste
choisie par le jeune étudiant. On devine aisément qu'une telle
proposition est acceptée avec une profonde gratitude. Frédéric est
vite installé dans la propre chambre de Jean-Jacques Ampère, qui
court le monde, et il a la libre disposition de la riche bibliothèque
de celui-ci.

MM. de Châteaubriand et Ballanche, pour lesquels il a également
des lettres de recommandation, le reçoivent avec bienveillance, et l'engagent à renouveler ses visites. Malgré ces débuts
encourageants, les premiers mois passés à Paris semblent rudes et
difficiles à Ozanam ; il regrette la vie de famille, les habitudes
pieuses de sa bonne ville de Lyon : l'indifférence religieuse qu'il
voit régner dans la capitale, le consterne et l'afflige. « Paris,
écrit-il à un cousin, son ami d'enfance, me déplaît parce qu'il n'y
a point de vie, point d'amour, c'est comme un vaste cadavre
auquel je me suis attaché tout jeune et tout vivant, et dont la froi-
deur me glace et dont la corruption me tue. »

Cependant, les entretiens qu'il a souvent avec le grand savant
dont il est le commensal, doivent le dédommager quelque peu de
ce manque de foi qui le fait souffrir. Parfois, il arrive qu'en discou-
rant sur les merveilles de la nature, André Ampère, transporté
d'enthousiasme, laisse tomber dans ses mains, comme si l'émotion
le terrassait, sa tête, cette tête puissante qui a découvert et formulé
des lois nouvelles, dans les sciences physiques, et il s'écrie : « Que
Dieu est grand, Ozanam, que Dieu est grand ! »

Outre ses cours, qu'il suit avec ardeur, Frédéric, ainsi que
d'autres jeunes gens studieux, fréquente ce qu'il nomme les conférences de droit. Laissons-le nous expliquer lui-même ce qu'étaient
ces conférences :

« ... Elles se tiennent deux fois par semaine, on y plaide des
questions controversées. Il y a dans chaque affaire, deux avocats et
un troisième, qui fait fonction de ministère public. Les autres
jugent et le fond de l'affaire et le mérite des plaidoiries. Il n'est
point permis de lire, le plus souvent on improvise ; c'est surtout
aux répliques qu'il faut s'exercer... J'ai déjà parlé deux fois, et
notamment ce soir, j'ai suppléé un procureur du roi absent ; on ne

m'a donné qu'une heure pour préparer mon affaire, cependant on a paru assez satisfait; pour moi, je me suis trouvé faible et hésitant, parce que je ne me sentais point maître de mon sujet... »

Chaque samedi, il y a les conférences d'histoire ; à proprement parler ce sont plutôt des conférences littéraires, car les compositions qu'on y lit et qui sont ensuite soumises à une commission chargée de les examiner, roulent sur des questions historiques, philosophiques, géographiques, etc.; la poésie même a le droit d'entrée.

On le voit, Frédéric ne perd pas son temps et, si plus tard, sa carrière est brillante et féconde, c'est qu'il l'aura préparée par des études sérieuses et un labeur constant. Quoique doué d'une intelligence supérieure et d'une mémoire heureuse, il ne se juge pas dispensé par là de la grande loi du travail ; au contraire, il se croit obligé de faire fructifier les talents qui lui ont été confiés, et sentant bouillonner en son sein une sève généreuse, il veut qu'elle produise des fruits, il veut surtout se rendre capable de faire passer dans les esprits, ces grandes vérités dont, si jeune encore, il connaît tout le prix, et consacrer de la sorte, au service de Dieu et du prochain, les rares facultés qui lui ont été départies.

Au sein d'une existence si bien remplie, il ne restait guère de place pour les folles joies et les divertissements bruyants du quartier latin ; cependant, comme le jeune étudiant n'est ni misanthrope ni d'humeur chagrine, il a, lui aussi, ses jours de repos et ses heures de délassement. Parfois, le dimanche, il se rend aux soirées de M. de Montalembert qui, ce jour-là se fait un plaisir d'ouvrir ses salons aux jeunes gens qui lui sont recommandés. Outre l'avantage de causer avec l'intelligent maître de céans, de se rencontrer avec d'illustres visiteurs tels que Mickiewicz, le célèbre poète lithuanien, Victor Hugo, Sainte-Beuve, Alfred de Vigny, etc., les jeunes invités, dans ce milieu aristocratique, se forment aux usages du monde et aux habitudes de la bonne compagnie.

Lorsque le temps le permet, Frédéric et ses compagnons font de longues excursions aux environs de Paris ; presque toujours, ils savent donner à ces promenades un but utile ou édifiant.

Écoutons le récit qu'il fait à Mme Ozanam d'une de ces courses, et admirons la fraîcheur d'imagination, l'aimable simplicité de cet adolescent de vingt ans : « ... Si je vous disais, ma chère maman, que le jour de la Fête-Dieu, trois jeunes écervelés sortaient de Paris à huit heures du matin, je piquerais votre curiosité peut-être. Si je vous annonçais qu'à dix heures, une trentaine d'étudiants assistaient à la procession de Nanterre, j'édifierais votre piété sans doute ; si j'ajoutais qu'à six heures du soir, vingt-deux des mêmes individus se réconfortaient autour d'une table, à Saint-Germain-en-Laye, je pourrais vous intriguer encore. Enfin, si je vous révélais qu'à minuit un quart, trois jouvenceaux frappaient au n°***, qu'ils avaient l'esprit gai, les jambes un peu moulues, les souliers couverts de poussière, et que l'un d'entr'eux est fort de votre connaissance, que diriez-vous, ma bonne petite mère ?... Vous savez qu'à Paris, comme à Lyon, mais pour des motifs beaucoup plus plausibles, les processions sont interdites ; mais parce qu'il plaît à quelques perturbateurs de parquer le catholicisme dans ses temples, ce n'est pas une raison pour de jeunes chrétiens à qui Dieu a donné une âme un peu virile, de se priver des plus touchantes cérémonies de leur religion. Aussi s'en est-il trouvé quelques-uns qui avaient songé à prendre part à la procession de Nanterre. Le dimanche se lève serein et sans nuage, comme si le ciel eût voulu le fêter de ses pompes. Je pars de bon matin avec des amis, nous arrivons les premiers à l'humble rendez-vous. Peu à peu la petite troupe se grossit, et bientôt nous nous trouvons trente... Nous nous mêlons parmi les paysans qui suivent le dais, c'est plaisir pour nous de coudoyer ces braves gens, de chanter avec eux, et de les voir s'émerveiller de notre bonne tournure et s'édifier de notre religion. La procession était nombreuse et pleine d'une élégante simplicité ; toutes les maisons tendues, les chemins jonchés de fleurs ; il y avait une foi, une piété difficiles à décrire... La cérémonie dura plus de deux heures. Ensuite nous assistâmes à la grand'messe où la foule affluait jusqu'au dehors des portes de l'église. Au sortir du Saint Sacrifice, nous nous réunissons sur la place, quelqu'un propose d'aller dîner à Saint-Germain ; six ou huit poltrons objectent la distance, on les laisse dire et rebrousser chemin, et nous voilà vingt-deux, par

OZANAM

d'après un dessin conservé à la Bibliothèque nationale.

P. 145

groupes de trois ou quatre seulement, pour ne pas faire de trouble, partant pour Saint-Germain… tout en ramassant des fraises dans les bois, nous arrivons au terme de notre expédition. Nous entrons un instant à l'église où l'on chantait vêpres, nous visitons le magnifique château… Après avoir pris nos ébats sur l'immense terrasse, nous nous portons tous ensemble chez un respectable restaurateur… Ici était la partie scabreuse de l'entreprise… Nous sûmes éviter le péril par la fuite, et le modeste mâconnais doublement baptisé par le maître de céans et par nous, fut la seule liqueur admise au festin… Nous repartîmes à la fraîcheur du soir; la lune ne tarda pas à nous éclairer à travers les arbres, c'était un délicieux moment… Mon cœur sait combien de fois j'ai pensé à vous tous, dans ce jour, l'un des plus charmants de ma vie… »

Dès la seconde année de son séjour à Paris, on voit poindre la première idée de la société de Saint-Vincent-de-Paul; les conférences de droit, non plus que celles d'histoire, ne suffisent pas à Frédéric; il rêve une réunion exclusivement catholique où l'on agisse au lieu de discuter, afin de répondre d'une manière péremptoire à ceux qui prétendent que le catholicisme, en tant que force créatrice et agissante, a fait son temps, et que ses enfants ne savent plus produire d'œuvres, comme aux premiers siècles de l'Église.

Au mois de mai 1833, huit jeunes gens, dont le plus âgé comptait à peine vingt ans, se réunissaient sous la présidence de M. Bailly, et décidaient, dans cette première séance, qu'ils iraient visiter les pauvres à domicile. Tel fut l'humble commencement de cette Société, laquelle, semblable au grain de sénevé dont parle l'Évangile, devait, en peu d'années, non seulement couvrir la France entière, mais se répandre dans les principales cités d'Angleterre, d'Italie, de Belgique, etc., et pénétrer jusque dans le Nouveau-Monde.

De même que toutes les âmes d'élite, Frédéric est dévoré du désir de la perfection et toujours mécontent du bien qu'il fait. Dans le temps où sa vie s'écoule si pieusement et si utilement, il écrit à un cousin, son intime ami :

« ... Depuis quelque temps, depuis surtout que j'ai vu quelques jeunes gens mourir, la vie a pris pour moi un autre aspect. J'ai senti que jusqu'ici, bien que je n'eusse jamais abandonné les pratiques religieuses, je n'avais pas porté assez avant dans mon cœur, la pensée du monde invisible, du monde réel. J'ai pensé que je n'avais pas fait assez d'attention à deux compagnons qui marchent toujours avec nous, même sans que nous les apercevions : Dieu et la mort. J'ai trouvé que le christianisme avait été pour moi, jusqu'ici, une sphère d'idées, une sphère de culte, mais pas assez une sphère de moralité, d'intentions, d'actions... »

« ... Nous voudrions savoir, poursuit-il, ce que nous ferons dans vingt ans d'ici ! Nous ignorons quelles sont nos facultés, quel peut être notre bonheur, et nous voudrions nous tracer une route inflexible pour le développement des facultés dont nous ne sommes pas sûrs, pour atteindre un bonheur qui pour nous est un mystère ! D'ailleurs, considère ceci : A quoi sert de savoir ce qu'on doit faire ? sinon à faire bien. A quoi sert de connaître sa destination ? sinon à l'accomplir. A quoi bon voir le chemin ? sinon à marcher. Or, pourvu que le voyageur y voie à dix pas devant lui, n'arrive-t-il pas aussi bien que s'il avait tout le reste en perspective ?... Ne nous suffit-il pas de connaître notre devoir et notre destinée pour le moment le plus prochain de l'avenir, sans vouloir étendre nos regards jusqu'à l'infini ? Si nous savons ce que Dieu veut faire de nous demain, n'est-ce pas assez, et qu'avons-nous besoin de nous soucier de ce qu'il nous commandera dans dix ans, puisque d'ici là il peut nous appeler au repos ?... »

Quelle belle et chrétienne logique ! et celui qui traçait ces lignes avait à peine vingt et un ans. Cette lettre est certes une des plus remarquables qu'Ozanam ait jamais écrites ; nous ne savons pas résister au désir d'en reproduire encore un fragment. Il craint que le jeune parent auquel il s'adresse, ne se laisse aller à une certaine indifférence sous le rapport religieux et il lui dit :

« Je ne pense pas que tu aies renoncé tout à fait aux croyances de ta jeunesse, mais tu es devenu indifférent à leur égard, ou plutôt tu les as reléguées dans le domaine des opinions philosophiques, et tu as accepté le christianisme comme une noble et sainte doctrine, mais en le modifiant selon tes propres idées. Pourtant les idées religieuses ne sauraient avoir aucune valeur si elles n'ont une valeur pratique et positive. La religion sert moins à penser qu'à agir, et si elle enseigne à vivre, c'est afin d'enseigner à mourir. Tu voudrais savoir ce que tu feras dans dix ans, ce que tu feras pendant le court espace de la vie, mais que seras-tu dans quatre-vingts ans d'ici, et pendant tous les siècles après? Voilà ce qu'il dépend de toi de déterminer. La valeur du christianisme est là; et non point dans l'attrait que ses dogmes peuvent présenter à des hommes d'imagination ou d'esprit. »

Quels nobles acccents! et combien de jeunes gens, surtout aujourd'hui, auraient besoin d'un tel ami pour les ramener dans la voie droite !

Au matin de la vie, avait-il un secret pressentiment qu'il ne verrait pas le soir ?... on serait tenté de le croire, car, vers cette époque, il écrivait ce qui suit: « Nous ne sommes ici-bas que pour accomplir la volonté de la Providence. Cette volonté s'accomplit jour par jour, et celui qui meurt en laissant sa tâche inachevée, est aussi avancé aux yeux de la suprême justice que celui qui a le loisir de l'achever tout entière. »

Bien qu'il ne soit lié qu'avec les jeunes gens partageant sa manière de voir, il ne faudrait pas croire qu'Ozanam n'ait rien à souffrir de quelques-uns de ses condisciples qui, hostiles ou indifférents à ses chères croyances, le tournent en ridicule ou le regardent en pitié! Certains l'accusent d'hypocrisie, de bigotisme, d'autres, au contraire, lui reprochent un libéralisme exagéré. Toutes ces choses ne sont pas sans l'affliger, mais son cœur est trop haut, trop fortement trempé pour connaître les lâchetés et les hontes du respect humain.

Revenu au sein de sa famille, passer les vacances, Frédéric raconte à un ami, demeuré à Paris, une visite qu'il vient de faire à Saint-Point, chez M. de Lamartine, une des grandes admirations de son enthousiaste jeunesse. Nous lui laissons la parole.

« ... Sur un mamelon, au pied des montagnes est un hameau que dominent une église gothique et un ancien château: c'est Saint-Point. M. de Lamartine a apporté la civilisation dans ces lieux ; il a fait construire le clocher de l'église ; il a acheté une maison pour y établir un hôpital et des écoles ; il a fait ouvrir des routes pour établir des communications entre le village et le grand chemin ; à l'heure qu'il est, il fait élever un pont magnifique sur un ravin. Ces bienfaits ont attiré de nouveaux et nombreux habitants dans la vallée ; de blanches maisons s'élèvent de toutes parts ; tout respire l'aisance et le contentement ; les mœurs sont devenues douces et pures... Nous voici à la porte du château, un porche élégant de forme gothique en décore l'entrée ; trois tours seigneuriales lui prêtent un assez majestueux aspect... Ce jour-là il y avait précisément à Saint-Point beaucoup de monde et nous vîmes, à notre grand désappointement, que nous ne pourrions pas jouir sans partage de la société de celui que nous venions chercher. Cependant M. de Lamartine arriva. Il témoigna à D... une amitié toute particulière, et me reçut moi-même d'une manière tout à fait affable. Il nous emmena tous deux dans un pavillon où nous causâmes à trois, près de deux heures... A table et au salon, il m'a paru rempli d'amabilité... Nous avons dîné et passé la nuit, et le lendemain, il nous a menés visiter ses deux autres maisons de Milly et de Monceaux. Le long du chemin, les paysans le saluaient d'un air d'affection ; il les abordait et causait avec eux, leur demandant des nouvelles de leurs vendanges, de leurs intérêts, de leurs familles. Aussi semblaient-ils l'aimer beaucoup et les petits enfants couraient après lui en criant : Bonjour, Monsieur Alphonse !... »

En 1835, nous retrouvons Frédéric à Paris ; il se prépare au doctorat, et poursuit en outre ses études littéraires et linguistiques. Sa charité, son zèle religieux, loin de se ralentir, semblent croître et progresser chaque année. A mesure qu'il avance dans la vie, il connaît mieux, il apprécie davantage les maux qui désolent la société ; il sent que, s'il existe un remède, c'est le catholicisme seul qui le peut appliquer. A un ancien condisciple qui, rentré dans sa province, s'occupe d'y fonder une Société de Saint-Vincent-de-Paul, il adresse les lignes qui suivent :

» ... La terre s'est refroidie ; c'est à nous, catholiques, de ranimer la chaleur vitale qui s'éteint, c'est à nous de recommencer aussi l'ère des martyrs. Car être martyr, c'est chose possible à tous les chrétiens; être martyr, c'est donner sa vie pour Dieu et pour ses frères; c'est donner sa vie en sacrifice, que le sacrifice, soit consommé tout d'un coup comme l'holocauste ou qu'il fume nuit et jour comme les parfums sur l'autel ; être martyr, c'est donner au Ciel tout ce qu'on a reçu : son or, son sang, son âme tout entière. Cette offrande est entre nos mains, ce sacrifice, nous pouvons le faire ; c'est à nous de choisir à quels autels il nous plaira de le porter, à quelle divinité nous irons consacrer notre jeunesse et les temps qui la suivront, à quel temple nous nous donnerons rendez-vous : au pied de l'idole de l'égoïsme ou au sanctuaire de Dieu et de l'humanité... »

Quelle foi ! quelle ardeur d'amour vibrent dans ces chaleureux accents!... Malgré ces élans admirables, ces saintes aspirations, le jeune étudiant n'échappe pas toujours au découragement, à une sorte de triste langueur. Il s'en plaint dans les termes suivants :

« ... J'avais résolu, pour les deux années qui me restent à passer dans la capitale, des travaux plus sérieux et une réforme morale plus complète. J'avais mis mes désirs sous les auspices de notre Mère céleste, et je me confiais en mon bon vouloir. Or, depuis ce temps, trois mois se sont écoulés et me voici les mains vides. Des malaises continuels, des démarches ennuyeuses ont commencé à éteindre mon ardeur, et lorsque j'ai eu tout le loisir et toutes les facilités désirables, je suis tombé dans une langueur fatale que je ne saurais secouer. L'étude, que j'aimais autrefois, me fatigue, la plume pèse à mes doigts, je ne sais plus écrire... La piété me semble parfois un joug, la prière, une habitude des lèvres, les pratiques du christianisme, un devoir que j'accomplis avec lâcheté, une dernière branche à laquelle je me cramponne pour ne pas rouler dans l'abîme, mais dont je ne sais pas cueillir les fruits nourriciers... »

Les défaillances des grandes âmes ne sont pas inutiles à contempler, d'abord elles nous consolent un peu des nôtres, puis, tous tant que nous sommes, nous aimons volontiers à nous persuader que la vertu ne coûte rien à nos frères, et en constatant les difficultés qu'ils ont eues à surmonter, les répugnances qu'ils ont dû vaincre, nous nous relevons, nous sommes plus généreux dans nos efforts et dans nos luttes.

Pendant les vacances de cette année-là, Frédéric visite la Grande-Chartreuse, en compagnie de son frère aîné qui est prêtre. A l'ami qui avait eu le récit de son pélerinage à Saint-Point, il raconte également son excursion nouvelle.

« ... Nous avons fait à pied une course de soixante lieues à travers le Dauphiné. Là, dans les montagnes qui forment le marche-pied des Alpes, au milieu d'une nature magnifique, au bout d'un vallon entrecoupé de torrents et de cascades, bordé d'une végétation luxuriante et majestueuse, au milieu d'un creux de rochers, les uns sombres et arides, les autres couverts de mousse et de fleurs, au pied des pics élevés et couverts de neige, se trouve la Grande-Chartreuse, le chef-lieu général de l'ordre fondé par Saint-Bruno... J'ai assisté aux matines chantées à onze heures du soir dans la chapelle solitaire, j'ai entendu ce concert de soixante voix innocentes, et j'ai songé à tous les crimes qui se commettent à cette heure-là dans nos grandes villes, et je me suis demandé si, véritablement, il y avait là assez d'expiation pour effacer tant de souillures... »

Dans une autre lettre, adressée à un jeune parent, nous lisons, à propos de ce même voyage, ce qui suit : « ... Je n'ai vu qu'une solitude délicieuse, une végétation magnifique, de riches prairies, des forêts où la verdure des hêtres se mêle à la noirceur du sapin, des rochers entremêlés de rosiers, des ruisseaux tombant en élégantes cascades sur un lit de gazon ; de tous côtés, des touffes de campanules bleues, de larges et gracieuses fougères semblables à des palmiers nains, de grands troupeaux sur les montagnes, des oiseaux dans les bois, et là, dans le vallon, le monastère majestueux et grandiose, les moines au vêtement rustique, au visage serein, exprimant dans tous leurs traits le bonheur et la quiétude, les chants s'élevant à toutes les heures du jour, avec force, avec harmonie... »

Dans le passage suivant, extrait de la même lettre, nous retrouvons la trace de cette mélancolie, mal mystérieux des âmes éprises d'idéal, et qui n'était pas inconnue à Ozanam, mais que sa piété éclairée, son esprit ferme et droit sut toujours maintenir dans de justes bornes.

« ... La nature dans sa simplicité, dans sa virginité, est profondément chrétienne ; elle est remplie de solennelles tristesses et d'ineffables consolations ; elle ne parle que de morts et de résurrections, de chutes passées et de glorifications futures. Les montagnes surtout disent beaucoup de choses à l'âme dont elles sont, en quelque sorte, l'image : richesse et nudité, hauteur sans mesure, abîme sans fond, tableaux innombrables et divers désordres immenses, traces d'antiques bouleversements, élancements, efforts pour atteindre le ciel, toujours impuissants, toujours renouvelés ! N'est-ce pas là l'image de notre pauvre existence ? »

Dans le même temps à peu près où les lettres précédentes furent écrites, un ami lui ayant fait part de son mariage, Frédéric répond pour le féliciter, il termine en disant que, pour lui, il ignore encore quelle sera sa destinée, mais que, s'il doit se marier un jour, il demande au Seigneur que la compagne qui lui sera donnée « l'attire en haut et ne le fasse pas descendre ».

Oh ! que ces mots ont de force et d'éloquence dans leur brièveté ! Faire descendre une âme, couper les ailes à cette fille du Ciel qui, sans votre influence funeste, se serait peut-être élancée à de grandes hauteurs ! Des pures régions du beau et du bien, la précipiter dans les vulgaires et futiles vanités d'ici-bas ou dans les bas-fonds de l'égoïsme et de la cupidité ! Quel rôle triste et lamentable !... Ah ! qui que vous soyez, filles, sœurs ou épouses, n'employez jamais votre influence, n'usez de votre pouvoir sur ceux qui vous aiment que pour les faire monter ; rendez-leur plus douce, plus aisée, cette ascension que toute créature raisonnable doit opérer vers la vertu et la perfection. Afin d'être vraiment dignes de cette mission qui incombe à la femme chrétienne, évitez avec le plus grand'soin ce qui pourrait abaisser le niveau de vos intelligences et surtout celui de vos âmes, habituez-vous à vivre sur les sommets : *Sursum corda !*

Après avoir consacré quelques semaines des vacances aux promenades et aux délassements, Frédéric se remet au travail, tout comme s'il était à Paris; il a commencé une étude sur saint Thomas de Cantorbery, et il tient à conduire son entreprise à bonne fin. Il rencontre en son chemin des difficultés non prévues; cet opuscule lui coûte plus de peines et de labeurs qu'il ne l'avait supposé dans le principe. Il ne veut parler — scrupule bien rare aujourd'hui — que de ce qu'il connaît, et pour expliquer les différends survenus entre le saint et le roi, il est obligé de se mettre au courant de plusieurs questions de droit canon. Il bouleverse les anciennes chroniques, les annales, les chartes, il se plonge — lui-même nous le dit — dans les profondeurs du moyen âge. Toutefois, il ne pense pas avoir fait assez. « Je crains, écrit-il, d'avoir mutilé, abîmé une histoire magnifique. »

Il publia, parallèlement avec ce travail, une vie de Bacon, chancelier d'Angleterre, lui aussi, lequel, en dépit de son génie et de ses talents, n'a laissé, grâce à ses exactions et à ses crimes, qu'une mémoire détestée. Dans la péroraison de l'étude sur saint Thomas, le jeune biographe nous donne la raison de cette différence; il l'exprime ainsi :

« Le christianisme a eu pitié de notre nature : il a pris au Ciel deux rayons dont l'un s'appelle Foi, l'autre Charité, et ces deux ne sont qu'une flamme ; mais l'un est lumière, l'autre chaleur. Par la foi, le christianisme s'empare de l'intelligence et la tire de ses ténèbres ; par la charité, il régénère la volonté et la relève de ses turpitudes. Ce qu'il fait croire à la première, à la seconde il le fait aimer, il les fait toutes deux se rencontrer sur la route pour tendre ensemble à une même fin, qui est Dieu. Voilà comment il rétablit l'harmonie primitive de l'âme, et pour que l'harmonie ne soit pas troublée, pour que la foi ne chancelle point, pour que la charité ne défaille jamais, une société est instituée, croyante, aimante, harmonieuse, et cette société c'est l'Église. C'est là l'origine de cette inébranlable fermeté de pensées, de cette immense expansion d'amour qui fait les saints. Le saint est un homme jeté en bronze, mais en bronze vivant; c'est-à-dire un homme fort... Dans le philosophe, il y a deux vies : celle de la tête et celle du cœur; c'est la statue d'or aux pieds d'argile; c'est un homme divisé, c'est-à-dire un homme faible... »

Dans le courant de l'année 1836, Frédéric après avoir passé cinq ans à Paris, a terminé ses études, et il revient définitivement au sein de sa famille. Il ne sait pas encore quel sera son avenir ni la position que la Providence lui destine dans la société. Les vœux de ses parents l'appellent au barreau, les siens propres le poussent vers les lettres, et c'est en envisageant ce but qu'il a fait ses meilleures études. Cette importante question du choix d'un état ne laisse pas que de le préoccuper fortement ; peu de semaines après son arrivée à Lyon, il écrit à un ami :

« ... Le moment de choisir une destinée est un moment solennel et triste. Je souffre de cette absence de vocation qui me fait voir la poussière et les pierres de toutes les routes de la vie, et les fleurs d'aucune. En particulier, celle dont je suis le plus près maintenant, celle du barreau, m'apparaît moins séduisante que jamais... »

Cependant ses inquiétudes personnelles ne l'empêchent pas de poursuivre dans la cité lyonnaise, la fondation d'une Société de Saint-Vincent-de-Paul et de n'épargner pour y réussir, ni peines ni démarches, comptant pour rien les contradictions, les obstacles qu'il rencontre çà et là. Son esprit sérieux, et surtout si chrétien, s'inquiète en constatant l'indifférence religieuse des classes pauvres, et cette soif de luxe, de jouissances qui gagne tous les rangs de la société ; il s'effraie de l'antagonisme qui règne entre ceux qui possèdent et ceux qui veulent posséder : entre ces deux parties belligérantes, il ne voit que la charité chrétienne qui puisse s'interposer utilement.

A peine est-il rentré au milieu des siens, à peine commence-t-il à goûter les joies de la famille que la main de Dieu frappe un des membres de cette famille si unie : au mois de mai 1837, il a la douleur de perdre son père presque subitement. Les sentiments religieux si fort enracinés dans le cœur de Frédéric, l'aident à supporter son affliction et en tempèrent l'amertume. A un ami qui lui avait envoyé l'expression de sa sympathie, il répond :

« ... Nous éprouvons un grand soulagement à penser que la piété de mon père retrempée dans ces derniers temps par un usage plus multiplié des sacrements, les vertus, les travaux, les chagrins,

les périls de sa vie, lui ont rendu facile l'accès du séjour céleste...
Plus se multiplie dans ce monde invisible le nombre des âmes qui
nous furent chères, plus puissante se fait sentir l'attraction qui
nous y entraîne... »

Des soucis de toute nature l'accablent; son plus jeune frère
est mineur et les affaires de la succession entraînent mille embarras;
la santé de sa mère lui inspire aussi de vives craintes, il appréhende
un deuil nouveau.

« ... Mon cher ami, lisons-nous dans une lettre à un cousin,
heureux l'homme à qui Dieu donne une sainte mère! Mais pourquoi
faut-il qu'à mesure que l'auréole de sainteté entoure plus brillante
cette tête chérie, l'ombre de la mort semble s'en approcher?
Pourquoi dans la langue des hommes la perfection est-elle syno-
nyme de la fin? Pourquoi Dieu ne donne-t-il rien ici-bas et ne
fait-il seulement que de prêter? Prie avec moi pour que ma mère
me soit conservée, qu'elle soit conservée à mes frères, qui ont aussi
tant besoin d'elle... »

Il s'est fait inscrire au barreau de Lyon; plusieurs fois déjà il
a plaidé, tant dans les affaires civiles que dans les affaires commerciales; mais il ne peut s'accoutumer aux difficultés, aux ennuis
inhérents à la profession d'avocat. Voici ce qu'il en dit à un ami :

« ... La justice est le dernier asile moral, le dernier sanctuaire de la société présente : la voir entourée d'immondices, c'est
pour moi une cause d'indignation à chaque instant renouvelée. Ce
genre de vie m'irrite trop; je reviens presque toujours du tribunal
profondément ulcéré; je ne puis pas plus me résigner à voir le mal
qu'à le souffrir... »

Un peu plus tard : « Je ne m'acclimate point dans l'atmosphère
de la chicane; les discussions d'intérêts pécuniaires me sont
pénibles. Il n'est pas de si bonne cause où il n'y ait des torts
réciproques; il n'est pas de plaidoyer si loyal où il ne faille dissimuler quelques points faibles. Il existe des habitudes d'hyperbole
et de réticence dont les plus respectables membres du barreau
donnent l'exemple et auxquelles il faut s'assujettir... »

Il est question d'établir à Lyon une chaire de droit commercial, et tout lui fait espérer que, si cette fondation a lieu, il sera

nommé pour occuper la dite chaire. Il touche à ses vingt-cinq ans, ses parents, ses amis veulent le marier, quant à lui, il n'y songe guère, il a même quelque velléité de se consacrer à Dieu. Mais ce qu'il veut d'abord, ce qu'il veut à tout prix, c'est accomplir la volonté divine, et opérer, dans la mesure de ses forces, un peu de bien dans son entourage. A ce sujet, il s'exprime ainsi, dans une lettre intime.

« Je crois qu'il y a trois sortes de genre de vie entre lesquels il faut opter : la vie externe, qui se perd dans les jouissances matérielles, et qui est celle des païens et de la classe infime de l'humanité ; la vie interne et réfléchie, qui se concentre dans la méditation des infirmités et des besoins de l'âme, mais qui est stérile et nulle, si l'on s'y arrête comme les philosophes de l'anti- quité et plusieurs esprits débiles de nos jours ; la vie supérieure et chrétienne, qui nous tire de nous-mêmes pour nous conduire à Dieu où nous trouvons désormais le point de vue de toutes nos pensées et le point d'appui de toutes nos œuvres... Faisons-nous forts, mon cher ami, car la maladie de ce siècle est la faiblesse. Songeons que nous avons déjà vécu plus du tiers de notre existence probable, que nous avons vécu par les bienfaits des autres, et qu'il faut vivre le reste pour le bien des autres... »

Quel abîme entre ces théories du dévouement, de la charité et ces doctrines de la jouissance sans mesure, de l'égoïsme sans frein, prêchées et surtout professées actuellement !

Au commencement de 1839, Ozanam est nommé professeur de droit commercial ; plus que lui peut-être, sa famille se réjouit de le voir appelé à un poste honorable qui le fixe à Lyon. Sa mère ne devait pas jouir longtemps de cet heureux événement ; avant la fin de cette même année, elle meurt, épuisée par une maladie de langueur qui, depuis de longs mois, inquiétait les siens. La pensée que cette sainte mère est en possession de la béatitude éternelle peut seule adoucir la vive affliction qu'éprouve Frédéric ; néanmoins son cœur est cruellement déchiré, et il sent l'impression d'un vide affreux qui jamais ne sera comblé.

« ... Je crois me sentir à peu près comme les disciples devaient être après l'Ascension du Sauveur, je suis comme si la divinité s'était retirée d'auprès de moi. Il me semble par moments, vous l'avouerai-je, que la foi m'échappe avec celle qui en fut pour moi l'interprète, et que je demeure seul dans mon néant. Oh ! demandez pour moi au Seigneur qu'il m'envoie, comme à ses disciples orphelins aussi, l'esprit qui console, le Paraclet!... »

Outre la force que lui donne la prière, il trouve une diversion puissante dans l'étude ; son cours réussit à merveille ; une assistance nombreuse et attentive témoigne combien la parole du jeune professeur est goûtée. C'est vers cette époque qu'il publia une œuvre importante : *Dante et la philosophie catholique au XIIIe siècle.* Cet ouvrage nous montre le poète florentin sous un point de vue nouveau et lui restitue une physionomie essentiellement catholique. Il valut à l'auteur une lettre très flatteuse de Sylvio Pellico.

M. Cousin, alors ministre de l'Instruction publique, qui avait eu l'occasion d'apprécier la rare intelligence et le précoce talent de Frédéric Ozanam, l'engagea fortement à se préparer à l'agrégation, et lui fit espérer en même temps que la chaire de littérature étrangère, vacante par la retraite d'Edgard Quinet, pourrait lui être accordée sans qu'il eût besoin de renoncer à celle de droit. Une semblable perspective est encourageante, mais le jeune homme n'ignore pas qu'il compte bon nombre d'adversaires qui feront tous leurs efforts pour l'évincer, lui catholique, et mettre un professeur athée ou libre-penseur. Ce mauvais vouloir l'afflige et le blesse à bon droit, il confie ses doutes et ses craintes à J.-J. Ampère qui, par sa haute situation dans l'Université, doit savoir ce qui se trame. En terminant, il lui adresse les fières paroles qu'on va lire :

« Élève de l'Université depuis l'âge de dix ans, j'engagerais sans peine à son service, les connaissances qu'elle m'a données. Mais, franchement, je commence à craindre ce que longtemps je n'ai pas pu croire. M'aurait-on offert avec autant d'empressement une philosophie de collège dont je me souciais peu, parce qu'on voudrait des professeurs chrétiens pour rassurer les familles alarmées, et refuserait-on au contraire à l'orthodoxie le théâtre plus vaste des facultés des lettres? Si l'ostracisme est prononcé une fois pour toutes contre les catholiques, il serait bon de le dire... Quant à moi, je ne me laisserais plus aller à de trompeuses illusions ; en me résignant aux devoirs ordinaires de la vie, je tâcherais d'oublier les rêves d'une jeunesse déçue, ou si, réellement, j'entendais retentir en moi l'appel impérieux d'une vocation intellectuelle, alors j'irais chercher, à l'ombre des cloîtres de saint Benoit ou de saint Dominique, ce que Dieu et l'humanité ne refusent jamais à ceux qui travaillent pour eux : de l'indépendance et du pain. Déjà plusieurs ont fait ainsi, et il ne faut pas dire qu'ils ont déserté le poste sacré de la vie publique... quand ils frappent à la porte et qu'on ne l'ouvre point ou qu'on l'ouvre si basse qu'ils ne sauraient entrer sans se courber, il n'est pas étonnant qu'ils sortent dehors... »

Comme l'on sent dans cette digne et véhémente protestation, non les susceptibilités d'une vanité mesquine, mais le cri d'une âme noble justement indignée de la part qui est faite aux catholiques !

Frédéric ne se laisse pas longtemps dominer par le découragement ; il se remet au travail avec une ardeur nouvelle ; au mois d'octobre 1840, il subit, de la manière la plus brillante, les épreuves si difficiles de l'agrégation. Malgré de sérieux concurrents, entre autres MM. Egger et Berger, il est reçu le premier ; dans son rapport, le président du concours s'exprime ainsi :

« ... M. Ozanam a semblé aux juges mériter le premier rang, moins par ses connaissances classiques, etc., que par la manière large et ferme de concevoir un auteur ou un sujet, par la grandeur de ses commentaires et de ses plans, par ses vues hardies et justes, et par un langage qui, alliant l'originalité à la raison, et l'imagination à la gravité paraît éminemment convenir au professorat, etc. »

Gardons-nous d'oublier que, dans la dernière partie du concours, le jeune candidat ayant à parler sur un sujet qui lui était peu familier, se recommande à Dieu, et qu'il se tire à merveille de ce pas difficile. En faisant part de son succès à un ami, il l'explique de la manière suivante : « Dieu m'avait fait la grâce, dans cette lutte, d'une foi qui, même quand elle ne cherche pas à se produire au dehors, anime la pensée, maintient l'harmonie dans l'intelligence, la chaleur et la vie dans le discours... »

A la suite de ce triomphe éclatant, il est chargé de suppléer à la Sorbonne, dans la chaire de littérature étrangère, M. Fauriel à qui l'âge et les infirmités ne permettent plus d'enseigner.

Avant de commencer son cours sur la littérature allemande, Ozanam désire connaître *de visu* le pays qui va être le sujet de ses leçons : il s'achemine donc vers les bords du Rhin. D'ailleurs, le travail excessif auquel il s'est livré — parfois il étudiait quatorze ou quinze heures par jour — l'a fatigué, et il sent le besoin de prendre un peu de repos.

A l'exemple de tous les touristes, il paie son tribut d'admiration à la cathédrale de Cologne ; cette merveille, alors inachevée, lui inspire les réflexions suivantes : « En la voyant avec ses roses et ses trèfles, avec ses ogives, toutes radieuses au milieu des décombres, elle me semblait, cette église veuve, comme l'Andromaque d'Homère, souriante à travers ses larmes. Et la comparaison n'a rien de trop heurté ni de trop bizarre, en présence de tant de grâce et de tristesse. Alors je me suis demandé quel secret dessein de Dieu, quel démérite des hommes, quel péché peut-être du génie, a fait que cette Babel sainte attendait en vain son achèvement. »

D'autres sanctuaires attirent aussi son attention : tour à tour, il est charmé par Sainte-Marie-du-Capitole, fondée par la mère de Charles Martel, par Saint-Géréon, Saint-Cunibert, Sainte-Ursule, etc. ; au milieu de toutes ces merveilles architecturales, il répète ces paroles du roi-prophète : « Que vos tabernacles sont beaux, ô Dieu des vertus ! »

Il ne néglige pas non plus de recueillir çà et là les traditions anciennes, les légendes sacrées ou profanes au travers desquelles son esprit sagace et érudit reconstruit l'histoire des siècles passés. « Le moyen âge, écrit-il, se retrouve tout entier, en certains endroits, et tout d'abord dans une série de châteaux, de chapelles et de petites villes admirablement conservées... »

Le succès inespéré du concours ayant assuré son avenir, la volonté de Dieu apparaît alors claire et précise à Frédéric, il ne s'oppose plus aux projets de mariage qu'on formait pour lui. Depuis plus d'un an, il s'était trouvé en relations fréquentes avec M. Soulacroix, recteur de l'Académie de Lyon ; ces deux hommes éminents, chacun dans son genre, avaient appris à s'apprécier, et une certaine intimité s'était établie entre eux. M. Soulacroix avait une fille admirablement douée : instruite sans prétention, aussi intelligente que bonne, femme d'intérieur et musicienne hors ligne ; l'abbé Noirot, qui avait conservé les meilleurs rapports avec son ancien élève, rêvait de lui donner ce trésor, et ce fut lui qui arrangea les préliminaires du mariage.

Le 23 juin 1841, dans l'église de Saint-Nizier, Frédéric prononçait ces serments sacrés que l'homme ne peut rompre. Les lignes suivantes, écrites cinq jours après ce grand évènement, témoignent de la joie sainte et profonde qui est son partage. « ... Je me laisse être heureux, je ne compte plus les moments ni les heures. Le cours du temps n'est plus pour moi... Que m'importe l'avenir ? Le bonheur dans le présent c'est l'éternité. Je comprends le Ciel... »

Aux vacances de cette même année, les jeunes époux visitent l'Italie Méridionale ; ils reviennent par Rome où ils restent quelques jours. Ce voyage dans une des plus ravissantes contrées du monde, au lendemain d'une douce et pure union, ne fut, on le devine aisément, qu'un perpétuel enchantement. Herculanum, Pompéi, avec leurs ruines si vantées, intéressent le savant, mais ne disent rien à son cœur, à son âme de chrétien ; ce qu'il recherche, ce qu'il aime, ce sont les lieux consacrés par la religion ou sanctifiés par la trace bénie des serviteurs du Christ. La Sicile a surtout le don de lui plaire et de le charmer, autant par les souvenirs religieux et historiques qu'elle rappelle que par les paysages magnifiques, les points de vue délicieux qu'on y rencontre à chaque pas. Il visite et admire successivement Agrigente, Syracuse, Palerme, Monréal.

A propos de cette dernière cité, qu'on permette à un Normand fier de la province qui l'a vu naître, de rapporter une remarque d'Ozanam. « C'est là — à Monréal — qu'on peut concevoir l'éclat chevaleresque et la foi religieuse des Normands qui reconquirent ces contrées... »

Revenu à Paris, il continue son cours, auquel assiste un public nombreux et bien disposé. Un excellent juge en une telle matière, Ampère écrivait : « Ozanam prépare ses leçons comme un bénédictin et il les prononce comme un orateur. »

Quoiqu'il soit entouré d'une famille tendrement chérie, d'amis dévoués, le cœur de Frédéric est trop noble pour connaître l'oubli ; ses nouvelles et bien précieuses affections ne lui font pas perdre le souvenir des êtres que la mort lui a ravis. La pensée de sa sainte mère surtout lui est, en quelque sorte, toujours présente ; nous en avons la preuve dans ces paroles qu'il adresse à un parent qui, lui aussi, venait de perdre sa mère.

« ... Après deux années, il y a des instants de tressaillements subit comme si ma mère était là à mes côtés ; il y a surtout, lorsque j'en ai le plus besoin, des heures de maternel et filial entretien, et alors je pleure plus peut-être que dans les premiers mois... Quelquefois, si je prie, je crois écouter sa prière qui accompagne la mienne, comme nous faisions ensemble le soir au pied du Crucifix. Enfin souvent, je ne le dirais à personne qu'à toi, lorsque j'ai le bonheur de communier, lorsque le Sauveur vient me visiter, il me semble qu'elle le suit dans mon misérable cœur... et alors j'ai une ferme croyance de la présence réelle de ma mère auprès de moi... »

Plusieurs professeurs du collège de France — 1843 — avaient attaqué publiquement le catholicisme, et s'étaient efforcés d'en saper les bases, en dénigrant ses plus saintes institution, Ozanam, dans trois leçons magistrales : *la papauté, les moines, l'obéissance*, expose et magnifie les vérités que **MM.** Michelet et Quinet avaient essayé de renverser, et cela devant un auditoire nombreux qui écoute avec recueillement et sans aucune protestation, quoique la veille il eût peut-être applaudi le contraire.

Cette année-là eut lieu la mémorable campagne de **M.** de Montalembert et de ses amis, en faveur de la liberté d'enseignement. En sa qualité de membre de l'Université, Frédéric Ozanam se trouvait placé dans une situation délicate et périlleuse ; il était trop loyal pour se séparer, même par la pensée, des catholiques dont il partageait les convictions, d'un autre côté, trop honnête pour trahir le corps auquel il appartenait. Dans cette sorte d'impasse, il sut, par sa conduite pleine de franchise, tout concilier et garder l'estime des deux camps. Le Père Lacordaire a écrit quelque part : « J'admire la grande habileté des conduites sincères. » Cette parole nous explique comment l'éminent professeur se tira, sans encombre, d'une position difficile.

L'année suivante, ses frères viennent habiter près de lui; ils ont amené avec eux la vieille bonne qui les a tous élevés et qui, depuis l'âge de douze ans, est au service de la famille. Marie Cruziat, connue sous le nom de *Guigui*, réalisait complètement le type aujourd'hui presque introuvable, de la domestique d'autrefois, fidèle et dévouée. Il ne se concluait rien d'important sans qu'elle fût appelée à donner son avis : il est juste d'ajouter qu'elle n'attendait pas toujours qu'on le lui demandât. Cette brave fille eut la consolation de voir la quatrième génération de la famille qu'elle avait si bien servie; entourée de soins et d'affection, elle s'éteignit à l'âge de quatre-vingt-six ans. Il y avait longtemps déjà que sa seule occupation était de réciter des chapelets pour l'âme de ses maîtres défunts ou pour obtenir quelques grâces à ceux qui restaient : Frédéric s'était souvent recommandé aux prières de la bonne *Guigui*.

Vers le milieu de cette année — 1844 — M. Fauriel, demeuré titulaire de la chaire qu'Ozanam occupait seulement comme suppléant, vint à mourir subitement. Cet événement était gros de menaces et d'espérances, pour le jeune professeur ; il n'ignorait pas que, parmi les membres de l'Institut, un certain nombre désirait son renvoi, d'autre part, il avait à cette chaire, des droits indéniables. Après bien des alternatives de crainte et d'espoir, il reçut au mois d'octobre, sa nomination définitive. En communiquant cette heureuse nouvelle à J.-J. Ampère, son protecteur et son ami, il ajoute :

« ... Il est presque humiliant d'être si ému d'un avantage temporel : mais dans le premier moment, cette fin mise à tant de craintes et de sollicitudes, cette sécurité naissante, ce sentiment de paix nous a touchés, Amélie et moi, plus que je n'ose le dire... Je savais bien, et Dieu nous en avait fait faire assez l'expérience, qu'on avait besoin de ses amis dans la tristesse, mais nous ne savions pas qu'on en eût tant de besoin dans le bonheur... »

Peu après — il y a parfois des séries de joies — Marie Ozanam vint au monde, et sa naissance ouvrit aux deux époux de nouveaux horizons de félicité. L'un et l'autre étaient trop chrétiens pour l'aimer d'une façon idolâtre, et afin de mieux élever la chère petite créature que Dieu leur confie, ils veulent travailler plus que jamais à leur propre perfectionnement « ... Nous commencerons son éducation de bonne heure, en même temps que ce petit ange recommencera la nôtre, car je m'aperçois que le Ciel nous l'envoie pour nous apprendre beaucoup et pour nous rendre meilleurs. Je ne puis voir cette douce figure, toute pleine d'innocence et de pureté, sans y trouver l'empreinte sacrée du Créateur, moins effacée qu'en nous. Je ne puis songer à cette âme impérissable dont j'aurai à rendre compte, sans que je me sente plus pénétré de mon devoir. Comment pourrais-je lui donner des leçons, si je ne les pratique? Dieu pouvait-il prendre un moyen plus aimable de m'instruire, de me corriger, et de me mettre dans le chemin du Ciel?... »

Il est temps de parler un peu d'Ozanam, au physique ; sous ce rapport il avait été beaucoup moins favorisé qu'au moral : il était d'une taille médiocre, et il avait dans son attitude et dans ses mouvements, quelque chose d'embarrassé, de gauche, qu'augmentait encore une myopie très accentuée; des traits irréguliers, un teint sans fraîcheur, une chevelure longue et souvent en désordre, une mise négligée composaient un ensemble peu attrayant. Toutefois ce visage incorrect révélait une bonté intelligente et le sourire, une grande finesse. Pour ceux qui connaissaient Ozanam, la beauté de son âme transparaissait sous l'enveloppe peu gracieuse, et sa laideur leur semblait aimable, presque charmante.

Au mois de mai 1846, Ozanam est nommé chevalier de la Légion d'honneur ; chacun applaudit à cette distinction si bien méritée ; celui qui la reçoit veut s'en montrer de plus en plus digne. Le zèle qu'il apporte au travail, l'ardeur qu'il dépense dans l'accomplissement de ses devoirs altère sa délicate organisation, mais la maladie seule peut le contraindre au repos. Une fièvre pernicieuse d'un caractère assez grave fait craindre pour ses jours et le met aux portes du tombeau. Grâce aux soins intelligents qui lui sont prodigués, il ne tarde pas à entrer en convalescence, mais les médecins appelés lui interdisent tout effort intellectuel pendant quelque temps et conseillent des voyages. En conséquence, il passe une partie de l'année 1847, en Italie, et il peut ainsi revoir d'une manière plus complète, les merveilles que déjà plusieurs fois il a admirées ; il a près de lui sa chère compagne, sa petite fille, et il jouit sans arrière-pensée des beautés qui s'offrent à sa vue. M. et Mme Ozanam restent plusieurs mois dans la Ville-Éternelle ; ils ont le bonheur de communier de la main de l'auguste Pie IX, qui commençait alors son long et glorieux pontificat. Nous laissons au voyageur le soin de raconter cette belle cérémonie, qui met si bien en relief une des vertus distinctives de ce grand pape : la bonté.

« Samedi 13 février, nous savions que le pape dirait la messe à Saint-Apollinaire qui est l'église du séminaire de Rome, et que peut-être il y donnerait la communion aux laïques. Nous nous étions préparés, et le matin, à sept heures et demie, nous entrions à Saint-Apollinaire. Autour de l'église étaient suspendus des festons de verdure et la terre était jonchée de fleurs. Les élèves du séminaire, au nombre d'une centaine, rangés sous la porte, attendaient en silence, mais le visage rayonnant de plaisir. A huit heures un quart, les cloches ont sonné, et le pape est entré avec un cortège peu nombreux : quelques officiers de sa chambre, quelques prêtres et six gardes nobles qui se sont tenus debout, l'épée nue à la main, à l'entrée du chœur. Le pape a dit une messe basse, assisté seulement de quatre prêtres, lentement et avec une grande piété ; au moment de la communion tous les élèves sont allés deux à deux, recevoir la sainte Eucharistie, des mains du Saint-Père... Jusqu'ici tout était édifiant, mais ce qui est devenu sublime, c'est quand le pape, en finissant de donner la communion aux ecclésiastiques, a exprimé le désir de la donner au peuple. Alors les gardes se sont écartés, et on a vu le souverain Pontife descendre de l'autel, tenant le saint Sacrement dans ses mains ; en même temps, un mouvement s'est fait dans la foule pour aller au-devant de lui, et se jeter à la sainte table. Les marches étaient couvertes de deux rangs de fidèles, serrés, émus jusqu'aux larmes. Point de distinction. Il y avait là la reine douairière de Saxe, de pauvres italiennes, des femmes, des hommes de différentes nations, et mon Amélie et moi dans cette foule, à côté l'un de l'autre, comme nous l'avons toujours été dans le bonheur comme dans le malheur, comme nous espérons l'être jusqu'au bout de la vie et même après la mort... Le cortège s'est rapproché de nous ; j'ai vu cette admirable figure de Pie IX tout éclairée par les flambeaux, tout émue par la sainteté du moment, plus noble, plus douce que jamais. J'ai baisé son anneau, l'anneau du pêcheur qui, depuis dix-huit siècles, a scellé tant d'actes immortels. Puis j'ai tâché de ne plus rien voir, de tout oublier pour ne plus songer qu'à celui qui est notre maître à tous, et devant qui les Pontifes ne sont que poussière. »

Les deux époux reçoivent de Pie IX, la même faveur qui leur avait été octroyée par Grégoire XVI : une audience particulière. Marie Ozanam, alors âgée de dix-huit mois, a l'insigne honneur d'être caressée et bénie par l'auguste main qui bénit l'Univers.

Après Rome, la cité qui a le don de parler au cœur de Frédéric, c'est Assise, avec la mémoire de ses glorieux enfants : *Saint-François* et *Sainte-Claire*. L'église de Sainte-Claire et le *sagro convento* le charment par l'harmonie de l'architecture qui répond si bien au caractère particulier de la sainteté qu'on a voulu honorer. « ... C'est bien, écrit-il, le caractère primitif de l'ordre de Saint-François : c'est pauvre et beau. »

En quittant l'Italie, nos voyageurs parcourent une partie de la Suisse ; ils n'ont garde d'oublier Einsielden, où ils s'unissent aux prières des pèlerins qui, chaque année, abondent en ce lieu. Enfin, ils s'arrêtent à Echallens ; c'est dans cette petite bourgade que la mère de Frédéric fit sa première communion, quand la tourmente révolutionnaire força ses parents de quitter Lyon. Avec un pieux attendrissement, le fils s'agenouille dans l'humble église ; il pense à celle qui est perdue pour lui ici-bas, mais qui, là-haut, l'attend pour l'éternité.

Durant les années que nous venons d'esquisser si rapidement, Ozanam, tout en préparant son cours avec un soin tout particulier, a fait paraître plusieurs ouvrages importants : *Les Germains avant le Christianisme ; La civilisation chrétienne chez les Francs.* Dans le premier de ces ouvrages, il combat avec autant de force que de talent, l'opinion de certains historiens qui veulent voir le point culminant de la civilisation des Germains, avant leur conversion. Il démontre, au contraire, que la religion chrétienne, tout en conservant à ces peuples incultes leurs qualités natives, débarrassa leurs mœurs et leurs coutumes, de mille superstitions grossières et, en même temps, ouvrit leurs intelligences et purifia leurs cœurs.

Dans le second ouvrage, il fait ressortir l'influence bienfaisante que le christianisme exerça sur nos pères, par une foule d'exemples puisés dans les anciennes chroniques. Il prouve que là où l'autorité royale même échouait, les ministres de la religion étaient écoutés, et qu'aucun abus n'a été détruit, aucune franchise accordée que par l'initiative de l'Église, dans la personne de ses représentants.

Au mois de septembre 1850, nous le retrouvons en Bretagne, où les médecins l'ont envoyé respirer les âcres senteurs de l'Océan. Tout ce qu'il voit le ravit, la foi naïve et profonde du peuple breton le touche singulièrement ; il la compare au peuple italien, mais l'avantage reste à nos compatriotes : s'ils ont moins de grâce, ils ont plus de vertu. Avec la passion d'un savant, il visite les monuments druidiques qui couvrent le sol armoricain ; les *menhir*, les *cromlech*, etc. ; en passant, il recueille les traditions des temps anciens, les légendes qu'on raconte aux veillées ; il se délasse en assistant aux pardons, aux luttes ; il s'édifie en s'unissant aux pélerinages, qui sont si fréquents dans la catholique Bretagne : *Sainte-Anne-d'Auray, Notre-Dame-de-Folgoat.* Après ces divers plaisirs, il rentre au manoir de Kerbertrand, où il trouve dans la famille de M. de la Villemarqué, l'hospitalité la plus courtoise. C'est de là qu'il envoie à J.-J. Ampère, que ses hôtes attendaient et qui, emporté par sa passion voyageuse, était parti pour l'Allemagne, la burlesque épître dont nous détachons la première strophe. Ce fragment, si court soit-il, suffit pour donner une idée de la souplesse merveilleuse de l'esprit d'Ozanam, qui savait, pour plaire à ses amis, descendre des hauteurs philosophiques et religieuses, à un gai badinage :

> La respectable compagnie
> Pour se réjouir réunie
> Sous les arbres de Kerbertrand,
> A Monsieur Jean-Jacques Ampère,

Voyageant par mer et par terre
Et véritable Juif errant :
Salut et paix à votre course,
Toujours cinq sous dans votre bourse,
Et prompt retour au pays franc !

L'année suivante, Ozanam met en ordre les notes qu'il a recueillies, lors de son dernier séjour en Italie, il en compose un livre : *Les Poètes franciscains*. Après les *Fioretti*, dont il contient quelques fragments, nous ne savons rien de plus intéressant sur les frères Mineurs, que cet ouvrage. Il nous fait connaître un poète, précurseur du Dante qui, dans son rude langage, ne manque pas de noblesse ni même d'une certaine grâce un peu sauvage : c'est *Jacapone di Todi*. Outre ses poésies, ses cantiques en langue vulgaire, c'est-à-dire en italien, *Jacapone* a composé diverses séquences ou hymnes en latin : c'est à lui que l'on doit l'admirable prose à la Vierge : *Le Stabat Mater*.

A propos d'une mort survenue dans sa famille, Ozanam écrit une lettre des plus touchantes qui montre bien que chez lui, le cœur était au niveau de l'intelligence, si même il ne la dépassait pas.

« ... Je sais par expérience quel brisement se fait en nos entrailles quand nous perdons un père. Voici quatorze ans que la blessure saigne chez moi, elle s'est adoucie, mais elle ne s'est jamais cicatrisée... Il me semble que je vois se reformer dans un monde meilleur, cette société de personnes respectables et chères qui m'entourèrent à l'entrée de la vie et qui m'attendent à la fin. Je m'habitue à m'entretenir avec elles ; par elles mes pensées s'élèvent plus facilement vers ces régions invisibles où Dieu réside. Si Dieu y résidait seul, nous pourrions trop l'oublier, mais en appelant ainsi l'un après l'autre ceux que nous aimons le mieux, il nous force bien de prendre avec eux le chemin du Ciel. Bénies soient nos saintes mères, qui les premières nous ont enseigné ce chemin ! Quand tout petits, elles nous apprenaient à croire, à espérer, à aimer, elles posaient, sans y penser, les degrés par où nous remontons jusqu'à elles, maintenant que nous les avons perdues. Heureux ceux qui savent vivre avec les morts ! c'est souvent le meilleur moyen de remplir ses devoirs avec les vivants... »

Quel admirable langage! et comme l'on sent que l'écrivain dont nous nous occupons, avait l'habitude du *Sursum corda !*

Vers cette époque — 1851 — on parlait beaucoup de l'exposition universelle qui allait s'ouvrir à Londres ; on n'était point encore blasé à l'endroit de ces bazars immenses. M. et M⁰ᵉ Ozanam s'y rendent, en compagnie de Jean-Jacques Ampère. Ozanam n'est que médiocrement charmé.

« ... Pour moi, lisons-nous dans une lettre à son frère, après avoir vu cet abrégé de la puissance humaine au bout de soixante siècles, tout à l'heure, je me disais : Quoi! l'homme ne peut rien de plus ! Le dernier effort de son génie sera de croiser l'or sur la soie, de mêler des feuilles d'émeraude à des fleurs de diamant! Et au sortir, je me réjouissais de voir les gazons verts du parc, les groupes des grands arbres, les moutons qui paissaient au-dessous, et tout ce que l'industrie n'avait pas fait... »

La misère de Londres, rendue plus saillante encore par le contraste du luxe et du confort anglais, excite l'indignation de notre compatriote. Cette plaie hideuse lui voile toutes les magnificences qu'il rencontre. Son cœur de catholique souffre également lorsqu'il visite Westminster, qu'il voit les tombeaux des rois que l'Église a mis au nombre des saints, mutilés, dévastés par le vandalisme protestant.

Laissons maintenant la parole au Père Lacordaire : « Un jour qu'Ozanam parcourait Westminster, mêlé à une foule d'étrangers et d'inconnus, il arriva derrière le chœur, en face du tombeau de saint Édouard. La vue de ce monument profané par le protestantisme le saisit de douleur, et, tombant à genoux devant les reliques telles quelles du saint Louis de l'Angleterre, il pria seul en expiation de tout ce peuple qui ne connaît plus de saints, et au mépris de l'assistance, qui le prit sans doute pour un idolâtre, sinon pour un fou. »

Comment ce chrétien si convaincu savait-il parler à ceux qu'il aimait, lorsqu'il s'agissait de l'intérêt de leur âme? C'est ce que nous allons voir dans le passage suivant, extrait d'une lettre à Jean-Jacques Ampère. Outre le zèle et l'ardeur de la foi, nous pourrons y admirer un tact et une délicatesse extrêmes.

«… Cher ami, vous vous engagez dans de longues fatigues qui ne sont pas sans péril pour une santé si cruellement éprouvée. Souffrez donc mes inquiétudes. Vous cherchiez, disiez-vous, à vous créer de nouveaux intérêts, et avec ce rare esprit que Dieu vous a donné, vous remuez toutes les études, et maintenant vous faites le tour du monde pour trouver des nouveautés qui vous attachent. Et cependant, il y a un intérêt souverain, un bien capable d'attacher et de satisfaire votre excellent cœur ; et je crains, cher ami, que vous n'y songiez pas assez. Vous êtes chrétien par les entrailles, par le sang de votre incomparable père, vous remplissez tous les devoirs du christianisme envers les hommes, mais ne faut-il pas les remplir envers Dieu? Ne faut-il pas le servir ? Vivre dans un étroit commerce avec lui? Ne trouveriez-vous pas dans ce service des consolations infinies ? N'y trouveriez-vous pas la sécurité de l'éternité? Vous m'avez plus d'une fois laissé pressentir que ces pensées n'étaient pas éloignées de votre cœur. L'étude vous a fait connaître tant de grands chrétiens; vous avez vu autour de vous tant d'hommes éminents finir chrétiennement leur vie. Ces exemples vous sollicitent, mais les difficultés de la foi vous arrêtent... Laissez-moi vous le dire: il n'y a que la philosophie et la religion. La philosophie a des clartés, elle a connu Dieu, mais elle ne l'aime pas, mais elle n'a jamais fait couler une de ces larmes d'amour qu'un catholique trouve dans la communion, et dont l'incomparable douceur vaudrait à elle seule le sacrifice de toute la vie. Si, moi, faible et mauvais, je connais cette douceur, que serait-ce de vous dont le caractère est si élevé et le cœur si bon! Vous trouveriez là l'évidence intérieure devant laquelle s'évanouissent tous les doutes. La Foi est un acte de vertu, par conséquent un acte de volonté. Il faut vouloir un jour; il faut donner son âme, et alors Dieu donne la plénitude de la lumière... »

Dans une autre circonstance, alors qu'il est à peine convalescent d'une grave maladie, qu'une fièvre ardente porte encore le feu dans ses veines, Ozanam n'hésite pas à prendre la plume et à écrire longuement à un ancien condisciple pour essayer de l'arracher au doute. Il ne prend nul souci de la fatigue qu'il ressent, des suites dangereuses qu'une trop grande tension d'esprit peut avoir

sur son organisation affaiblie : ne s'agit-il pas du salut d'une âme?
C'est la même conviction ardente et profonde, les mêmes accents
émus que dans la précédente.

« ... Je suis bien plus profondément convaincu par les preuves
intérieures du christianisme, j'appelle ainsi cette expérience de
chaque jour qui me fait trouver dans la foi de mon enfance, toute la
force et la lumière de mon âge mûr, toute la sanctification de mes
joies domestiques, toute la consolation de mes peines. Quand toute
la terre aurait abjuré le Christ, il y a dans l'inexprimable douceur
d'une communion, et dans les larmes qu'elle fait répandre, une
puissance de conviction qui me ferait encore embrasser la Croix et
défier l'incrédulité de toute la terre... Ah! mon ami, ne nous
perdons point dans des discussions infinies. Nous n'avons pas deux
vies, l'une pour chercher la vérité, l'autre, pour la pratiquer. C'est
pourquoi le Christ ne se fait pas chercher. Il se montre tout vivant
dans cette société chrétienne qui vous environne, il est devant vous,
il vous presse... Je crois à la vérité du christianisme, donc s'il y a
des objections je crois qu'elles se résoudront tôt ou tard ; je crois
même que quelques-unes ne se résoudront jamais, parce que le
christianisme traite des rapports du fini avec l'infini, et que jamais
nous ne comprendrons l'infini... »

Il sent que sa santé est à jamais perdue, et il essaie de pré-
munir les autres contre les excès de travail auxquels il s'est livré.
Il gronde doucement le jeune Lavigerie, le futur cardinal, alors
simple étudiant, de travailler le soir et il ajoute, avec une pointe
de tristesse : « Ne vous usez pas avant le temps, vous le regretteriez
ensuite inutilement, quand vous ne pourriez plus rien faire pour
Dieu et pour l'Église. Ne faites pas comme moi : j'en suis là
aujourd'hui. »

Aussitôt que les forces du convalescent le permettent, il part
faire une saison aux Eaux-Bonnes. Là, il se rencontre avec
M. Henry Perreyve, qui n'était pas encore dans les ordres ; ils
s'étaient un peu connus autrefois, ils se rapprochèrent et, en dépit
de la différence d'âge, une douce et sainte intimité s'établit entre
eux. Laissons à l'abbé Perreyve le soin de nous parler de son séjour
dans les Pyrénées, et des excursions qu'il fit avec Ozanam.

« Quand le ciel était pur, nous partions de bonne heure, nous nous acheminions vers une des riantes promenades qui entourent les Eaux-Bonnes, et dont le souvenir s'embellit par celui de sa chère compagnie. C'était souvent la promenade horizontale. Là, nous allions chercher le calme du soir ; nous la quittions quand, le soleil abandonnant les cimes empourprées du pic du Gers, laissait monter vers nous les fraîches vapeurs de la vallée de Laruns. Lorsque, au détour, nous apercevions les toits des Eaux-Bonnes, il était nuit, les montagnes se découpaient en arêtes vives et sombres, par un ciel encore clair, la lune, se dégageant des sapins des hautes roches, s'élevait silencieuse, et les souffles du vent, réguliers comme la respiration d'un enfant qui s'endort, inclinaient doucement les buis. A cette heure, en ce bel endroit, nos âmes montaient naturellement vers Dieu ; nous causions encore, mais de longs intervalles de silence nous avertissaient que c'était plutôt l'heure de prier, profonde prière, non articulée par des mots, et qui consiste seulement à se taire devant Dieu. O Seigneur ! ô mon Maître, je vous remercie de m'avoir donné ces heures !.. »

Bien qu'il soit parvenu à la maturité de l'âge, que la souffrance et le travail pèsent lourdement sur lui, Ozanam a toujours, comme aux belles heures de sa jeunesse, un sentiment vif et profond des beautés de la nature ; dans ce cœur pur, les impressions ont conservé leur fraîcheur printanière.

« ... Dans ce pays-ci, écrit-il, où l'homme a peu fait, je ne vois plus que les œuvres de Dieu, et je le dis maintenant avec toute l'ardeur de la foi : Dieu n'est pas seulement le grand géomètre, le grand législateur, c'est aussi le grand artiste. Dieu est l'auteur de toute poésie, il l'a répandue à flots dans la création, et s'il a voulu que le monde fût bon, il l'a aussi voulu beau. Autrement, pourquoi ces belles cimes des Pyrénées portent-elles avec tant d'essor leurs pics de granit rose jusqu'au ciel ? Pourquoi s'échappent de leurs flancs des cascades si bondissantes, des torrents si bruyants et si purs ? Oui, il y a comme un sentiment de pureté morale sur ces hauteurs que le pied de l'homme souille rarement, au bord de ces eaux qui ne désaltèrent que le chamois, au milieu de ces fleurs qui ne s'ouvrent que pour parfumer la solitude du Seigneur... »

Il séjourne un peu à Bayonne, et il y constate avec joie, l'état florissant de la conférence de Saint-Vincent-de-Paul. Dans cette ville demi espagnole, où la plupart des enseignes sont du castillan le plus pur, le moyen pour cet esprit chercheur et curieux, de ne pas souhaiter ardemment fouler aux pieds, le sol de l'antique Ibérie ; une seule chose peut mettre obstacle à ce désir, c'est l'état si précaire de sa santé délabrée. Enfin, on lui permet d'aller jusqu'à Burgos. La vieille cité espagnole a le don de le passionner, et de ranimer toutes ses facultés d'historien et de penseur. La cathédrale, qu'il visite avec la piété d'un saint et l'attention d'un antiquaire, lui cause des ravissements inexprimables ; dans son admiration, il s'écrie :

« ... Ah ! sainte Vierge, ma Mère, que vous êtes une puissante Dame ! et en retour de votre pauvre maison de Nazareth, que votre divin Fils vous a fait bâtir d'admirables maisons ! Je vous en connaissais de bien belles, depuis Notre-Dame de Cologne jusqu'à Sainte-Marie-Majeure, et de Sainte-Marie de Florence jusqu'à Notre-Dame de Chartres. Mais c'était peu de mettre à votre service, les Italiens, les Allemands et les Français, voici que les Espagnols, qui passent pour les plus mauvais ouvriers de la terre, quittent leurs épées et se font maçons, afin que vous ayez aussi une demeure parmi eux... »

Au début de l'hiver, sa santé, sans être florissante, n'inspire pas de nouvelles inquiétudes ; après son escapade d'Espagne, il tente plusieurs petites excursions, entre autres un pèlerinage à Notre-Dame-de-Buglosse, chapelle érigée près du lieu qui vit naître saint Vincent de Paul. M. et Mme Ozanam ont le bonheur de faire la sainte communion dans ce lieu vénéré ; ils contemplent avec respect le chêne séculaire qui abrita, dit-on, le saint, lorsque petit enfant, il gardait les moutons de son père. Le curé fit couper une branche de l'arbre légendaire, et Ozanam s'empressa de la faire parvenir au conseil général de l'Œuvre.

Enfin, au commencement de 1853, de cette année dont il ne devait pas voir la fin, Frédéric reprend le chemin de l'Italie, de ce pays, lieu de sa naissance, et objet de ses prédilections. Il revoit avec bonheur, Pise et sa magnifique cathédrale.

« ... Je l'ai toujours retrouvée aussi belle, écrit-il, cette basilique, une des premières admirations de mon enfance. Je l'aime encore passionnément, même après Amiens et Chartres, même après Burgos... »

Le ministre de l'Instruction publique, M. Fortoul, un de ses anciens condisciples, lui a donné une mission scientifique, afin de l'occuper un peu et de l'indemniser, dans une certaine mesure, des frais toujours si lourds, d'un voyage à l'étranger. La bibliothèque de Pise et les nombreuses richesses qu'elle renferme, est mise à sa disposition avec la plus aimable courtoisie; chaque jour, il y passe de longues heures, à faire des recherches et à prendre des notes. Une pluie fine et pénétrante tombe sans relâche, durant plusieurs mois, laissant à peine au soleil le temps de percer les nuages. Cette température est on ne peut plus contraire à Ozanam, et l'empêche de prendre l'exercice dont il a besoin, et qui lui a été si fort recommandé.

Ainsi que la plupart des malades, il a des alternatives d'espoir et de découragement; mais ce qui ne varie pas, c'est sa soumission pleine et entière au bon vouloir divin. Citons à l'appui, plusieurs passages des lettres ou des méditations écrites à cette époque.

« ... Dieu seul, sollicité par les prières de mes amis, peut montrer ce qu'il veut faire de moi. Sans doute, il a voulu me sauver et m'accorder quelques jours de plus, pour devenir meilleur : qu'il en soit béni ! Mais son dessein est-il de me rendre la santé ou de me faire expier mes péchés par de longues souffrances ? Qu'il en soit encore béni ! Alors qu'il me donne le courage, qu'il m'envoie la douleur qui purifie, et s'il faut porter une croix, que ce soit celle du bon larron ! »

« ... Je sais que mon mal est grave, mais non désespéré, qu'il faudra beaucoup de temps pour guérir, et que je puis ne pas guérir; mais je m'efforce de m'abandonner avec amour à la volonté de Dieu, et je dis, malheureusement de bouche bien plus que de cœur : Je veux ce que vous voulez, comme vous le voulez, et parce que vous le voulez... »

« ... Durant les trois dernières semaines du carême, je pensais sérieusement à me préparer aux derniers sacrifices. Il en coûtait beaucoup à la nature, cependant il me semblait, que Dieu aidant, je commençais à me détacher de tout, hormis de ceux qui m'aiment, et que je puis aimer ailleurs qu'ici-bas... »

« ... Je viens si vous m'appelez, Seigneur, et je n'ai pas le droit de me plaindre. Que les miens ne se scandalisent point, si vous ne voulez pas faire aujourd'hui un miracle pour me guérir. Peut-être, Seigneur, vous les exaucerez d'une autre manière. Vous me donnerez le courage, la résignation, la paix de l'âme, et ces consolations inexprimables qui accompagnent votre présence réelle. Vous me ferez trouver dans la maladie, une source de mérites et de bénédictions, et ces bénédictions, vous les ferez retomber sur ma femme, sur mon enfant, sur tous les miens, à qui mes travaux auraient peut-être moins servi que mes souffrances... »

Cette dernière pensée n'est-elle pas empreinte d'une foi sublime !

Son ouvrage : *Les Poètes franciscains*, outre l'accueil flatteur qu'il reçoit en France, lui vaut, en Italie, des distinctions et des honneurs de tout genre : il est nommé membre de la célèbre Académie de la *Crusca ;* le cardinal Maï, qui a goûté beaucoup la vie de *Jacapone*, lui fait adresser les plus aimables félicitations, enfin le général des Frères Prêcheurs, lui envoie, avec ses remerciements, le diplôme de bienfaiteur de la grande famille franciscaine, diplôme qui lui donne une part spéciale dans les mérites et les prières des Frères Mineurs.

« Me voilà donc, écrit-il à Jean-Jacques Ampère, affilié comme notre ami Dante, à cet Ordre, dont il prit l'habit en mourant, et qui protège ses restes. »

Loin de permettre à Ozanam de rentrer en France, ainsi qu'il l'espérait un peu, les médecins l'envoient à Antignano, joli petit endroit où toute la société de Florence, de Libourne, etc., se rend en villégiature, pendant les mois de juillet et d'août. C'est là qu'il écrit le récit de son excursion en Espagne, sous le titre de *Un pèlerinage au pays du Cid*. Ce travail littéraire, qui fut son dernier, est un petit chef-d'œuvre.

La faiblesse qui allait croissant de jour en jour, l'enflure des jambes, d'autres symptômes alarmants ne laissèrent bientôt plus aucun espoir de guérison ; le malade ne se faisait plus illusion, il sentait que la crise suprême était proche. Le jour de l'Assomption, il voulut, malgré toutes les représentations, se rendre à l'église, et il refusa la voiture qu'on lui proposait. « C'est ma dernière promenade en ce monde, dit-il, qu'elle soit du moins pour aller à la maison du bon Dieu. »

Par une étrange coïncidence, le vieux curé d'Antignano était mourant lui-même ; il célébra cependant les saints mystères ; pour la dernière fois il offrait l'adorable Victime, et pour la dernière fois, Ozanam assistait au divin sacrifice...

En quittant la maison qu'il occupait à Antignano, Frédéric s'arrêta un instant sur le seuil, puis se découvrant : « Mon Dieu ! s'écria-t-il avec attendrissement, je vous remercie des souffrances et des afflictions que vous m'avez envoyées dans cette demeure, acceptez-les en expiation de mes péchés. » Il se retourna vers sa chère compagne : « Toi aussi, je veux que tu bénisses Dieu de mes douleurs ! » Alors, se jetant dans ses bras : « Je le bénis également, ajouta-t-il d'un accent pénétré, des consolations qu'Il m'a données ! »

Quand le vaisseau qui l'emportait lui permit d'apercevoir les côtes de la Provence, il en ressentit une vive émotion : il aurait au moins la joie de mourir sur la terre française...

Le prêtre qui l'assistait l'ayant engagé à se confier en Dieu, il répliqua vivement : « Pourquoi le craindrais-je? Je l'aime tant !... »

Le 8 septembre 1853, au soir de la Nativité de la sainte Vierge, ce dévot serviteur de Marie naissait aux joies éternelles...

Cette mort prématurée fut vivement sentie : la religion et les lettres faisaient une perte immense. Le Père Lacordaire et J.-J. Ampère employèrent l'un et l'autre leur beau talent, à glorifier celui qu'ils avaient beaucoup aimé : le premier insistant sur les vertus éminentes du chrétien, du catholique fervent qui s'était efforcé, par tous les moyens, de bien servir Dieu et l'Église ; le second parlant surtout de l'immense érudition, de la science de l'universitaire, de son éloquence ardente et colorée, quoique toujours pleine de clarté et de correction.

Dans une lettre de condoléance adressée par l'abbé Perreyve, à la veuve d'Ozanam, nous remarquons ce passage très significatif. « ... Les élans de nos cœurs suivront son âme où elle vit maintenant, aux pieds de Dieu. C'est là que nous le consulterons encore; c'est là que nous apprendrons les secrets d'une charité puissante et modeste, que nous irons lui demander les inspirations de cette science chrétienne qui cherche et qui aime Dieu jusqu'au martyre... »

Ce dernier mot est en effet d'une rigoureuse vérité : Ozanam mourut épuisé par le travail, par le labeur intellectuel où il mettait toute son âme, sans souci de ce qui pouvait en résulter pour son organisation frêle et nerveuse. D'ailleurs, cette perspective d'un trépas prématuré n'eût pas refroidi son héroïsme, il l'avait envisagé, peut-être rêvé plus d'une fois. Un jour, parlant dans un cercle catholique, en présence de nombreux jeunes gens, il s'écriait :

« ... Tous les jours, nos amis et nos frères se font tuer comme soldats ou comme missionnaires, sur la terre d'Afrique ou devant le palais des mandarins. Que faisons-nous, nous autres, pendant ce temps-là? Croyez-vous donc que Dieu ait donné aux uns, de mourir au service de la civilisation et de l'Église, aux autres la tâche de vivre les mains dans leurs poches ou de se coucher sur des roses ! Ah ! Messieurs, travailleurs de la science, gens de lettres chrétiens, montrons que nous ne sommes pas assez lâches pour croire à un partage qui serait une accusation contre Dieu qui l'aurait fait, et une ignominie pour nous qui l'accepterions. Préparons-nous à prouver que, nous aussi, nous avons nos champs de bataille où parfois on sait mourir. »

Constatons, en terminant, que l'influence bienfaisante d'une femme le suivit et l'accompagna dans chaque phase de sa vie. C'est d'abord une sœur aînée, Élisa, morte à dix-huit ans, qui fut sa première éducatrice, puis sa mère dont l'âme aussi tendre que forte, lui insuffla l'enthousiasme et les ardeurs de la foi; sa femme, véritable type de l'épouse selon le cœur de Dieu, intelligente et pieuse, aimante et dévouée. Ozanam les nomme quelque part « ses anges gardiens ». S'il eût vécu au milieu de femmes mondaines, frivoles, égoïstes, uniquement occupées de leurs plaisirs ou de leurs parures, ainsi qu'il s'en rencontre tant, hélas! il eût pu être un savant, un orateur, mais, sachons-le, il ne serait jamais devenu le grand chrétien que nous admirons.

LE GÉNÉRAL DE SONIS

J'avais toujours le Seigneur en vue, je le voyais
à ma droite, jusque dans les ombres de la
mort.

(Ps. XV.)

A tout instant, depuis un demi siècle, on entend cette
plainte : les caractères s'abaissent ; les volontés s'affai-
blissent ; l'homme s'amoindrit. Il ne nous appartient pas
de décider si ce jugement pessimiste est fondé ou entaché
d'exagération ; mais si, malheureusement, il était vrai, ce
serait dans l'armée, cette école de l'obéissance et du sacrifice, qu'il
faudrait chercher encore des âmes viriles, des hommes vraiment
dignes de ce nom, et ayant conservé comme un héritage qui ne
saurait périr, les grandes traditions de l'autorité, du devoir et du
dévouement.

Parmi ceux qui ont le plus honoré la carrière militaire, et qui
se sont montrés en quelque sorte, l'incarnation vivante des qualités
qu'elle réclame, des vertus qu'elle engendre, des immolations
qu'elle impose, il convient de citer le général de Sonis ; en
étudiant les diverses étapes de cette belle vie, nous verrons que
le sentiment religieux la vivifie, la transfigure et l'auréole d'un
éclat inimitable.

Le futur général naquit à la Pointe-à-Pitre, le 25 août 1825,
aussi reçut-il, outre le nom de Gaston, sous lequel il était connu, le
prénom de Louis, en l'honneur du grand roi dont l'Eglise célébrait

la fête. Celui qui plus tard devait être, lui aussi, un héros et un saint, avait dans ses veines, par son grand-père maternel, le sang chaud et généreux du Midi : M. de Bébian était d'origine toulousaine, et il se plaisait à rappeler qu'un de ses ancêtres avait été capitoul ; par son aïeul paternel, il était lorrain, de cette courageuse et forte race qui nous a donné Jeanne d'Arc. Ces divers éléments joints à l'ardeur, à la grâce particulière qui caractérise les créoles, devaient en faire une personnalité toute à part, et unir en lui des dispositions et des aptitudes qui, à l'ordinaire, semblent s'exclure.

Les premiers spectacles qui frappent nos yeux d'enfant ont également une certaine influence sur nos inclinations et notre caractère : l'île de la Guadeloupe, avec ses points de vue d'une incomparable beauté, ses paysages éclairés ou plutôt embrasés par le soleil des tropiques, eurent le don de passionner le petit Gaston, dès qu'il put se rendre compte de ce qui l'entourait. Il n'avait guère plus de cinq ans lorsqu'il fit avec son père, une courte excursion dans l'île ; afin d'échapper à la chaleur insupportable du jour, nos voyageurs étaient partis au milieu de la nuit ; ils s'embarquèrent sur une légère pirogue qui glissait rapidement sur les flots argentés. L'Océan était calme, étincelant de lueurs phosphorescentes ; sur leurs têtes des myriades d'étoiles brillaient d'un éclat que, nous, habitants des régions tempérées, nous ne soupçonnons même pas. L'enfant émerveillé de ce spectacle simple et grandiose, ne l'oublia jamais ; la pensée de Dieu inséparable, dans les cœurs purs, des beautés de la création, s'éveilla pour la première fois, en cette âme à peine éclose. Bien des siècles auparavant, le Prophète l'avait chanté : « Les cieux publient la gloire du Très-Haut. »

Parfois, dans une belle et commode litière traînée par des mules, le petit garçon parcourait les vertes campagnes ou les solitudes désolées de l'île natale ; sa mère et ses deux sœurs, l'une de quatre ans, l'autre de deux ans plus âgée que lui, étaient de ces voyages, qui avaient pour but une visite à des amis demeurant dans une autre partie de l'île.

Mme de Sonis avait été et était encore admirablement belle : une distinction parfaite, une tenue très soignée, et cette dernière qualité fait défaut à bon nombre de créoles, rehaussaient encore ses avantages extérieurs.

Après la révolution de 1830, des changements furent apportés dans l'administration des colonies, et le père de Gaston, qui était capitaine d'infanterie, résolut de retourner en France ; il emmenait avec lui la fille de sa femme, car cette dernière était veuve quand il l'avait épousée, et Gaston, dont il était temps de commencer sérieusement les études. Mme de Sonis, à cause de l'âge avancé de son père, ne devait rejoindre les siens que plus tard ; elle gardait près d'elle ses deux jeunes enfants. Cette séparation qui, suivant les prévisions humaines, durerait à peine quelques années, devait être éternelle.

A la fin de l'automne 1833, *le Colbert* entrait dans le port du Havre ; Gaston allait enfin connaître cette France, berceau de ses aïeux, que déjà il avait appris à aimer et à respecter. Le capitaine de Sonis obtint son admission au 2e dragons, en garnison à Paris ; sa mère, veuve depuis peu de temps, consentit à quitter les Vosges qu'elle habitait ; elle vint tenir la maison de l'officier et prendre soin des enfants. Deux ans à peu près s'écoulèrent assez paisiblement, puis arriva, sans que rien l'eût fait prévoir, la mort de Mme de Sonis, suivie bientôt de celle de son propre père, qui ne put lui survivre. Ce double trépas fut, en quelque sorte, un signal de dispersion. Joséphine de Lestortière, la sœur aînée, quitta la France pour retourner aux Antilles, Mme de Sonis mère reprit le chemin de Neufchâteau, et Gaston fut placé au collège Stanislas.

« J'entrai en septième, lisons-nous dans les notes du général, et j'ai conservé, de ce temps passé à Stanislas, un souvenir délicieux... L'instruction religieuse était l'objet de soins tout particuliers ; j'y pris un grand goût, et mes dispositions pour la piété ne tardèrent pas à se développer... »

Quoiqu'il n'eût que dix ans, on l'admit, à cause de son excellente conduite, à faire sa première communion. Ce grand acte de la vie chrétienne fut pour cette âme d'élite, admirablement préparée par des éducateurs vraiment dignes de ce nom, comme un coup de foudre spirituel dont le retentissement devait se prolonger jusqu'aux derniers jours de son existence.

« Délicieux souvenirs de ma première communion, écrivait-il plus tard, je ne vous ai jamais perdus ! Vous êtes un baume qui avez consolé les mauvais jours de ma vie. Vous vous représentez en foule à ma mémoire; et, à cette heure même, si je laissais courir ma plume, je remplirais bien des pages de tant de pieuses pensées qui oppressent mon cœur... »

En 1837, afin d'obéir à la volonté paternelle, Gaston quitta Stanislas pour Juilly. Dans ce nouvel établissement, il retrouvait les mêmes traditions de piété et d'honneur, la même discipline, douce et ferme à la fois, aussi ne fut-il pas longtemps à s'y plaire.

Faisons un peu le portrait de cet adolescent : il était grand, bien fait, un peu mince, comme on l'est à cet âge ; sa tournure, ses moindres mouvements avaient une distinction parfaite. Les traits du visage étaient fins, un peu trop délicats peut-être, quoique l'expression de la physionomie annonçât l'énergie et la volonté.

Le premier jour de son entrée à Juilly, un des vétérans pensa qu'il aurait bon marché de ce garçonnet à l'air délicat, et il se jeta sur lui, brutalement. L'issue du combat ne pouvait être douteuse, vu la disproportion des forces, quand un grand, aux poings vigoureux, se fit le champion du nouveau venu, et arrangea de telle sorte son adversaire, que celui-ci ne recommença jamais. Ce défenseur, il y a des noms prédestinés, était Louis de Sèze. A dater de ce moment, Gaston lui voua une amitié que rien ne devait altérer ; il était à l'âge où le cœur s'ouvre et se donne aisément, aussi, outre cet ami de la première heure, se lia-t-il intimement avec plusieurs de ses condisciples, entre autres avec Henry Lamy de Lachapelle ; nous retrouverons ce dernier plus d'une fois, au cours de cette étude.

Le jeune Sonis travaillait avec zèle ; il se maintenait à un bon rang, ce qui ne l'empêchait pas, dans les récréations, de déployer une vigueur et une adresse peu communes ; il était de première force dans tous les genres de sport, mais, pour l'équitation, personne ne pouvait lutter avec lui.

Un jour, le professeur donna comme devoir historique: *La mission de Jeanne d'Arc prouvée par ses victoires* ; ce sujet, qui permettait à Gaston de parler des deux amours de son cœur: Dieu

et la France, le séduisit, et il présenta une composition débordante
d'enthousiasme et d'ardeur juvénile. Malgré certaines négligences
de style, il fut troisième sur quarante concurrents, et eut les
honneurs d'une lecture publique.

En 1844, nous le retrouvons se préparant aux examens de
Saint-Cyr ; son père, promu récemment au grade de chef d'escadron,
était alors en garnison à Libourne : c'est là que le jeune homme le
rejoignit vers la fin de juillet ou le commencement d'août. Pendant
quelques semaines, heureux l'un et l'autre de se retrouver après
une longue séparation, le père et le fils jouirent avec ivresse de
cette réunion momentanée. En contemplant cet adolescent si beau,
si intelligent, qui lui témoignait une tendresse sans égale, M. de
Sonis, qui venait d'être gravement malade, se reprenait à la joie de
vivre : c'était le dernier éclair de bonheur, la consolation suprême
que Dieu lui ménageait ici-bas...

Au mois de septembre, le commandant partit avec son fils,
Théobald, qu'il reconduisait au prytanée de la Flèche : la mort le
guettait sur la route, il dut s'arrêter à Bordeaux, terrassé par une
hémorragie violente. Gaston et ses deux sœurs avertis aussitôt,
arrivèrent en toute hâte. Le malade les reconnut, mais ne put leur
parler. A la nuit tombante, un prêtre se présentait à l'hôtel et
demandait à voir le mourant ; Gaston, dont la foi ardente s'était un
peu obscurcie au contact du monde, ne voulait pas le laisser
entrer ; mais les jeunes filles accoururent et introduisirent le
ministre du Seigneur, sur le point de s'éloigner. M. de Sonis reçut
avec piété les derniers sacrements. Dans l'hôtel, on donnait un
grand festin ; les voix joyeuses des convives, leurs acclamations
bruyantes, formaient un saisissant contraste avec le silence angoissé
qui régnait dans la chambre de l'agonisant, et qu'interrompaient
seuls des soupirs et des sanglots étouffés.

Dans la nuit, le commandant expirait ; ses enfants restèrent
près de celui qu'ils avaient tant aimé et qui représentait leur
unique famille. Aux premières lueurs du jour, un prêtre frappait
à la porte de la chambre mortuaire, disant avec simplicité : J'ai
appris qu'un grand malheur venait de vous atteindre ; je suis
ministre de Jésus et je viens vous apporter ses divines consola-

tions... Il parla longtemps, il essayait de relever ces esprits abattus, ces cœurs brisés ; en écoutant sa parole empreinte de la charité la plus vive, de la compassion la plus touchante, l'âme de Gaston se dilatait ; de nouveau il se sentait chrétien : jamais, depuis cette heure mémorable, sa foi n'eut un instant de défaillance.

La mort prématurée du chef de famille allait, une fois encore, en disperser tous les membres ; Aline et Marie s'embarquèrent pour la Pointe-à-Pitre, Théobald reprit le chemin du prytanée et Gaston entra à Saint-Cyr. A cette époque — 1844 — l'esprit de l'école était, sinon hostile, au moins très indifférent à la religion, et le jeune homme souffrit beaucoup de cet état de choses. Il était obligé d'attendre les jours de sortie pour se confesser à la hâte, et, quand il le pouvait, pour faire la sainte communion...

Ses professeurs l'eurent vite remarqué et apprécié « élève d'élite » telle fut la note qu'ils lui décernèrent. Deux ans plus tard, le jeune Saint-Cyrien passait à l'école de Saumur ; lorsqu'il la quitta, il était un cavalier hors de pair.

Vers cette époque, il visita, en compagnie d'un ami, l'abbaye de Solesmes, et toute sa vie, il conserva le souvenir de ce pélerinage. L'expression de gravité précoce répandue sur son visage, sa tenue si modeste, si recueillie, les quelques paroles qu'il échangea avec les religieux, frappèrent vivement ces derniers ; l'un d'eux se permit même de lui dire, presque avec prière : « Pourquoi ne restez-vous pas avec nous ! »

C'est également à Saumur que, par suite de la camaraderie, il se laisse enrôler dans la franc-maçonnerie ; on lui a dépeint cette société comme une école de bienfaisance et de philantropie, où la religion est toujours respectée. Plus tard, dans un dîner maçonnique, le seul où il ait jamais assisté, il entend les convives jeter l'injure aux prêtres, aux catholiques, railler nos saints mystères, alors, saisi d'indignation, il s'écrie : « Messieurs, j'ai été trompé : on m'avait affirmé que, dans vos réunions, la religion n'était jamais attaquée, et vous venez de l'insulter grossièrement ! Je me trouve par ce fait, délié de mes engagements, je me retire et vous ne me reverrez plus parmi vous. »

Nommé sous-lieutenant au 5ᵉ hussards, il fut envoyé à Castres :

il y arriva dans la fin de l'été 1848. Pendant que l'avant-garde, dont il faisait partie, traversait les rues principales de la ville, un camarade de promotion l'entretenait de quelques familles bien posées et en particulier d'une jeune personne parfaitement élevée, fille d'un des notaires. Sur leur passage, les fenêtres étaient garnies de têtes curieuses qui regardaient défiler l'escadron ; tout est distraction dans les petits endroits. Soudain, l'ami fit remarquer à Gaston une jeune fille qui, elle aussi, ouvrait sa fenêtre : c'est elle, murmura-t-il. Un simple coup d'œil suffit au jeune officier pour qu'il donnât aussitôt son cœur, un cœur de vingt ans, ardent et pur ; il ne songea plus qu'aux moyens de retrouver cette jeune fille, qui lui paraissait si digne d'être aimée. Il la rencontra plusieurs fois dans le monde ; il put apprécier sa grâce modeste et ses qualités charmantes. Mlle Anaïs avait dix-sept ans à peine, la fortune était médiocre des deux côtés, il était permis aux parents d'hésiter. Enfin, se fiant à la Providence, ils se décidèrent à combler les vœux des deux jeunes gens, et le 18 avril 1849, Gaston prononçait à l'autel ce serment qui lie les âmes à jamais.

Le 5e hussards est bientôt envoyé en Bretagne, puis à Paris, c'est dans cette intervalle qu'il faut placer la naissance de Marie de Sonis ; en 1857 naquit Gaston. A la fin d'octobre de cette même année, le régiment prenait garnison à Limoges ; presque dans le même temps, Joséphine de Lestortière, la demi-sœur de M. de Sonis, et Marie, sa plus jeune sœur, entraient au Carmel. « Ce sont deux anges » écrivait-il.

A Limoges, le jeune lieutenant retrouve un ami de collège : Henry Lamy de Lachapelle, dont nous avons parlé plus haut ; celui-ci est marié également et les deux familles n'en forment bientôt plus qu'une seule. M. Lamy de Lachapelle est, lui aussi, un chrétien militant et convaincu ; c'est avec bonheur qu'il met son ami en relation avec les hommes de foi et d'œuvres que compte sa ville natale. M. de Sonis est promptement apprécié dans ce milieu choisi ; sa piété franche et sans ostentation, sa loyauté chevaleresque, son assiduité au travail, l'aménité de ses manières, lui attirent la sympathie de tous ceux qui l'approchent.

Encore qu'il ne partage pas les plaisirs faciles de ses

collègues, il n'en reste pas moins dans les meilleurs termes avec tous.

« ... Je ne parais au quartier, lisons-nous dans une lettre intime, que pour mon service, mais au café, jamais ou à peu près. Ce qui fait que l'on doit me trouver un être fort bizarre, quelque chose comme un jésuite, à ce que je suppose. Tel est, du moins, le nom qu'on donne à ceux qui aiment le bon Dieu et pensent un peu à lui... »

L'année qui suivit son installation à Limoges, est marquée par un grave accident, qui pouvait avoir des suites mortels. Un jour que l'officier était à l'hippodrome, exerçant sa jument qu'il voulait entraîner en vue des courses prochaines, la bête fait un brusque saut de côté qui lance le cavalier sur une barrière, celle-ci est brisée par la violence du choc et le lieutenant reste sans connaissance... Durant un long mois, il demeure entre la vie et la mort ; il souffre cruellement, mais avec une patience inaltérable et toujours uni à Dieu, le grand amour de son cœur. A dater de ce jour, sa piété ne fit que s'accroître : la mort, en l'effleurant, lui a sans doute révélé quelques-uns de ses secrets, mieux encore qu'auparavant, il voit l'inanité des choses créées et l'impossibilité où elles sont d'apaiser notre soif de félicité !...

Jésus présent dans l'Eucharistie inspire à M. de Sonis une dévotion toute particulière, et jamais il ne laisse passer une occasion de lui rendre un hommage public. Il se plaît, quand ses occupations lui en laissent le loisir, à entrer dans une église, faire une visite au saint Sacrement. C'est là, sans doute, près de Jésus-Hostie qu'il conçut la première pensée d'une œuvre qu'il voulait fonder à Limoges. Laissons-le parler lui-même.

« Je te dirai, mon cher Louis, écrit-il au comte de Sèze, que nous avons eu ici l'idée de nous réunir tous les mois pour adorer le saint Sacrement durant la nuit. Nous avons commencé notre œuvre cette année, et nous avons débuté par passer la nuit du mardi gras en adoration... Nous sommes huit chrétiens qui nous réunissons sans bruit, à peu près comme des conspirateurs. Nous passons ainsi des nuits délicieuses, dans un couvent de religieux oblats de Marie... »

Dans les choses du service, ses hommes le trouvaient un peu strict et sévère, toutefois, comme il était le premier à donner l'exemple de la plus exacte discipline, ils ne se plaignaient point et le respectaient. Un trait montrera quel effet avait produit sur eux, sa grande piété : un matin qu'il surveillait le pansage des chevaux, un soldat, emporté par l'habitude, proféra un horrible juron, aussitôt, regardant autour de lui, il voit que le lieutenant est un peu éloigné et n'a pu l'entendre : « Ah ! tant mieux, s'écrie-t-il, comme soulagé, cela lui aurait fait trop de peine ! »

Dans le courant de l'été 1854, Gaston de Sonis reçoit son brevet de capitaine, et son régiment est désigné pour l'Algérie. Cette destination lointaine ne l'effraie nullement, mais il faut qu'il parte seul ; Mme de Sonis ne peut affronter, avec ses jeunes bébés, les périls d'une traversée et les fatigues d'une installation en pays étranger. Ce n'est plus l'Algérie inconnue qu'a soumise La Moricière, c'est une Algérie tout à la fois plus civilisée et plus corrompue.

Écoutons le capitaine racontant à un ami ses impressions sur la terre d'Afrique, car la nature est toujours pour lui, le livre par excellence qui révèle Dieu et ses perfections infinies : « Le camp de mon régiment est au bord de la mer ; pour moi, j'habite une petite maisonnette qui se trouve sur le sommet du coteau escarpé qui domine la plage... Ce qui ne me ferait pas échanger ma cabane contre un château, c'est l'admirable panorama que je découvre de mes fenêtres. A ma gauche, j'ai Alger ; devant moi la plage et le camp, à droite les montagnes de la Kabylie et de l'Atlas. Enfin, tout cela est borné par une mer sans limites, toujours couverte de navires qui se croisent en tous sens. Aussi, que de moments je passe à ma fenêtre ! C'est surtout le soir que j'aime à rêver et à méditer... Combien alors je me vois petit en présence de cette gigantesque nature ! Je n'ai jamais mieux senti mon néant, mais aussi je n'ai jamais mieux espéré dans la miséricorde de ce Dieu qui ne nous a faits si petits que pour nous exciter à nous élever vers Lui, en nous tendant la main... »

Toutefois, les splendeurs du paysage ne sauraient lui voiler l'immoralité dégradante et l'indifférence religieuse qui règnent à

Alger; son cœur de chrétien en est douloureusement affecté. « Ç'en est assez, ajoute-t-il, pour effacer les belles couleurs que le doigt de Dieu a étendues sur ce pays. »

Dieu, qui visite les siens par la croix, n'épargne point son dévoué serviteur : une fièvre d'un mauvais caractère produite par l'ardeur du climat, conduit Sonis aux portes du tombeau. Le Seigneur va-t-il le faire mourir, non dans le tumulte d'une bataille, ainsi qu'il convient à un soldat, mais sur un lit de douleurs, sous un ciel étranger, sans avoir pu adresser un suprême adieu à sa chère compagne et à tous ses biens-aimés ?... Il lui paraît presque impossible d'accepter ce calice, cependant sa foi est trop grande pour ne pas réagir contre les faiblesses de la nature, et il arrive à répéter cette prière de l'Homme-Dieu agonisant « ce que vous voulez, mon Dieu, et non pas ce que je veux ! »

Contre toute espérance, la santé lui est rendue.

Ceux qui l'entourent et avec lesquels il est obligé d'avoir des rapports journaliers, ont des idées, des sentiments tout opposés aux siens, aussi, hors les nécessités du service, vit-il retiré et solitaire. « Ma journée se passe tout doucement, partagée entre l'étude et quelques bons moments de méditation. Au début, j'ai eu de la peine à me faire à cette existence. »

A Alger, comme dans toutes les grandes villes, Dieu est méconnu, outragé ; que de blasphèmes sont proférés, que d'iniquités sont commises !... Afin de réparer de tels crimes, dans la mesure de ses forces, Sonis veut établir dans la cité algérienne, son œuvre de prédilection : l'Adoration nocturne. « Les réunions, écrit-il, auront lieu dans la chapelle des Pères Jésuites qui sont ici, comme partout, à la tête des bonnes œuvres. »

Enfin, au commencement de 1855, Mme de Sonis, sa fille Marie, son fils Gaston rejoignent le capitaine ; les deux plus jeunes enfants sont restés à Castres, auprès des grands-parents. La famille s'installe à Milianah, qui est une résidence très agréable ; elle n'y fait que camper pour ainsi dire. Il semble que Sonis soit destiné, à l'exemple des patriarches des l'ancien Testament, à déplier et replier sans cesse la tente qui l'abrite. Il lui faut s'acheminer vers Blidah, et il a seulement quarante-huit heures pour se préparer.

« ... Alors que je pensais rester à Milianah trois ou quatre
mois, j'ai appris, en rentrant d'une excursion, qu'il me fallait
partir le surlendemain. J'étais désolé, et j'avoue que ma résignation de chrétien m'a fait un peu défaut dans cette circonstance... »

Bientôt il quitte Blidah et regagne Mustapha : la fatigue
écrasante de ces déplacements successifs n'est rien encore, comparée aux dépenses qu'ils entraînent, et qui pèsent lourdement
sur un budget qu'on a grand'peine à équilibrer en temps ordinaire.
« Cette vie est ruineuse », confie-t-il à un ami. Il essaie de se
ménager un moyen d'arriver à un poste plus lucratif, en entrant
dans les bureaux arabes : pour cela il lui faut apprendre l'arabe.
Cette étude est d'autant plus difficile et compliquée qu'il y a deux
langues différentes : l'arabe savant, qui n'est compris que des lettrés
et l'arabe vulgaire, qui se divise en plusieurs dialectes.

Au printemps de l'année 1856, une insurrection éclate dans
le Djurjura, une partie du pays est brûlé et saccagé. Ordre est
donné au 7ᵉ hussards de partir pour la Kabylie. Pendant que les
officiers se dirigent vers le camp de Tizi-Ouzou, poste fortifié aux
confins de la Kabylie, Mᵐᵉ de Sonis et ses enfants reprennent
tristement le chemin de la France.

« ... J'ai eu bien de la peine à me résoudre à cette séparation,
écrit-il à ce sujet, et à sécher les larmes de ma pauvre femme ; et
je crois que le cœur m'eût manqué si tous deux nous n'eussions
été demander du courage à Celui qui en est la source. Enfin il a
fallu se séparer : c'était bien dur !... »

Au mois d'octobre de cette même année, il obtient un congé
et pendant quelques mois, il goûte, au milieu des siens, un repos
bien mérité. Son ami, le comte de Sèze qui connaît le peintre
Horace Vernet, alors à l'apogée de sa gloire, a essayé d'employer
le crédit dont ce dernier jouit auprès des généraux d'Afrique, en
faveur de Sonis ; lorsque celui-ci est informé des premières
démarches, il défend qu'elles soient continuées.

« Je veux te gronder, mon cher Louis, de ne point tenir
compte du désir que je t'avais exprimé à ce sujet. J'espère
cependant que tu te rendras, pour cette fois, à ce qui est de ma
part un parti pris bien arrêté de ne jamais rien demander à

n'importe qui... Connaissant déjà l'étendue des devoirs de mon
état, je ne veux pas les surcharger encore de ceux qui me seraient
imposés par la reconnaissance personnelle... Je crois que, si
demander l'aumône peut devenir quelquefois un devoir, que s'il
est permis à un chrétien de mendier son pain, quand lui et ses
enfants n'en ont pas, il n'est écrit nulle part qu'il faut mendier
des faveurs... »

En 1856, nous retrouvons toute la famille installée à Orléans-
ville ; le capitaine de Sonis croyait faire un long séjour dans cette
terre d'Afrique, qu'il avait presque adoptée comme une seconde
patrie, quand, deux ans plus tard, le régiment reçut l'ordre de
s'embarquer : il était désigné pour prendre part à l'expédition
d'Italie. Dans cette guerre nouvelle, l'officier allait faire son devoir,
mais sans élan, le cœur assailli de sombres pressentiments. Il
se demandait, non sans inquiétude, si l'affranchissement de la
Lombardie n'était point une menace pour la papauté, et peut-être
le signal d'une guerre européenne.

On était au lendemain de la bataille de Montebello : la douceur
de l'air, la richesse des champs de maïs et d'orge couverts d'abon-
dantes moissons, les fleurs constellant les arbres, et les haies,
contrastaient étrangement avec le bruit de la mitraille, le sourd
grondement du canon, et les cadavres qui jonchaient cette terre
belle et souriante. Durant ses marches, lorsque Sonis voyait surgir
un clocher, et que le service lui permettait un temps de galop, il
se mettait à la recherche d'un ecclésiastique ; grâce à la connaissance qu'il avait de la langue latine, il se tirait d'affaire « tant bien
que mal » dit-il lui-même.

« Quand je pouvais, je communiais ce jour-là, sinon c'était
pour le lendemain. L'affaire faite, je rentrais au camp, le cœur
joyeux, tout plein de Dieu. La mort pouvait venir, j'étais en
règle... »

Le 22 juin eut lieu, près de Solférino, la bataille décisive qui
devait mettre fin aux hostilités. Gardons-nous d'oublier qu'au
moment de lancer son escadron à l'ennemi, Sonis avait rapidement glissé son sabre dans la main gauche et, de la main droite,
avait fait le signe de la croix, puis il s'était écrié : « En avant ! »

Laissons-lui maintenant la parole « ... Jusqu'au moment où le feu a commencé, personne ne croyait à un engagement sérieux... La plaine immense, qui nous avait été dérobée jusqu'alors par le pays très fourré que nous avions parcouru, était maintenant sous nos yeux. Elle était bordée à gauche par une chaîne de hautes collines, couronnées par une suite de villages qui formaient un réseau de positions formidables, et dont il nous semblait impossible de s'emparer. En face de nous, on voyait un bois au milieu duquel se dressait le clocher d'un village. Enfin, à droite, la plaine était couverte de plantations de mûriers et de vignes qui nous cachaient des milliers de tirailleurs autrichiens... On peut dire qu'il se livrait quatre batailles à la fois, tant le terrain avait d'étendue. Le bruit était effrayant... Pendant presque toute la journée, nous avons assisté de pied ferme et sans bouger, à ce grand drame, nous bornant à faire quelques mouvements de manœuvre, pour essayer d'attirer à nous la cavalerie autrichienne, cachée dans un bois en face, ou pour suivre les mouvements de notre infanterie, qui gagnait toujours du terrain. Les boulets passaient au-dessus de nos têtes; beaucoup tombant à cinq ou six pas en avant, ricochaient en sifflant à nos oreilles. Un de ces projectiles vint tomber entre les jambes de mon cheval et tua le cheval qui était derrière moi. La mort me paraissait imminente, mais j'avais fait le sacrifice de ma vie, et je pensais que si Dieu me jugeait nécessaire à ma famille, il saurait me préserver de tout mal... Enfin, il était si urgent de charger, que le général Desvaux désigna mon escadron. Je l'entendis, je me portai sur lui, en arrivant au trot, et j'arrêtai ma troupe pour prendre ses instructions. Sa voix était pleine d'émotion, il sentait qu'il m'envoyait au sacrifice... Je me retournai vers mon escadron et je commandai la charge. Puis je partis à fond de train, sans la moindre émotion... Arrivé au milieu des taillis, j'aperçus de magnifiques carrés de Tyroliens, auxquels les fantassins se joignirent, et qui nous écrasèrent sous un feu roulant, nous enveloppant de tous côtés. Je voulus rallier mes cavaliers pour entamer un de ces carrés, mais tout le monde tombait autour de moi. Voyant succomber ainsi mes braves chasseurs, je me précipitai de rage sur ces carrés, et je me trouvai en face de figures que je n'oublierai jamais, des baïonnettes qui scintillaient à mes yeux comme des lames de rasoir, tandis que des milliers de balles me sifflaient aux oreilles... Mon pauvre cheval gris était sous moi, blessé à mort; je lui mis l'éperon au ventre; il eut encore la force de me sortir de ces terribles masses, me porta à une vingtaine de pas et tomba. Je me dégageai au plus vite, poursuivi par une grêle de balles, après avoir paré avec mon sabre, un coup de baïonnette qui devait me tuer. Je dus alors courir à pied vers nos lignes, le sabre en main... »

Le vétérinaire en chef, M. Decroix, voulut céder son cheval à l'officier démonté, ce dernier s'y refusa. « Votre vie vaut la mienne, dit-il, partez. » Sur ces entrefaites, M. Decroix aperçut, à quelques pas, un cheval qui errait sans cavalier, il s'en saisit et l'amena au capitaine, qui sauta dessus immédiatement, et rejoignit ce qui lui restait d'hommes.

Un peu plus tard, Sonis écrivant à sa sœur carmélite, lui confiait que, durant cette terrible journée, il ne croyait pas avoir perdu la pensée de Dieu, un seul instant...

Au lendemain de la bataille mémorable de Solférino, il fut décoré; sa femme qui, pendant cette campagne avait souffert d'inexprimables angoisses, lui écrivait « que le signe de l'honneur ne pouvait être placé sur une poitrine plus noble. »

Sonis n'a pas la joie de rentrer en France aussi promptement que la plupart de ses compagnons d'armes, le 1er chasseurs étant désigné pour faire partie de l'armée d'occupation. Il souffre de ce retard, mais il ne fait entendre aucune plainte. « Nous autres chrétiens, déclare-t-il, nous devons être deux fois les hommes de la résignation et du devoir. »

Alors qu'à Paris et dans les autres villes où elles passent, les troupes d'Italie sont l'objet d'ovations enthousiastes, le 1er chasseurs regagne sans bruit l'Algérie, et est choisi pour marcher contre les Marocains. Avant de se trouver sur le lieu des hostilités, il faut, par la voie de terre, au moins trente jours de marche. Outre les fatigues et les dangers d'une longue chevauchée à travers les brousses arides, un péril d'un autre genre et d'une sinistre horreur, guette le détachement qui s'avance; le choléra décime la région. A chaque

campement, les nouvelles sont désastreuses, et la chaleur torride
du climat décuple encore les ravages du fléau. Sonis ne perd rien
de son calme et de sa sérénité habituelles; à un lieutenant qui
s'étonne de le voir ainsi, au milieu de l'effarement général, il
répond : « Faisons d'abord notre devoir, puis le reste, à la grâce
de Dieu ! » Sur la frontière marocaine, le grand bivouac de Ris, où
les troupes sont concentrées, est devenu un véritable foyer d'infec-
tion; il meurt chaque jour une centaine d'hommes, officiers et
soldats. Le général Thomas succombe un des premiers, et ses
funérailles impressionnent douloureusement l'armée.

L'invasion de la terrible épidémie donne au capitaine de Sonis,
l'occasion de révéler la charité héroïque dont son cœur est animé;
il ne quitte guère l'ambulance; jour et nuit, il est au chevet des
agonisants. Il essaie d'adoucir leurs souffrances, de leur procurer
quelque soulagement; mais surtout il pense aux âmes; par ses
paroles empreintes de foi, d'amour divin, il s'efforce d'aider ces
infortunés à bien mourir. Quand ils ont rendu le dernier soupir, il
ne croit pas sa tâche terminée, il veille près de leurs dépouilles,
et il reste là pour aider à leur rendre les derniers devoirs.

Les chefs comprennent qu'il faut à tout prix s'éloigner de
ce lieu contaminé; à la suite de quelques engagements de peu
d'importance, ils acceptent les promesses du cheik marocain, et
songent au départ. L'impitoyable moissonneuse n'a pas encore
achevé son œuvre, il lui faut d'autres victimes : le lieutenant-
colonel Fenin, marié tout récemment, tombe pour ne plus se
relever. M. de Sonis est là; devant les yeux presque éteints du
moribond, il fait resplendir les radieuses félicités du Paradis et il
le dispose à faire le sacrifice de sa vie. N'ayant aucun prêtre pour
recevoir sa confession, M. Fenin veut faire l'aveu de ses fautes à
l'ami qui l'assiste. Son dernier souffle n'est pas encore exhalé que
le colonel de Montalembert, le jour même de la Toussaint, ressent
les premières atteintes du fléau. De même que M. Fenin, il demande
à son capitaine, tant est grande la confiance que ce dernier inspire,
d'entendre sa confession. « Plus tard, ajoute-t-il avec insistance,
vous la répéterez au prêtre pour moi. »

Le 13 novembre, le corps expéditionnaire touche l'Afrique

française, et le capitaine de Sonis reçoit sa nomination de chef d'escadron au 2ᵉ spahis ; tout le régiment applaudit à cet avancement si glorieusement mérité. Quelques semaines plus tard, le nouveau commandant rentrait à Castres, et il oubliait auprès des chers objets de sa tendresse, les scènes d'horreur et de mort auxquelles il avait assisté. Nous ne dirons rien de ce séjour, les gens heureux n'ont pas d'histoire.

Suivons encore une fois M. de Sonis en Afrique, où il vient d'être appelé au commandement supérieur du cercle de Tenez. Dans une lettre à un ami, il décrit ainsi sa résidence nouvelle : « Tenez est une jolie petite ville, dans une position très pittoresque et au milieu d'un pays superbe. Le climat est très sain, les maladies y sont rares, choses éminemment précieuses pour un père de famille... »

A cette époque, la question d'Italie était à l'ordre du jour, l'invasion romaine commençait et la spoliation des États pontificaux allait être consommée. Sonis ne pouvait rester indifférent à un tel spectacle ; il frémissait de douleur, d'indignation, et Dieu seul connut les combats qui déchirèrent ce cœur, si catholique et si profondément attaché à ses devoirs professionnels.

«... Oh ! si je n'étais pas responsable devant Dieu, lisons-nous dans une lettre intime, de la vie, de l'éducation et de l'avenir de mes enfants, si ma femme chérie n'avait pas lié son sort au mien, comme je serais loin d'ici ! Avec quel bonheur j'aurais été mettre mon bras au service du Saint-Père !... A chacun son devoir, et il n'est que trop vrai que Dieu ne nous permet pas de choisir notre croix. »

Au mois de mai, sa femme et ses enfants s'installèrent à Tenez, et la joie de cette réunion fit un peu oublier au commandant ses préoccupations habituelles. Ce n'était encore qu'une halte ; six mois après, par suite de plusieurs mutations, l'officier prenait le commandement du cercle de Laghouat, un des postes les plus avancés vers le sud, et touchant presque au désert. A tous les points de vue, et particulièrement à l'époque dont nons parlons, ce commandement présentait d'extrêmes difficultés, et exigeait de celui qui en était investi, des qualités multiples et de premier

LE GÉNÉRAL DE BONIS

ordre. Les tribus environnantes, soumises depuis peu de temps, subissaient en frémissant le joug français, et de mille manières s'efforçaient de le secouer. Il fallait être constamment sur la défensive et surveiller, presque tous à la fois, les divers points de ce cercle.

L'aisance merveilleuse, l'habileté que M. de Sonis déployait à cheval excitaient l'admiration des Arabes, et lui concilièrent tout d'abord la sympathie ; eux, les premiers cavaliers du monde, si bons juges en matière d'équitation, ils étaient ravis de voir l'officier français traverser à un galop rapide, non des routes unies ou des chemins bien tracés, mais des sentiers abrupts, hérissés d'obstacles, de fourrés impénétrables où jusqu'ici, seuls, ils avaient osé s'aventurer.

La première inspection, qui fut longue et très pénible, eut lieu durant le carême ; quoique la fatigue eût été vraiment écrasante, le commandant garda exactement le jeûne prescrit par l'Église. Aux observations qui lui furent adressées à ce sujet, par des personnes autorisées, il répliqua : « Je n'ai pas voulu donner aux Arabes l'occasion de prétendre que les musulmans font mieux leur carême que les chrétiens. Je m'en suis tenu au jeûne strict, celui d'un seul repas, que je prenais le soir. »

Après une telle réponse, comment oser faire valoir nos pauvres petits prétextes pour nous dispenser de l'abstinence la plus légère ?...

Sur ces entrefaites, une bande de deux ou trois cents Arabes surprirent le village de Djelfa et massacrèrent une trentaine de colons. M. de Sonis jugea qu'un coup de main si hardi demandait une répression sévère et immédiate ; à la suite d'une information sommaire, il fit passer par les armes une dizaine de ces bandits du désert.

Cette affaire fut racontée par les journaux indigènes, singulièrement grossie et dénaturée ; le maréchal Pélissier, abusé lui-même, crut devoir envoyer au commandant l'ordre de résilier ses fonctions. M. de Sonis obéit ; avec sa femme et ses enfants, il reprit le rude chemin déjà parcouru et regagna Mascara.

Dans le courant de ce même été, le 16 juillet, fête de Notre-

Dame du Carmel, Mme de Sonis eut une fille, qui reçut les prénoms de Marthe-Carmel.

La mesure de rigueur dont le commandant venait d'être l'objet, n'était pas généralement approuvée, et des amis l'engagèrent à voir le maréchal, afin de lui fournir quelques explications sur les massacres de Djelfa; Sonis s'y refusa, alléguant qu'un soldat, quel que soit son grade, n'a point à discuter, mais à obéir. Cependant, le gouverneur d'Algérie ne pouvait qu'apprécier la noblesse de caractère, la fière indépendance d'un officier dont il connaissait la bravoure et les talents militaires, il le fit appeler au palais du gouvernement et lui dit: « Allons, Commandant, oublions ce qui s'est passé. Vous êtes l'homme du devoir » et il lui tendit la main.

A la suite de cette conversation, l'officier fut nommé au commandement du cercle de Saïda. A peine était-il installé qu'un riche Arabe vint le trouver afin d'être nommé caïd, fonction très recherchée ; après avoir énuméré les droits qu'il avait à cette place, il fit un mouvement, et avec un coup d'œil significatif, découvrit un sac gonflé d'or. M. de Sonis, blessé au vif de cette tentative de corruption, donna l'ordre, lui si pacifique à l'ordinaire, que l'Arabe fût mis aux fers durant quinze jours.

Au mois de juin 1864, la petite Marthe-Carmel, qui n'avait pas encore accompli sa troisième année, fut ravie à ses parents désolés ; le commandant surtout ne pouvait pas se consoler ; il avait une prédilection particulière pour cette enfant, dont la charmante nature et la grâce souriante illuminaient sa vie, si sombre parfois.

« Mon cher Henry, écrit-il à ce sujet, priez pour moi et pour ma pauvre femme. Ma pauvre petite Marthe-Carmel est morte à trois heures du soir, étouffée par une angine couenneuse. La pauvre enfant, qui était la perle de ma famille, nous disait : « Je veux partir pour le Ciel ! » Elle est morte en prononçant le nom de sa mère, et en levant les yeux vers le crucifix qui était placé sur son lit. Le calice est bien amer, mais il faut le boire sans plainte, et bénir la main qui nous frappe... »

L'année précédente, comme pour combler à l'avance le vide

qu'allait faire la mort, un fils était né, qui fut nommé Marie-Joseph.

A chaque instant, dans une tribu ou dans une autre, il y avait des insurrections, des massacres ; le commandant devait aller les réprimer et se tenir constamment sur le pied de guerre. Prévoyant de nouvelles escarmouches, peut-être de véritables combats, M. de Sonis fit partir pour la France, Mme de Sonis et ses enfants.

«... Ma femme, lisons-nous dans une lettre intime, est partie avec l'espérance de devenir encore une fois mère, ce qui a rendu cette séparation doublement cruelle. Elle s'est faite en quelque sorte sur le tombeau de notre enfant. Nous en avons baisé la pierre ensemble, puis nous nous sommes séparés, elle pour s'embarquer, moi pour me diriger vers le sud. Le cœur était gros, mais Notre-Seigneur a pris une partie du fardeau... »

Au mois d'octobre 1865, nous retrouvons Sonis lieutenant-colonel, et remis en possession de son commandement de Laghouat : il y revenait pour combattre, car le pays était en pleine insurrection. Il va nous faire, assez brièvement du reste, car il s'agit de raconter ses propres faits d'armes, le récit de l'expédition.

« ... Je n'ai pas couché dans un lit pendant plus de trois mois, et j'ai fait bien du chemin avec ma colonne de dix-sept cents hommes, composée de troupes admirables. J'ai eu, ces jours derniers, un très joli succès à Metlili ; j'ai perdu seulement cinq hommes, j'ai eu six blessés, vingt-et-un chevaux tués, mais nous avons tué quarante-cinq hommes à l'ennemi, et j'obtiens en ce moment la soumission de tous les insurgés de l'est. »

La campagne continue et quelle campagne ! des étapes de huit à dix lieues, à travers les sables du désert, sous un ciel de feu, avec des provisions d'eau insuffisantes, une nourriture d'anachorète, c'est-à-dire du biscuit et du riz cuit à l'eau...

Un jour, la colonne arrive auprès d'une mare sur laquelle on comptait pour désaltérer hommes et chevaux. Hélas ! la mare n'était plus qu'un amas de boue épaisse et nauséabonde... Des puits étaient signalés plus loin, mais à quelle distance se trouvaient-ils?... Les hommes auront-ils la force de les atteindre? ou ces puits, ainsi que la mare qu'on vient d'abandonner, ne seront-ils point desséchés ?... Jamais Sonis, dans sa longue carrière d'officier, si éprouvée cependant, ne ressentit une angoisse aussi cruelle ; la vie de plusieurs milliers d'hommes était en jeu, et il ne connaissait le pays que par les rapports qui lui étaient adressés... L'officier avait épuisé tous les moyens humains, il eut recours à sa ressource ordinaire : la prière. Il invoqua le bon saint Joseph, patron des causes désespérées, et à peine achevait-il sa prière que les éclaireurs annonçaient que les puits de Bou-Aroua, distants de deux lieues seulement, étaient pleins d'eau.

Après avoir enduré pendant six semaines des privations de tout genre, avoir été exposées à mille périls, les troupes rentrèrent à Laghouat.

Écoutons le chef de l'expédition raconter à un ami, les résultats personnels de cette dure campagne : « Sans doute nous avons beaucoup souffert dans le Sahara ; mais cette vie est singulièrement profitable aux âmes comme aux corps, et celles-là ont plus à gagner à la mauvaise qu'à la trop bonne fortune. Le résultat humain de tout cela pour moi a été la croix d'officier de la Légion d'honneur, que je mets aux pieds de Notre-Dame d'Afrique, à Alger, ayant déjà déposé celle de chevalier dans la chapelle de Notre-Dame des Victoires, à Paris.

La grande connaissance qu'il avait de la langue du pays, facilitait beaucoup ses rapports avec les indigènes ; ceux-ci éprouvaient à son égard une admiration et une estime que nul autre officier n'a peut-être obtenues au même degré.

« C'était un homme juste dans ses actions, écrivait un agha, ses paroles et son commandement. De son temps régnait l'équité, et le droit apparaissait devant lui en plein éclat... »

Au foyer domestique, M. de Sonis était le plus tendre des époux et le meilleur des pères. La foi, qui réglait ses sentiments comme ses actes, n'enlevait rien à la vivacité, à la profondeur de ses affections ; les paroles suivantes le prouvent surabondamment : « Dieu seul est digne d'être notre but. C'est donc vers lui premièrement qu'il faut porter nos regards. Il faut nous soulever, nous élever jusqu'à ces régions bienheureuses, pour y aimer en toute liberté, en toute pureté, ces êtres chéris du foyer, si dignes de tenir, après Dieu, la plus grande place dans notre cœur. »

Jamais il ne voulut tutoyer ni sa femme ni ses enfants, dans une lettre à une cousine, il donne la raison de cette abstention qui, à notre époque, semble bien étrange.

« ... Je vous prie de ne point vous formaliser de mon *vous*. C'est pour moi une habitude trop vieille pour que je puisse me résoudre à m'en défaire. J'emploie cette appellation avec ma femme et mes enfants ; c'est vous dire que le cœur n'en est pas moins chaud pour cela. Aussi bien ce langage, qui était celui de nos aïeux, me semble meilleur, plus français et plus chrétien. » Dans les lettres à ses enfants, la pensée de Dieu tient toujours la première place. A son fils Gaston, alors âgé de dix ans, il écrivait le billet suivant, tout parfumé d'ardente piété : « Vous m'avez promis de faire chaque soir une prière à mon intention, avant de vous coucher, au pied du crucifix que vous a donné votre tante. Eh bien ! je veux que votre prière soit celle-ci : Mon Dieu ! faites que mon père vous aime chaque jour davantage ! Ces mots en diront beaucoup au Cœur de Jésus-Christ. »

Au début de l'année 1869, une formidable insurrection éclata parmi les tribus voisines du Sahara ; après plusieurs combats meurtriers, les rebelles furent châtiés et la paix rétablie une fois encore. Dans le rapport détaillé adressé au ministre de la Guerre, on lisait cette phrase qui n'a pas besoin de commentaire : « Le colonel de Sonis vient de se couvrir de gloire et de rendre un grand service au pays en arrêtant l'ennemi à l'apogée de ses succès, qui pouvaient amener les plus grandes conséquences. »

Exténué par les privations et la fatigue, le colonel, au retour de cette expédition, tomba gravement malade ; grâce à Dieu et à l'énergie morale qu'il puisait dans sa foi robuste, il se rétablit assez vite. Peu après sa femme le quitta pour revenir à Castres, la famille s'était augmentée et se composait de dix enfants, deux d'entre eux étaient parmi les anges ; la dernière née, Marie-Paule-Philomène, comptait deux mois à peine. M. de Sonis s'occupait, avec un indicible amour et une sollicitude toujours en éveil de la formation de ces jeunes âmes. Il réprimait doucement leurs défauts, et essayait, par milles ingénieuses industries, de les façonner pour Dieu.

« Comme la bénédiction paternelle porte toujours bonheur aux enfants, rapporte Mlle Marie de Sonis, le soir, après la prière faite en famille, notre bien-aimé père, avec une piété touchante, faisait sur chacun de nous, ce signe de la croix dont il nous avait déjà marqués dès notre berceau... »

Les trois fils aînés se préparaient pour Saint-Cyr ; leur père, heureux de ce choix, écrivait à ce sujet, les paroles suivantes, vrai code d'honneur militaire : « Puissent mes enfants comprendre que le métier des armes, entendu comme l'entendaient nos aïeux, n'est qu'une suite non interrompue de dévouement, de détachement des biens périssables et aussi de mortification. »

L'amour paternel eut-il jamais des accents plus purs, plus nobles d'une beauté plus sublime que dans le passage qui suit ?...
« ... Ce sont ces chères âmes d'enfants qui sont le pain quotidien de ma pensée à moi ; c'est de leur vie que je vis ; c'est pour elles que je prie, que je travaille, que je médite. Elles ne sauront jamais ce qu'elles coûtent de labeurs et de soucis à un père chrétien. Elles ne sauront assurément pas que, nous autres, pères et mères qui aimons Jésus-Christ, nous ne vivons que de lui et d'eux. Que si nous sommes dans la peine, dans les tourments, lorsqu'une de ces chères créatures est clouée sur un lit de douleur, combien davantage nous souffrons, lorsque tâtant le pouls de ces âmes si chères, nous constatons qu'un vent malsain a passé par là, et que l'on est malade ? Oh ! de ces premiers soucis aux seconds, il y a toute la distance de nos pauvres corps de boue à nos âmes immortelles. On n'est pas digne de porter le signe de la croix sur son front, lorsqu'on ne comprend pas cela... »

L'année 1870, de sinistre mémoire, est à moitié révolue, la guerre est déclarée, les troupes sont dirigées vers la frontière. Le fils aîné de M. de Sonis vient de s'engager au 5e hussards, qui fait partie de l'armée du Rhin.

« ... Je ne puis vous dire, écrit le colonel, les perplexités que me causent les dangers qu'il court. » C'est le père que nous venons d'entendre, écoutons maintenant le chrétien : « J'ai bien des soucis pour son âme, si exposée dans le triste milieu qui est maintenant le sien. Mais Dieu le garde ! »

Le second de ses fils, Henry sollicite également la permission de se joindre aux tirailleurs algériens, pour toute la durée de la guerre ; enfin, le troisième, Albert, qui compte seize ans à peine, demande lui aussi la bénédiction paternelle, avant d'aller défendre la patrie en danger. « Le voilà donc soldat, le pauvre enfant ! Que Dieu le protège ! »

Le cœur si français de M. de Sonis est déchiré par nos revers ; il souffre d'être sur une terre étrangère, alors que la France a besoin de tous ses enfants. A Mgr Pie, son illustre ami, il écrit : « J'ai fait tout ce que j'ai pu pour être employé à l'armée du Rhin. A cette occasion, je me suis fait solliciteur, pour la première fois de ma vie. On m'a cru quelque peu utile ici et on m'y a laissé. »

Le 20 octobre, M. de Sonis est nommé général de brigade ; il ne saurait s'en réjouir, et il télégraphie à Tours pour demander sa feuille de route, ne fût-ce qu'à titre de simple soldat. Son vœu est enfin exaucé ; il reçoit l'ordre de rentrer en France et de rejoindre l'armée de la Loire. Laissons maintenant la parole à Mlle de Sonis.

« ... Après avoir fait ensemble la traversée d'Alger à Marseille, il fallut se quitter là ; notre bien-aimé père nous quitta pour aller à Tours prendre son commandement. Après nous avoir embrassés, il imprima sur notre front le signe de la croix, et jeta sur nous un regard d'une expression que je ne saurais définir. Nous nous dirigeâmes sur Castres, le cœur plein de noirs pressentiments. »

Il ne nous appartient sous aucun rapport de raconter et d'apprécier les lamentables événements dont notre malheureux pays était alors le théâtre, nous nous bornerons à transcrire cette phrase expressive du général : « Quel instrument peu habile j'avais dans la main ! Quelle différence entre les troupes d'Afrique et ces corps de mobiles, avec des officiers qui ne savaient pas commander les manœuvres et des soldats qui ne savaient pas les exécuter ! »

Une troupe d'élite parmi ces différents corps qui n'ont du

soldat que l'équipement et les armes : les volontaires de l'Ouest, commandés par Charette. Mentionnons également le 3ᵉ bataillon des mobiles de la Mayenne, qui devait laisser à Loigny, tant de morts et de blessés.

Après divers engagements plus ou moins meurtriers, des marches et des contre-marches sans nombre, le 2 décembre, les troupes arrivent à Loigny, poste de résistance très important. A la suite d'une charge héroïque qui rappelle les plus beaux faits d'armes de l'antiquité, trois cents zouaves pontificaux laissent cent-quatre-vingt-dix-huit des leurs sur le champ de bataille, et sont contraints de se replier. Non loin d'un petit bois, entre Villours et Loigny, le général de Sonis reçoit à bout portant un coup de feu, qui lui brise la cuisse gauche ; malgré son énergie et ses efforts, il ne peut se maintenir à cheval, son officier d'ordonnance et un lieutenant aux zouaves pontificaux le déposent à terre, et veulent rester auprès de lui. Le général s'y oppose et insiste pour que les deux officiers s'éloignent au plus vite, car l'ennemi approche. Ils n'osent désobéir, mais avant qu'ils ne partent, le pauvre blessé leur remet ses suprêmes adieux pour sa chère famille ; il se laisse ensuite appuyer la tête sur la selle de son cheval, puis il reste seul, étendu sur la terre couverte de neige, entouré de morts et de mourants.

Bientôt les Prussiens défilent en bon ordre sur le champ de bataille ; parvenus près des blessés et des morts, ils les fouillent et s'emparent des objets qui peuvent avoir quelque valeur. Ils vont droit au général et lui enlèvent brutalement son épée ainsi que son pistolet ; non loin de là est couché un zouave, un soldat prussien le remue dédaigneusement de son pied, puis d'un coup de crosse lui fracasse la tête. M. de Sonis, en voyant arriver un autre Prussien s'attend à subir le même sort, et il recommande son âme à Dieu, mais l'Allemand se penche avec bonté et, soulevant sa gourde, il verse dans la bouche du noble blessé, quelques gouttes d'eau de vie qui le raniment un peu ; puis, avec un indicible accent de compassion, il dit le seul mot français qu'il ait retenu : *camarade*, et il étend soigneusement une couverture sur les genoux du général, replaçant sa tête sur la selle. M. de Sonis s'est vite aperçu que ce généreux ennemi ignore notre langue, pour remerciement, il lui montre le Ciel, comme s'il prenait Dieu à témoin de la dette qu'il vient de contracter. Aussi, un de ses premiers soins, en arrivant à l'ambulance, fut-il de faire dire une messe à l'intention de ce bon Samaritain.

Un peu plus tard, arrivent les médecins et les infirmiers allemands, munis de lanternes énormes; ils sont à la recherche de leurs blessés, ils les relèvent et les emportent. Ils ont passé tout près de M. de Sonis, sans lui accorder aucune attention; celui-ci a gardé le silence, trop fier pour solliciter de nos farouches vainqueurs, un secours qu'on ne lui offre pas.

La nuit est tout à fait venue, et il semble que les ténèbres rendent plus horrible encore le champ de carnage où tant des nôtres ont succombé; bientôt des lueurs sinistres embrasent le ciel, on distingue de sourds crépitements: ce sont les hameaux voisins que les Prussiens sont en train d'incendier. Vers onze heures du soir, la neige qui avait un peu cessé, recommence à tomber en gros flocons; les gémissements des blessés, le râle des mourants ne se font plus entendre, partout règne un silence lugubre et angoissant; M. de Sonis est toujours à la même place, sa jambe broyée saigne abondamment, ses douleurs sont extrêmes, il croit toucher à son heure dernière et, après avoir donné une pensée d'amour à ses bien-aimés, il ne veut plus songer qu'aux choses éternelles. Il évoque la douce image de la Reine du Ciel, il se la représente telle qu'il l'a vue à Lourdes, dans un récent pèlerinage, calme et souriante. Il la sent près de lui, cette Mère compatissante, et son âme est inondée de consolations merveilleuses que la langue humaine est impuissante à traduire. Il ne voit plus ni le champ de bataille ni les cadavres qui le parsèment, il ne sent plus le froid pénétrant de cette nuit d'hiver; la perspective d'une agonie solitaire n'émeut plus son cœur... Marie est là... « Je ne recommençai à souffrir que lorsque les hommes recommencèrent à s'occuper de moi. »

Pendant cette nuit inoubliable, la sœur aînée du martyr, maîtresse des novices au carmel de Coutances, était mystérieusement avertie qu'un de ses proches était en grand péril. Nous la laissons parler elle-même.

« ... Chose singulière : durant la nuit si cruelle que tu as passée sur le champ de bataille, dans cette nuit qu'au Ciel nous nommerons bienheureuse, je fus réveillée en sursaut par une main qui paraissait vouloir me faire lever. Toute surprise, je me soulevai et me tins assise, croyant que c'était une des novices qui était malade, et qui venait me demander quelque chose. Je demandai : Qui est là ? N'ayant pas de réponse et assurée que personne n'était dans notre cellule, je pensai à vous tous, mes frères chéris, à vos chers enfants... Le lendemain je dis à notre mère prieure ce qui m'était arrivé, en ajoutant : Certainement un malheur est survenu à quelqu'un des miens. — Dans ce temps-ci, me répondit-elle, on doit s'attendre à tout. Il faut prier. Il fallait prier, et nous l'avons fait, je t'assure. Peu après nous est arrivée la fatale nouvelle... »

Aux premières lueurs du jour, le général croit distinguer, non loin de lui, des voix françaises ; il appelle, et ne reçoit aucune réponse, il essaie de se traîner, ses efforts sont infructueux. Vers dix heures, d'autres voix, celles-là plus distinctes et plus rapprochées, se font entendre. A plusieurs reprises, le blessé crie, agite son bras droit, le seul qu'il puisse mouvoir ; cette fois, c'est le salut. L'abbé Batard, aumônier des mobiles de la Mayenne s'avance vers ce malheureux qui réclame du secours. « Vous arrivez à temps, Monsieur l'abbé, je vais mourir. — Non, Général, espérons que votre blessure n'est pas mortelle. — J'ai la jambe brisée, et depuis hier soir, je suis ici sans pouvoir faire un mouvement. Que la nuit a été froide ! Oh ! j'ai bien offert pour notre malheureux pays, tout ce que j'ai enduré ! »

L'aumônier est seul, il appelle à son aide le major Babeau, et tous deux cherchent le moyen de transporter l'infortuné blessé. Ils arrêtent un cheval errant à l'aventure, mais il leur faut maintenant un véhicule quelconque ; ils essaient de s'en procurer à la ferme de Villours. Les Prussiens qui l'occupent, veulent bien laisser prendre une carriole, mais ils refusent opiniâtrement le harnais.

M. de Sonis, en proie à une fièvre violente, supplie qu'on lui donne à boire ; c'est difficile de le satisfaire, car il y a longtemps que les gourdes de l'aumônier et du major ont livré leur contenu. On avise deux Bavarois portant une marmite de campement qui renferme quelque chose ressemblant à du liquide ; le blessé y trempe ses lèvres desséchées, et songe sans doute à la plainte du Sauveur sur la croix : *Sitio !*

L'ambulance allemande, après longue discussion, consent à prêter un brancard, mais un quart d'heure seulement, et sous escorte. Toutes ces allées et venues ont pris deux heures, et le pauvre général est toujours sur la terre nue... Enfin, vers midi, on l'emporte au presbytère de Loigny ; les effroyables tortures que provoque chaque mouvement, ne lui arrachent que cette plainte résignée : « O mon Maître ! mon bon Maître, vous avez souffert plus que moi ! »

Ce jour-là, 3 décembre, un premier pansement est fait avec plus de bon vouloir que de talent. M. de Charette, gravement blessé lui-même, passe la nuit avec son ami ; c'est un fumeur de profession et, afin de charmer un peu les longues. heures de cette nuit d'hiver, il bourre sans cesse de nouvelles pipes.

Plus tard, M. de Sonis revenant sur cette lugubre veillée, disait au chef des zouaves pontificaux : « Oh ! combien vous m'avez incommodé sans le savoir, moi qui ai l'odeur de la pipe en exécration ! — Pourquoi ne me l'avoir pas dit ? J'aurais cessé immédiatement. — C'eût été vraiment dommage, vous fumiez avec tant de plaisir ! »

Le major en chef, le docteur Baumetz, arrive heureusement le lendemain, 4 décembre ; il examine la blessure et déclare que l'amputation est nécessaire. « A la volonté de Dieu ! répond le général, et il ajoute : Si cela est possible, docteur, laissez-m'en assez pour que je puisse encore monter à cheval et servir la France ! »

Après avoir endormi le blessé qui, suivant son désir, est assisté par l'abbé Batard, on procède à l'amputation, qui est faite avec une habileté consommée. Au réveil, le pauvre mutilé n'a aucune idée de l'opération qu'il vient de subir, c'est le chirurgien qui lui apprend que tout est terminé. « C'est fait, oh ! merci ! » et le général serre avec une reconnaissance émue, la main de M. Baumetz, puis, se tournant vers l'aumônier, il le prie de remercier Dieu avec lui.

Pendant six semaines, le malheureux amputé endure des

souffrances inexprimables, et tout ce temps le sommeil fuit obstinément ses paupières. Comme si ce n'était pas encore assez de ce
cruel martyre, le pied droit qui a été gelé, menace d'être atteint
par la gangrène, il faut enlever, au prix d'atroces souffrances, tout
ce qui se putréfie.

Un rayon du Ciel au milieu de tant de maux; le général a
l'immense consolation d'assister le 8 décembre, à la messe que
M. Batard entouré de Charette et de plusieurs officiers, célèbre
dans sa chambre; quelques heures auparavant, à minuit, il avait eu
le bonheur de faire la sainte communion. Ce même jour, l'aumônier de la Mayenne, après avoir reçu de nouveau tous les remerciements de M. de Sonis, quittait Loigny pour n'y plus revenir.

Devinant les inquiétudes et les angoisses de sa femme, le
général, aussitôt qu'il avait été à l'ambulance s'était empressé
d'envoyer plusieurs lettres, à Castres; deux ou trois de ces
missives ne parvinrent jamais à leur adresse et une autre arriva
seulement après l'armistice. Mme de Sonis avait été informée par
Gambetta, mal renseigné lui-même, que le général, à la suite d'une
grave blessure, était prisonnier au château de Villepion occupé par
les Prussiens. La courageuse femme était partie aussitôt pour
rejoindre son mari; après dix-neuf jours d'anxiétés mortelles, de
fatigues écrasantes, elle était arrivée à Loigny.

« ... Il vivait, écrit-elle, je le revis enfin, mais dans quel état,
ô mon Dieu! pâle, défait, mutilé. — Pauvre enfant, me dit-il,
qu'êtes-vous venue faire ici? Souffrir avec lui, le consoler, voilà
quel avait été mon but. J'aurais traversé le feu pour le rejoindre, si
cela eût été nécessaire... »

Vers la fin de janvier, les deux époux se rendirent à sept
lieues de là, au château de Reverseaux, où une ambulance était
établie. Ils furent accueillis par le propriétaire, le marquis et la
marquise de Gouvion-Saint-Cyr, avec une courtoisie parfaite, et
pendant plus d'un mois, ils goûtèrent dans cette belle demeure,
les charmes d'une hospitalité aussi délicate que généreuse.

Le 15 mars, ils prirent congé de leurs hôtes devenus leurs
amis, et se mirent en route pour Castres. Quoique beaucoup mieux,
le glorieux mutilé ne pouvait faire aucun mouvement par lui-même;

il fallait que deux hommes le prissent sur leurs bras pour le
monter en voiture et pour l'en descendre. Le 22 mars, il rentrait
à Castres, et avait la joie d'embrasser ses chers enfants, sauf ses
trois fils aînés, qui n'étaient pas encore revenus dans leurs foyers.

Quels étaient alors les sentiments, les aspirations du général,
l'état de sa santé? Il va nous l'apprendre lui-même dans une lettre
écrite le 6 mai, à son sauveur, M. l'abbé Batard.

« ... Si j'avais su où vous trouver, j'aurais été heureux de
m'acquitter plus tôt d'un devoir sacré, en vous renouvelant, après
ma guérison, les remerciements que je vous ai adressés au moment
de notre séparation, dans le presbytère de Loigny, centre de tant
de souffrances. En me relevant de ce champ de bataille où, couché
dans la neige depuis de si longues heures, j'avais perdu une grande
partie de mon sang, vous m'avez sauvé la vie, et c'est au nom de
ma femme et de mes enfants que je viens vous prier, aujourd'hui,
d'agréer l'expression de notre reconnaissance. Mes cicatrices sont
fermées et je puis commencer à marcher. Je pourrais même me
servir d'une jambe de bois, si le pied qui me reste n'avait été gelé,
ce qui, par suite de l'opération que j'ai subie, m'en rend l'usage
encore difficile en ce moment. J'ai essayé avec succès de remonter
à cheval, et je ne désespère pas de reparaître sur les champs de
bataille de l'avenir. Après les douleurs du moment, des jours
meilleurs se lèveront peut-être pour notre bien-aimée patrie, et
Dieu permettra sans doute que la France, jadis la grande nation,
reprenne sa place en Europe. Tant de sang versé, tant de défaites
et d'humiliations peuvent-ils rester inutiles et ne pas aider à notre
régénération ?... »

Pour éclairer l'opinion publique sur les responsabilités encou-
rues et par les commandants d'armée et par les chefs du gouvernement, dans la guerre franco-allemande, l'Assemblée Législative
avait provoqué une enquête. Au mois d'août 1871, le général
commandant du 17e corps fut invité à venir faire sa déposition,
devant cette commission parlementaire. Il parla longuement, sans
nulle passion, n'ayant qu'un seul souci, celui de dire la vérité.

« Je ne suis venu pour accuser personne » déclara-t-il.

Il rappela seulement que, dans une dépêche, M. de Freycinet, alors délégué à la guerre, avait dit : « que le chef du 17ᵉ corps, en voulant forcer les lignes prussiennes *avait cédé à un élan d'impétuosité* ». Il releva cette phrase qui lui semblait porter atteinte à son honneur militaire : Messieurs, dit-il, quand j'ai lu cette dépêche, je m'y suis vu représenté comme un écervelé, comme une espèce de sous-lieutenant auquel on voulait bien accorder un sentiment de bravoure, mais qui avait manqué à son devoir. Je sais ce que doit faire un sous-lieutenant et ce que doit faire un général. J'étais là parce qu'il fallait aller là, marcher quand même, et mourir, s'il le fallait, pour éviter un plus grand désastre. Je suis tombé avec ceux qui avaient eu confiance en moi et qui m'avaient suivi ; je suis tombé, mais je n'ai pas perdu un seul canon et j'ai sauvé l'honneur. »

A ces paroles, une indicible émotion passa sur l'Assemblée, et le président, M. Saint-Marc Girardin, n'hésita pas à déclarer « que le général de Sonis avait donné un noble exemple à l'armée. »

Des amis influents qui n'ignoraient pas combien la fortune de M. de Sonis était médiocre, essayèrent de le faire nommer trésorier-général. « … Oui, mon cher ami, écrivait-il à M. Lamy de Lachapelle, on m'offrait une recette générale, et on avait même poussé la gracieuseté jusqu'à me dire,que je n'aurais pas à m'occuper du cautionnement. Mais je n'ai pu m'empêcher de rire à l'idée de me voir en face d'un coffre-fort, maniant ces pièces d'or avec lesquelles j'ai été brouillé toute ma vie, et qui ne pouvaient manquer de me faire mauvaise figure et de me jouer quelque vilain tour. J'ai donc renvoyé bien loin les gens qui voulaient faire de moi un financier, et j'ai gardé ma pauvreté… »

M. Thiers, alors Président, et qui professait à l'égard de M. de Sonis, une estime toute particulière, le nomma, vers la fin de 1871, commandant de la 16ᵉ division militaire, dont le quartier général était à Rennes.

Le soir du 2 décembre de cette même année, le général, qui se trouvait à Paris depuis quelques jours, afin de prendre part à la commission de la revision des grades, se rendait rue des Postes, et sollicitait du R. P. du Lac, la faveur de passer la nuit en adoration devant le Saint-Sacrement. « Je dois bien une nuit au bon Dieu, puisque je lui dois la vie. » Le lendemain, il communiait à la première messe, avec la ferveur d'un séraphin, puis retournait paisiblement à ses occupations.

Toujours, le général célébra de la sorte ce mémorable anniversaire, et la dernière année qu'il devait passer ici-bas, il ne renonça point, malgré ses infirmités, sa faiblesse croissante, à cette veille d'actions de grâces que son cœur regardait comme une dette sacrée.

Son ardente piété, qui ne connut jamais les lâches compromissions du respect humain, édifia la cité bretonne comme elle avait édifié les autres villes qu'il avait successivement habitées. Il ne craignit pas d'assister à la grande procession de la Fête-Dieu, et compta pour rien les douleurs presque intolérables que lui causait la plaie de sa jambe, rouverte par une marche de plusieurs heures.

Dieu lui demanda bientôt un nouveau sacrifice : celui de sa fille aînée, qu'une invincible vocation entraînait vers la vie religieuse. La première fois que Mlle Marie de Sonis s'ouvrit à son père, il lui répondit avec sa magnanimité ordinaire ! « Mon enfant, vous savez que jamais je ne refuserai à Dieu le sacrifice qu'il a le droit d'exiger de moi, car vous êtes à Lui avant d'être à moi. »

A peine cette enfant, si tendrement chérie, avait-elle quitté la maison paternelle qu'une autre immolation, celle-ci plus cruelle encore, était imposée au cœur de M. de Sonis : sa sœur, religieuse aux Carmélites de Poitiers, mourait presque subitement. « Elle a quitté la terre, écrit-il, dans la nuit intermédiaire entre le mois de Marie sa reine, et celui du Cœur Sacré de Jésus, son roi. »

Au mois de novembre 1873, le général faisait à cheval sa promenade accoutumée, quand sa monture, effrayée par le sifflet du chemin de fer, se cabra et le jeta par terre : sa jambe droite, la seule qui lui restât était cassée. Durant de longues semaines, il fut en proie aux plus vives souffrances et dut garder une immobilité presque complète. De grandes précautions s'imposaient pour parachever la guérison ; mais l'amour du devoir était la pensée dominante, l'unique mobile de ce grand chrétien, nous en avons une preuve de plus dans les lignes suivantes, extraites d'une lettre intime :

« Bien que je sois encore réduit à un état d'impuissance complète, n'ayant pas même la force de faire quelques pas dans ma chambre sans l'appui d'un bras, je n'en ai pas moins été à Paris où j'avais été appelé par des travaux urgents — le classement et le tableau d'avancement des officiers — et où j'ai passé huit jours. Là je me faisais porter au Ministère de la Guerre. Je suis descendu dans l'excellente maison de santé des Frères de Saint-Jean-de-Dieu, où j'ai été l'objet des soins les plus dévoués ; mais je n'en suis pas moins rentré à Rennes plus souffrant et plus faible qu'à mon départ, et à la suite d'une consultation de médecins, j'ai dû me faire mettre le feu à la hanche et à la jambe. Vous voyez que je suis traité comme un vieux cheval, et je crois que je ne vaux guère mieux. Plaise à Dieu que cette série d'épreuves, que je considère comme une bénédiction de Notre Seigneur qui veut bien me permettre de porter un petit bout de sa croix, tourne à mon profit et à ma sanctification ! »

La fracture de la jambe était compliquée d'une fracture à la hanche, ce qui rendait tout mouvement difficile et extrêmement douloureux ; quoiqu'il en fût, le courageux mutilé qui, à cause de sa nombreuse famille, ne voulait pas abandonner la carrière militaire, essaya de remonter à cheval dès qu'il eut recouvré un peu de force. Un crochet fixé au côté montoir de la selle emboîtait la cuisse, et une botte en cuir recevait la jambe de bois. On devine quel supplice était la mise en selle dans de pareilles conditions. Parfois la douleur arrachait des cris au pauvre martyr, il n'en persistait pas moins dans ses essais : sa persévérance fut couronnée de succès et il réussit à faire d'assez longues chevauchées.

Au mois de juin 1874, le siège de la 20e division d'infanterie est transporté à Saint-Servan ; une fois de plus, le général va plier sa tente et la fixer ailleurs.

Tout en se confiant d'abord en Dieu, il ne néglige point les remèdes humains ; nous le voyons, sans en éprouver aucune amélioration il est vrai, aller passer une partie de l'hiver 1874, à Amélie-les-Bains, puis l'été suivant s'établir à Barèges ; dans cette dernière station, il est trop près de Lourdes pour négliger de s'y rendre ; il veut remercier la Vierge Immaculée qui, cinq ans auparavant, l'a si divinement assisté. Après avoir longuement prié M. de Sonis se fait porter dans la piscine, en répétant cette parole pleine de résignation : « Que la très sainte et très adorable volonté de Dieu soit faite ! »

Peu après, il écrivait : « Elle s'est accomplie à sa manière, et j'ai, faute de guérison de mon corps, obtenu, comme à Loigny, une très complète et très joyeuse soumission à cette volonté adorable. Nul doute pour moi qu'il est mieux, dans l'intérêt de mon âme, que je n'aie pas été guéri instantanément comme je le désirais et comme je l'espérais... »

Toutefois, le pauvre malade a retiré quelque bien du traitement de Barèges : « Je ne suis pas très vaillant à pied, mais à cheval, c'est autre chose. J'ai à peu près repris mon allure d'autrefois. Je trotte et je galope à peu près trois heures par jour. »

En 1875, Mlle de Sonis prononce les vœux qui enchaînent irrévocablement sa liberté ; à cette occasion, son père lui écrit une lettre admirable dont nous détachons le passage ci-après : « ... Je ne serai point à vos noces, et ce m'est un chagrin pour moi et pour nous tous ; saint Joseph me remplacera auprès de vous. Pour vous, chère et bien chère enfant, enfant mille fois bénie, soyez Marie de Jésus pour le temps et pour l'éternité. C'est sur cette parole que je termine cette lettre, en vous embrassant mille et mille fois, et en vous couvrant de mes larmes, mais de ces larmes du sacrifice dont Dieu seul a l'hommage. A Dieu donc et toujours à Dieu ! »

Au mois d'octobre 1876, M. de Sonis met à profit une tournée d'inspection, pour rester quelques heures avec sa sœur favorite, la Carmélite de Coutances. Ces courtes entrevues étaient pour le frère et la sœur si tendrement unis, un avant-goût de joies célestes. « Nous ne savions jamais nous quitter, et il ne fallait pas moins que la soumission à la règle pour nous séparer. Et encore lorsque je sortais de ce petit parloir, je voyais s'entr'ouvrir de loin la grille pour me laisser la joie d'un dernier adieu. »

Un mois environ après cette visite, la mère Marie-Thérèse retournait à son divin Époux. « Pour moi, écrivait M. de Sonis, à l'occasion de cette mort prématurée, pour moi qui l'ai tant aimée, et d'un amour si profond, je suis étonné de me sentir si calme à la pensée de sa mort. Lorsque mon âme prononce son nom, et c'est bien souvent, mes yeux se lèvent naturellement en haut... »

L'esprit de foi, de charité qui, en somme, est l'essence du christianisme, se retrouve à chaque étape de la vie du général ; au moment où son fils, François, se dispose à sa première communion, il lui donne, comme compagnon de la retraite préparatoire, un enfant pauvre qui ne le quitte pas. « Ce sera bien, dit-il, chacun dans leur genre, deux petits pauvres, et j'espère que, comme tels, ils seront bénis de Notre-Seigneur. »

Les événements politiques — nous sommes en 1878 — l'affligent sans abattre son courage ; l'avenir, si sombre qu'il apparaisse à des yeux non prévenus, ne saurait effrayer celui qui s'appuie sur Dieu seul, et que le sacrifice et l'immolation attirent comme un aimant divin. « ... Qu'il faut prier Dieu de nous bien tremper, écrit-il à un ami, de nous faire de grands cœurs capables de loger toutes les souffrances, toutes les injustices, toutes les persécutions qui nous attendent, des cœurs capables de vouloir tout cela, d'aimer tout cela, parce que tout cela sera la volonté de Dieu, la grande, la seule loi devant laquelle il faut se courber avec amour. Bénie soyez-vous, volonté adorable de mon Dieu, qui êtes toute justice et toute sagesse ; je n'aime que vous ! »

Cette volonté divine qu'il aime et qu'il adore, le veut toujours sur la croix ; ses douleurs physiques, qui ne lui laissent aucun repos, ont redoublé de violence et d'acuité ; en peu de temps, il a eu trois abcès au moignon, et sa jambe de bois le blesse à un tel point qu'il a dû, momentanément du moins, renoncer à s'en servir. Sa résignation habituelle ne lui fait point défaut, ainsi que nous le prouvent les lignes suivantes :

« ... Après m'être fort attristé, j'ai repris le dessus, et je me suis mis tout à fait entre les mains du bon Dieu, ces mains qui me portent depuis si longtemps avec une tendresse toute maternelle, sans m'avoir jamais laissé tomber. Et pourtant, que j'ai souvent mérité d'être lâché ! »

On le voit, chez lui, l'humilité était à la hauteur des autres vertus.

Les ministères succèdent aux ministères, et à chaque mutation, le général attend un peu sa mise à la retraite. « Je tends toujours mon dos aux coups du sort, dont la main est, quoi que fasse le diable, tenue en respect par la toute-puissante Providence... »

Enfin, au mois de mai 1880, il est déplacé brusquement et envoyé à Châteauroux, sous le commandement de M. de Gallifet. Ce dernier s'honore lui-même par les procédés courtois et délicats dont il usa toujours envers le glorieux mutilé de Loigny, qu'il avait su apprécier en Afrique. Il le fait nommer grand officier de la Légion d'honneur, jugeant que cette récompense n'est qu'une compensation à tous les ennuis que M. de Sonis a connus à Saint-Servan.

Pendant la tournée d'inspection de cette année-là et les grandes manœuvres d'octobre qui la suivirent, le général de Sonis, nonobstant son état habituel de souffrances et l'état d'infériorité résultant de sa mutilation, fatigue les officiers supérieurs moins bien montés que lui ; partout et toujours, il donne l'exemple d'une activité merveilleuse et d'une vigilance sans cesse en éveil. M. de Gallifet faisait de lui ce bel éloge, qui en dit plus que bien des grandes phrases : « Personne ne sait mieux que le général de Sonis et très bien commander et parfaitement obéir. »

Nous arrivons au moment de l'exécution des décrets contre les congrégations religieuses ; sans nous appesantir sur cette triste page de notre histoire, disons simplement que le cœur si chrétien, si français de notre héros, fut alors en proie à une amertume inénarrable. Le 3 novembre, au soir, M. de Sonis apprenait par le général Vittot que les décrets devaient être exécutés le lendemain sur le territoire du 9ᵉ corps, sa résolution est aussitôt prise. Le lendemain de bonne heure, il demande un entretien particulier à M. de Gallifet, lui déclare qu'il est fermement décidé à s'abstenir ; il le prie de transmettre sur-le-champ, par dépêche télégraphique, sa résolution au ministre de la Guerre, en demandant qu'il soit relevé de son commandement. En vain le général essaie-t-il de combattre cette résolution, en vain lui représente-t-il qu'il s'est arrangé de façon à ce qu'aucun ordre verbal ou écrit ne lui soit demandé, ses efforts demeurent infructueux. « Mon honneur de chrétien, écrivait-il à ce moment, me défend de participer, même dans la mesure faite par le hasard, aux actes qui ont été accomplis par mes troupes. »

Sa conscience est tranquille, aucune forfaiture n'entachera le nom qu'il tient de ses ancêtres, néanmoins le sacrifice fait au devoir est fort pénible ; qu'importe après tout! la grandeur, la beauté du sacrifice résident précisément dans la douleur qui l'accompagne. « ... Ce n'est pas, croyez-le bien, sans un serrement de cœur que j'ai quitté l'armée pour toujours. A mon âge, on ne se fait pas facilement une vie nouvelle, et je ne vous étonnerai pas en vous disant que, de toutes les manières, j'ai fait au devoir, un sacrifice et long et bien large. Mais qu'est-ce que cela en présence des droits de la conscience, du sentiment du devoir, et de la volonté de Dieu à accomplir? »

Nous l'avons dit déjà, M. de Sonis ne possédait aucune fortune personnelle ; sa nombreuse famille, ses déplacements continuels, les charges inséparables de sa position absorbaient toutes ses ressources, plus d'une fois même, il avait accepté les avances d'amis généreux. Sa mise en disponibilité, en réduisant sa solde, augmentait encore les difficultés d'une situation embarrassée, et causait à cette âme fière et délicate, d'incessantes angoisses. Malgré sa confiance en la divine Providence, M. de Sonis envisageait l'avenir avec une vague terreur; il craignait surtout de ne pouvoir acquitter ses dettes, dettes relativement légères, mais qui pesaient lourdement à cet homme d'honneur.

« ... Depuis que j'avais accepté ces prêts à titre gracieux, j'ajoutai à mes prières du matin et du soir, une prière spéciale par laquelle je demandais à Notre-Seigneur la grâce de rester pauvre, mais aussi celle de ne pas mourir avant d'avoir acquitté intégralement toutes mes dettes... »

Humainement parlant, ces embarras financiers semblaient insurmontables, mais Celui qui a prononcé cette parole trop oubliée de nos jours : « Cherchez d'abord le royaume de Dieu et sa justice et le reste vous sera donné par surcroît » ne pouvait délaisser son fidèle serviteur; il lui ménagea les moyens de s'acquitter. Un ami très cher, ancien marin, qui était sur le point de prononcer ses vœux chez les Bénédictins de Solesmes, âme non moins grande, non moins noble que l'âme à laquelle il s'adressait, écrivit à M. de Sonis, un mois environ après que ce dernier eut déposé son épée, et lui dit qu'étant sur le point de rompre avec le siècle, il voulait jeter à la mer ce qui lui restait de biens temporels, et qu'il serait heureux qu'un ami voulût bien recueillir ces épaves. Il le priait, en conséquence, de bien vouloir lui confier l'état de ses affaires, non seulement comme à un ami, mais comme à un religieux, auquel le secret est doublement imposé.

Après avoir réfléchi et prié, M. de Sonis, faisant taire la voix de l'amour-propre, adressait à dom Sarlat l'exposé franc et sincère qui lui était demandé. Il terminait ainsi.

« ... Malgré toute l'affection que j'ai pour vous, très cher Père, et celle dont vous me donnez un si touchant témoignage, ce n'est pas sans peine que je vous ai ouvert tout à fait mon cœur. Il en coûte toujours à un homme de dire ce que je viens de dire. Dieu m'est témoin que j'ai longtemps hésité avant d'agir de la sorte, et je ne l'eusse pas fait, si je n'avais entrevu dans votre offre si généreuse, un secret de sa miséricordieuse bonté... Sans vous ravir ce qui vous revient d'un acte aussi libéral, j'aime à me rappeler que vous n'êtes pas du monde, mais moine et serviteur de Dieu. C'est surtout sous cet aspect que je considère, dans ce que vous faites, un acte providentiel plus que vous ne pouvez croire... »

Au commencement de l'année 1881, grâce à la bienveillance du général de Gallifet, M. de Sonis est nommé inspecteur général et permanent de quatre brigades de cavalerie, avec Limoges pour résidence. Ce poste, qui le place tout à fait en dehors de la politique, lui est agréable; puis, à Limoges, il a laissé de vieux amis qu'il se fait une joie de retrouver. Cette joie, Dieu la lui ravit au moment où il se dispose à la goûter; ces chers compagnons de sa jeunesse n'ont plus que peu de temps à vivre; il ne pourra même dire à l'un d'eux, à M. de Sèze, un dernier adieu. Celui-ci languissait depuis longtemps déjà, et tout faisait présager une fin prochaine. « Ma prière du moins, écrit le général à Mme de Sèze, me remplace à son chevet. Je ne le quitte pas de cœur, puisque je ne puis être auprès de lui... »

Quatre mois plus tard, M. Lamy de Lachapelle succombait à son tour, enlevé quasi subitement, par une angine de poitrine.

Au mois de septembre, les grandes manœuvres appellent le général sur nos frontières, en Lorraine ; cette campagne, au point de vue militaire, l'intéresse vivement, mais est pour lui une source de fatigues extrêmes. « Il faut que j'aie été bien assisté de la Sainte Vierge, écrit-il à dom Sarlat, pour avoir réussi à me tirer d'affaire dans des terrains d'une difficulté inouïe, coupés d'obstacles et de fossés qu'il fallait franchir quand même. »

Au même, quelques jours plus tard : « J'ai failli me tuer, et un cheval dont je croyais pourtant être bien sûr, m'a fait un jour d tels sauts que j'ai été jeté à terre. Ma jambe de bois a été brisée, et on m'a rapporté chez moi, à Tantonville, sur une charrette. Je n'en suis pas moins remonté à cheval le surlendemain et j'ai assisté à toutes les manœuvres suivantes... »

A Limoges, M. de Sonis mène une vie simple, retirée, ainsi qu'il convient à ses goûts et à sa santé à jamais détruite. Sa maison n'est pas éloignée de l'église, ce qui lui permet de suivre régulièrement tous les offices. L'Adoration nocturne qui, jadis a été fondée sous son inspiration, est encore existante ; c'est avec bonheur qu'il reprend sa place au milieu des adorateurs, comme il le dit lui-même.

« J'ai été bien heureux de reprendre ma place dans la garde d'honneur de Notre-Seigneur, qui, au lieu du jeune officier d'autrefois, ne trouve plus qu'une vieille sentinelle boîteuse et incapable d'une bonne faction... »

De jour en jour, le poids des infirmités se fait sentir davantage au pauvre mutilé ; une tristesse profonde l'envahit, le pénètre en quelque sorte, lui, autrefois si vaillant, presque joyeux sous l'épreuve.

«... J'ai pris mon état en dégoût, lisons-nous dans une lettre à dom Sarlat. J'en suis fatigué de toutes manières. Cette vie de perpétuel mouvement pour un malheureux qui ne peut tenir debout, me paraît un contresens insupportable... Depuis la terrible chute que j'ai faite aux grandes manœuvres de l'Est, je n'ai plus de confiance dans mes moyens de tenue à cheval. Je suis à peine en selle que je prévois des défenses de ma monture, et qu'il me semble que je vais être désarçonné... Lorsque, me repliant sur moi-même, je me dis ce que je viens de vous confier des tristesses de mon âme, je me baisse, je reprends ma besace, je la charge sur mon dos, et je reprends le chemin de la vie que Dieu m'a faite, comprenant qu'après tout, cette besace c'est bien une croix... »

Au mois de mai 1882, il écrit au général de Gallifet pour lui demander d'être admis à faire valoir ses droits à la retraite. En cette circonstance, M. de Gallifet se montra derechef ami dévoué ; il essaya de faire avoir à celui qui avait usé ses forces et sa vie pour la France, un commandement dans l'infanterie ; la politique ne le permit pas ; M. de Sonis fut simplement nommé membre de la commission des travaux, au ministère de la Guerre « ce que, dans notre langue militaire, dit-il, on nomme enterrement de première classe. »

Le 1er février 1883, M. de Sonis quittait Limoges pour n'y plus revenir. A Paris, il voulut un quartier paisible, et il choisit Passy. Peu après son installation, il tomba gravement malade, et fut aux portes du tombeau. Toujours, il montrait une patience, une égalité d'humeur que rien n'altérait; on eût dit que chacune des épreuves successives qu'il traversait, le rendait meilleur et le rapprochait du Ciel. Ses jours de joie étaient ceux où il recevait la sainte communion : le divin Bien-Aimé allait à celui qui ne pouvait plus venir à lui. « Félicitez-moi, écrit-il, j'ai communié ! Je suis donc en possession de l'adorable Maître, dont aujourd'hui je suis le très indigne, mais très amoureux serviteur. »

Nous ne savons pas résister au désir de placer sous les yeux de nos jeunes lecteurs, la prière suivante, qui paraît avoir été composée par l'illustre malade, vers cette époque, et qui fut trouvée seulement après sa mort.

« Mon Dieu, me voici devant vous, pauvre, petit, dénué de tout. Je ne suis rien, je n'ai rien, je ne puis rien ; je suis là, à vos pieds, plongé dans mon néant. Je voudrais avoir quelque chose à vous offrir, mais je ne suis que misère. Vous, vous êtes mon tout, vous êtes ma richesse. Mon Dieu, je vous remercie d'avoir voulu que je ne fusse rien devant vous. J'aime mon humiliation, mon néant. Je vous remercie des déceptions, des inquiétudes, des humiliations. Je reconnais que j'en avais besoin, et que les biens auraient pu me retenir loin de vous. O mon Dieu, soyez béni quand vous m'éprouvez. J'aime à être brisé, consumé, détruit par vous. Anéantissez-moi de plus en plus. Que je sois à l'édifice, non comme la pierre travaillée et polie par l'ouvrier, mais comme le grain de sable obscur, dérobé à la poussière du chemin. Mon Dieu, je vous remercie de m'avoir laissé entrevoir la douceur de vos consolations ; je vous remercie de m'en avoir privé. Je vous bénis dans mon indigence ; je ne regrette rien, sinon de ne vous avoir pas assez aimé. Je ne désire rien, sinon que votre volonté soit faite. Vous êtes mon Maître et je suis votre propriété ! Tournez et retournez-moi ; détruisez et travaillez-moi. O Jésus ! que votre main est bonne, même au plus fort de l'épreuve. Que je sois crucifié, mais crucifié par vous ! »

Quel amour de Dieu ! Quelle incomparable humilité ! Il nous semble que, dans nos livres de piété moderne, rien ne surpasse, n'égale même la sublimité de cette page.

Le général ne sortait presque plus, sauf pour aller à l'église ou a quelque chapelle privée ; au mois de juin, il voulut cependant se joindre au pélerinage de sa paroisse, qui se rendait à Montmartre.

Un dernier coup, qui lui fut très sensible, devait lui être porté. Au mois de mars 1886, le ministre de la Guerre ayant remanié la commission mixte des travaux publics, son premier soin fut d'en exclure M. de Sonis.

Dans le courant de cette même année, le pauvre infirme se rendit une fois encore à Amélie-les-Bains ; le ciel plus clément du midi joint à l'action des eaux, lui fit éprouver d'abord une légère amélioration ; mais les premiers mois de l'année 1887 lui apportèrent un redoublement de souffrances. La mort que, si souvent, il avait envisagée, à laquelle il s'était préparé de longue main, ne lui inspirait que peu d'effroi, et s'il lui en coûtait de laisser ici-bas sa fidèle compagne, ses enfants bien-aimés, d'autres êtres non moins chers l'attendaient Là-Haut, car la mort qui est l'heure cruelle des séparations, est aussi l'heure bénie des réunions éternelles...

Au mois d'août, huit jours avant la grande fête de la Vierge Marie, la fièvre augmenta et quelques étouffements survinrent. Le jour de l'Assomption, M. de Sonis reçut l'extrême-onction, puis l'agonie commença, longue et terrible ; vers deux heures, il rendait son âme à Dieu ; la divine Mère voulut qu'en ce grand jour, son bon et fidèle serviteur reçût la récompense promise à celui qui a vaillamment combattu.

Le général avait dit un jour à son fils : « Je veux être enterré comme un pauvre, pas de cérémonial, pas d'épitaphe, pas de tombe. Une simple pierre et comme inscription : *Miles Christi* 'soldat du Christ.)

On respecta ce désir ; les obsèques célébrées à Saint-Honoré-d'Eylau furent simples, mais profondément chrétiennes.

La dépouille mortelle de M. de Sonis ne devait point rester à Paris, elle fut transportée à Loigny, dans un caveau que M. de Charette avait fait disposer pour lui-même et dont avec bonheur, il céda la moitié. « Je ne suis pas digne, écrivait-il à cette occasion, d'aller reposer auprès de ce saint... »

L'AMIRAL COURBET

C'est vous, Seigneur qui lui avez tracé un chemin sur la mer, et une route assurée au milieu des flots.

(*Livre de la Sagesse*).

MÉDÉE-ANATOLE-PROSPER Courbet, naquit à Abbeville, le 26 juin 1827 ; ses parents avaient déjà deux enfants, une fille qui comptait alors seize ans et un fils, douze ans. Malgré, ou plutôt à cause même de cette grande différence d'âge, le jeune Anatole était très aimé de son frère et de sa sœur, qui l'entourèrent constamment d'une tendresse toute de sollicitude et de protection.

Dans sa petite enfance, Anatole ne se distinguait guère des autres enfants de son âge que par une vivacité qui ne lui laissait aucun repos, et par un goût très prononcé pour les récits d'aventures et de voyages. Il avait à peine neuf ans, lorsqu'il eut le malheur de perdre son père ; celui-ci, voulant adresser un dernier adieu à un neveu qui s'en retournait par la diligence, mode de locomotion alors seul en usage, grimpa sur le marchepied. Au moment où il descendait, la lourde voiture s'ébranla ; M. Courbet, par ce choc, perdit l'équilibre, et il tomba d'une façon si malheureuse que les roues lui passèrent sur le corps. Quelques heures plus tard, il mourait loin des siens, car c'était à Airaines, au cours d'une de ses tournées habituelles, qu'il avait rencontré la diligence. Son fils aîné, qui se destinait au sacerdoce et faisait ses études à Issy, revint en toute hâte auprès de sa mère.

M. Courbet dirigeait une maison importante de vins et de spiritueux ; une liquidation dans les circonstances actuelles eût entraîné la ruine à peu près complète, il était donc impossible d'y songer ; d'autre part, ce n'était ni la veuve du négociant, ni sa jeune fille, qui pouvaient se mettre à la tête d'un établissement de ce genre, qui exigeait des déplacements incessants ; il fallut donc que le fils aîné abandonnât les rêves d'avenir longuement caressés, le sacerdoce vers lequel, dès sa plus tendre enfance, il se sentait entraîné. Le triste événement qui, en le rendant orphelin, le faisait le soutien, l'appui de sa mère et de son jeune frère, lui parut un avertissement du Ciel ; il renonça vaillamment, sinon sans regrets, à la vie plus haute qu'il avait choisie, et se consacra tout entier aux affaires commerciales. Son abnégation, son sacrifice, fut récompensé dès ici-bas : M. Courbet, par sa loyauté, l'élévation de son caractère, s'attira tout de suite l'estime et la sympathie de ses concitoyens ; successivement, il devint conseiller municipal, maire d'Abbeville, conseiller général, puis enfin, en 1871, il fut chargé de représenter le département de la Somme, à l'Assemblée nationale.

Revenons à Anatole, et constatons un fait étrange, qui montre bien que la nature humaine est pétrie de contradictions : celui qui, plus tard, devait être l'homme du devoir par excellence, un modèle de discipline et d'obéissance envers ses chefs hiérarchiques, était un enfant indocile qui ne pouvait supporter aucune règle, aucun joug, si léger fût-il.

Plusieurs fois on avait parlé en sa présence du merveilleux spectacle que présentait à Paris, le cortège du bœuf gras, ces réjouissances étaient à cette époque, une *great attraction* pour les provinciaux. L'imagination d'Anatole avait été si vivement frappée par le récit de ces magnificences carnavalesques qu'il n'avait plus qu'une pensée, ne formait plus qu'un désir : voir le mardi-gras à Paris. Il allait avoir dix ans, quand il résolut de réaliser un projet maintes et maintes fois retourné dans sa petite tête. Au conducteur de la diligence, il fit une histoire quelconque, assez vraisemblable, parlant de cousins qu'il avait dans la capitale, qui l'attendaient et

paieraient sa place. Pour ses parents parisiens, il inventa une autre
fable, qui fut accueillie avec la même facilité, et il put, à son grand
contentement, assister au défilé du fameux cortège. Peut-être eut-il
quelque désillusion, car il est fort rare que la réalité atteigne à la
hauteur du rêve; d'ailleurs il songeait que l'heure approchait où la
vérité allait être connue, et cette perspective lui gâtait un peu le
spectacle qu'il avait sous les yeux.

Son frère, plus triste encore qu'irrité de l'escapade d'Anatole,
le ramena promptement à Abbeville. Le supérieur du séminaire où
l'enfant avait commencé ses études, et qui, plusieurs fois, s'était
plaint de son insoumission, refusa de le recevoir; au lieu de s'affliger
de cet arrêt sévère, Anatole s'en réjouit, tant l'étude lui était alors
antipathique. « Puisque le travail intellectuel t'inspire une si
grande répugnance, lui dit le négociant, un peu aux abois, je te
ferai apprendre un état, choisis celui qui te conviendra le mieux ;
je te donne quinze jours pour réfléchir, au bout de ce temps, tu
entreras en apprentissage. »

L'enfant fut sur le point de répondre qu'il serait cordonnier,
puis il réfléchit que, dans cet état, il lui faudrait rester assis des
journées entières, et cette nécessité enleva tout espèce de charme
au métier de saint Crépin.

En dépit de ses idées trop indépendantes, Anatole avait bon
cœur, il aimait beaucoup son frère et ne pouvait rester insensible
au chagrin qu'il lui causait; il est probable également, bien que son
biographe garde le silence sur ce point, que les tendres représentations de sa mère et de sa sœur touchèrent le coupable. Quoi qu'il
en soit, Anatole fit sa soumission et promit de se corriger. « C'était
assez naturel, observe M. Ganneron, mais ce qui est plus remarquable, c'est qu'il tint sa parole. » En effet, à partir de ce moment,
toute mutinerie, toute velléité d'indépendance fut mise de côté, et
dans les institutions qu'il fréquenta, son assiduité au travail. aussi
bien que ses progrès, ne se démentirent pas un seul instant.

En 1846, il obtint au lycée Charlemagne dont il suivait les cours,
un deuxième prix de mathématiques spéciales, l'année suivante, le
prix d'honneur et un accessit au concours général. En octobre 1847,
sur cent vingt-six candidats, il entre cinquième à l'École polytech-

nique et reçoit les galons de sergent. Par malheur, les études sont
interrompues, au mois de février, lorsqu'éclate la révolution. Les
jeunes gens de l'École, grisés par l'effervescence populaire, par les
grands mots de liberté et de progrès répétés de toutes parts, vont
combattre sur la place de la Bastille, derrière une barricade ;
ensuite ils se rendent au Louvre où, la foule en délire veut détruire
les chefs-d'œuvre qui y sont exposés, afin de rendre hommage à
la République. Là, le jeune Courbet commence à exercer l'empire
que, plus tard, nous le verrons prendre sur tous ceux qui seront
placés sous ses ordres. Grâce à sa parole énergique, pleine d'ardeur
sous un calme apparent, il parvient à se faire écouter, nous ne
savons par quel prodige, de cette multitude exaltée, avide de tapage
et de destruction. Nos œuvres d'art sont sauvées, et les énergumènes qui, tout à l'heure, voulaient exterminer leur contradicteur,
le portent en triomphe. Le mot n'est pas exagéré, car des jeunes
gens s'attellent à la charrette qui avait servi de tribune au nouveau Démosthènes, et le conduisent à l'Hôtel-de-Ville, siège du
gouvernement provisoire. Armand Marrast, un des membres du
gouvernement, en apprenant ce que vient de faire Courbet, le
réclame pour son secrétaire ; pendant plusieurs semaines, le jeune
polytechnicien remplit ce poste avec succès.

Quoique les études aient été reprises dans les derniers jours
d'avril, cette première année, au point de vue du travail, ne
pouvait être que médiocre : au mois de mai, nous retrouvons les
élèves de l'École polytechnique, au Petit-Luxembourg ; dans les
tristes journées de juin, ils aident Cavaignac et La Moricière à
rétablir l'ordre et à disperser les menaçantes cohortes des insurgés.

L'année suivante est plus calme, le travail plus fructueux ;
déjà on peut prévoir quelle carrière choisira Courbet, puisque dans
une des notes rédigées par le commandant de l'École, le général
Poncelet, on lit ceci : « Goût prononcé pour la marine, intelligent
et pourra faire un très bon officier. »

Le 1er octobre 1849, Anatole est envoyé à Toulon, à bord de
l'*Océan*, en qualité d'aspirant de première classe ; le 18 novembre,
il reçoit l'ordre d'embarquer sur *la Capricieuse*, corvette com-
mandée par un officier des plus distingués, le capitaine de Rocque-

maurel, ancien second de Dumont d'Urville. Si Courbet avait sur les autres aspirants, l'avantage de posséder des connaissances techniques bien au-dessus des leurs, son infériorité, au point de vue pratique, était manifeste, attendu que ces jeunes gens avaient déjà navigué deux ans sur *le Borda*. Ces derniers voyaient avec un certain déplaisir leur nouveau camarade qui, non sorti de l'École navale, leur semblait un intrus, et ils n'étaient nullement disposés à venir en aide à son inexpérience. Par bonheur, le jeune polytechnicien trouva, dans son commandant, un professeur habile autant que délicat qui, voyant les lacunes de son éducation nautique, se plut à les combler et lui fournit, avec une bonne grâce sans égale, tous les éclaircissements dont il pouvait avoir besoin. Courbet, dont le cœur ne le cédait en rien à l'intelligence, conserva toujours à l'égard de M. de Rocquemaurel, une gratitude profonde, et, en toute occasion, il aimait à dire combien il lui était redevable.

Pendant les quatre années que dura la campagne de *la Capricieuse*, rien ne ralentit le zèle, l'application au travail dont Anatole donnait des preuves à chaque instant; aussi se perfectionna-t-il, non seulement dans l'exercice de la manœuvre, mais encore dans le canonnage et l'hydrographie. Sa santé assez délicate avait eu, au début, quelque peine à s'habituer au régime maritime; peu à peu elle se fortifia, et, après deux ans passés sur mer, le commandant écrivait dans les notes relatives à l'aspirant Courbet « Bonne santé ».

Dans sa longue traversée, la corvette longea les côtes de l'Annam et de la Cochinchine; elle passa à Phuyen, à Saïgon, etc. Les officiers, ainsi que les élèves, entreprirent plusieurs excursions à travers le pays, poussant même jusqu'à l'intérieur; ils visitèrent avec un vif intérêt, ces contrées un peu étranges et alors tout à fait inconnues. Ce n'est pas, croyons-nous, sans un secret dessein de la Providence, que Courbet étudiait avec l'attention minutieuse qu'il apportait à toute chose, ces lointains rivages où, trente ans plus tard, il devait rendre si glorieux le nom français. Le 15 mars 1854, *la Capricieuse* rentrait à Toulon, et le jeune aspirant était nommé enseigne de vaisseau.

Peu après, il embarquait sur *l'Olivier*, brick de première classe faisant partie de l'escadre du Levant. Comme *l'Olivier* stationnait à Smyrne, il se trouvait dans le port un paquebot des Messageries, *le Tancrède*, qui transportait une centaine de bachi-bouzouks à la solde de l'Angleterre; ces derniers, ayant reçu d'avance une certaine somme, voulurent déserter; ils engagèrent une lutte avec l'équipage du *Tancrède*, qui leur était inférieur en nombre. Heureusement que cette scène avait été aperçue du brick; aussitôt le commandant envoya les embarcations armées en guerre avec Courbet pour chef; celui-ci déploya une intrépidité et un sang-froid admirables. Il se rendit maître des révoltés et n'eut que trois hommes de blessés.

A la suite de différentes circonstances inutiles à rapporter, *l'Olivier* dut être renfloué; pour cela, il fallait l'abattre en carène, c'est-à-dire le coucher sur le côté, mais de manière qu'il pût être relevé avec une facilité relative. Cette opération, assez aisée dans nos grands ports où l'on dispose d'un outillage spécial, était fort difficile au Pirée, où presque tout faisait défaut. Courbet fut chargé de mener à bien cette entreprise; il répondit pleinement à la confiance de ses chefs, et *l'Olivier* reprit sa route.

Après six mois de congé, Courbet est nommé second à bord du *Coligny*; il y retrouve son ancien capitaine de *l'Olivier*, M. Bonie, qui venait d'en prendre le commandement. Pour complaire à l'empereur, qui rêvait de créer un port à Biarritz, notre jeune ami exécute divers travaux hydrographiques; il faillit même se noyer en opérant des sondages; sans le dévouement d'un des marins qui l'accompagnait, il eût péri, car, chose étrange, il ne savait pas nager. L'empereur le nomma chevalier de la Légion d'honneur.

Pendant sa croisière, *le Coligny* vient mouiller à Gibraltar; une embarcation l'accoste et un officier d'artillerie de marine demande si l'on peut prêter au capitaine du navire où il a pris passage, une carte de la Méditerranée, car, ajoute-t-il, le capitaine n'en a pas; il croyait débarquer sa cargaison de sucre à Bordeaux, et il a reçu l'ordre de la porter à Marseille; il n'a rien pour le guider dans ces parages. A bord du *Coligny*, on ne peut disposer d'aucune carte; afin d'obliger le capitaine du navire marchand qui se trouve dans un terrible embarras, Courbet passe vingt-quatre heures à préparer un routier complet. Le capitaine, ravi au-delà de toute expression, ne sait comment exprimer sa reconnaissance, et fait à tout venant, l'éloge des officiers de l'État.

Du *Coligny*, Courbet passe sur *le Suffren* où il reste deux ans, puis sur *le Montebello*, vaisseau école des canonniers. Dans ce nouveau poste, il donne la mesure de sa haute capacité et de sa puissance de travail. Levé chaque matin à cinq heures, comme un simple matelot, il travaille au moins quatorze heures sur vingt-quatre. Outre l'école de canonnage et de timonerie, auxquelles il apporte tous ses soins, il est secrétaire d'une commission d'artillerie chargée d'étudier les nouveaux appareils envoyés par le ministre. Dans le même temps, il s'occupe aussi d'introduire des perfectionnements dans la précision du tir, et à ce sujet, il adresse plusieurs mémoires très documentés, au ministre de la Marine.

Laissons-le nous apprendre lui-même son embarquement sur *l'Alexandre*, bâtiment à vapeur qui faisait alors partie de l'escadre d'évolutions : « Depuis mon retour de Lorient, je suis embarqué sur le vaisseau *l'Alexandre*... Sans me trouver là dans la meilleure position que je puisse souhaiter à plusieurs points de vue, j'ai lieu cependant de me féliciter, relativement, des conditions de ce nouveau service. Le commandant de *l'Alexandre* est mon ancien chef sur *le Suffren*; je le connais de longue date, et il est bien présumable que nous nous entendrons parfaitement ensemble... La navigation de l'escadre est dans le genre de celle du *Montebello*; elle dépasse rarement les colonnes d'Hercule, les ouragans de l'Océan et les épidémies tropicales ne doivent donc vous donner aucune inquiétude sur mon compte. Jusqu'à la fin de l'hiver sans doute, nous resterons en rade de Toulon... »

Malgré les notes élogieuses de ses chefs, leurs recommandations pressantes, Courbet restait lieutenant; il s'en attristait un peu, trouvant que l'avancement se faisait bien attendre, et il souhaitait entreprendre quelque voyage de long cours qui lui fournirait peut-être l'occasion de se distinguer. A un ami, il s'en exprime de la façon suivante :

« ... Le 10 avril prochain, notre chef désarme — l'amiral

Bouët-Willaumez — et tout son entourage désarme en même temps. J'ignore jusqu'à présent ce que je deviendrai alors, mais il me paraît probable que je prendrai mon vol vers des contrées lointaines. La proximité de France des parages où je navigue depuis cinq ou six ans, a pu être un obstacle au développement de ma carrière, et cet obstacle, s'il existe, je tiens à le faire disparaître. »

En le proposant au grade de capitaine, l'amiral ajoutait cette annotation, qui dit beaucoup dans sa concision : « Officier complet, beaucoup d'avenir. »

Enfin, le 14 août 1866, Courbet est nommé capitaine de frégate; il était alors à Paris et faisait partie de la commission chargée d'examiner les différents systèmes de torpilles. C'est également vers cette époque qu'un des camarades qu'il estimait le plus, Paul de Broglie, quitte la marine pour se vouer au sacerdoce. Nous ne savons pas résister au plaisir de citer quelques passages de la lettre d'adieu que lui adressa Courbet.

« Mon cher de Broglie,

Je vous remercie de votre bon souvenir. Votre amitié m'est chère, bien qu'elle date d'un an à peine ; mais en pareille matière, l'estime sait abréger l'œuvre du temps. Quand les bases sont solides, l'édifice ne perd rien à s'élever rapidement. Votre fréquentation m'a montré l'humanité sous un jour capable d'ébranler plus d'un misanthrope, à votre insu même, elle m'a ménagé une des plus grandes satisfactions de mon existence, car elle m'a permis de constater plus d'un point commun entre nos deux routes, malgré leur divergence à l'horizon. Incapable de modifier la mienne, j'ai pu du moins apprécier la vôtre : c'est là, je veux le répéter, qu'est tout le secret de la prompte maturité de mon affection pour vous... En quittant la marine, vous ne quittez pas vos amis : c'est une consolation pour eux. En ce qui me touche personnellement, je vous remercie et me félicite. Les occasions de vous revoir et de correspondre avec vous ne seront jamais trop nombreuses à mon gré... »

Le futur abbé de Broglie, plus qu'un autre peut-être, avait deviné l'âme de Courbet. Aussi disait-il à des amis chrétiens comme lui : « Il nous reviendra, et quand il reviendra, ce sera tout d'une pièce. Comme le centurion romain, on pourra dire de lui : En vérité, nous n'avons jamais vu tant de foi en Israël. »

Un an plus tard, Courbet rentre dans la vie active et devient chef d'état-major du contre-amiral Dompierre d'Hornoy. Au mois d'octobre 1867, nous le retrouvons à Cherbourg, gai et heureux, ainsi que le prouve le fragment de lettre ci-après : « Si l'ingratitude était bannie de la politique, elle se réfugierait dans la marine militaire ; malheur à ceux qui réchauffent des serpents de mer dans leur sein. Tout cela ne m'excuse pas, mais tu as une si vieille habitude de m'excuser quand même, et tous ceux qui t'entourent professent si bien, à ton exemple, une indulgence dont je suis l'heureux bénéficiaire ! Voilà pourquoi j'ose aujourd'hui leur montrer la couleur de mon encre, pourquoi je n'hésiterais pas non plus à leur exhiber mon individu, si un hasard que je ne puis prévoir, m'appelait quelqu'un de ces jours entre l'Obélisque et la Madeleine... »

A la fin de cette même année, l'amiral d'Hornoy termine ses notes confidentielles sur Courbet, comme il suit : « Si sa santé, qu'il use à force de zèle, ne lui fait pas défaut, il doit avancer rapidement, et plus il avancera plus il rendra de services à la marine. »

En effet, à cette époque, Courbet qui se dépense plus que jamais, a l'estomac débilité, ses traits se sont creusés, ses yeux ont un cerne prononcé, et le visage, aux lignes énergiques, a pris un peu l'aspect d'une tête de mort, sous lequel il est resté légendaire.

Au mois de septembre 1869, il obtient un congé de plusieurs mois ; au printemps suivant, il reprend la mer sur *le Talisman*, qui faisait partie de la division des Antilles. C'est à Fort-de-France qu'il apprend la déclaration de guerre entre la France et la Prusse, ainsi que nos premiers revers. Voyons quels sentiments lui firent éprouver, ces douloureuses nouvelles.

« Voilà des désastres, mon bon Juste, depuis que je ne t'ai donné de mes nouvelles. Et je ne sais peut-être pas tout, car nos derniers télégrammes sont du 22 septembre, nous en sommes donc ici à l'investissement de Paris, aux propositions de paix portées par Jules Favre, aux tentatives de médiation de M. Thiers. Juge de l'impression sous laquelle nous vivons. En dépit de toutes les apparences, je ne puis pas croire que la France ne se réveille pas, et je repousse avec horreur l'idée seule d'une paix honteuse. Malgré tant de revers, il y a encore du courage et des hommes ; en quinze jours on lève une armée dans ces moments de suprême péril. Et notre génération n'a-t-elle pas présente à la mémoire l'exemple de ses aïeux ! Tu ne devines pas, mon cher ami, combien il est douloureux d'être loin, dans de pareils moments ; à la conscience de n'être guère utile quand on rendrait des services réels ailleurs, ajoute l'incertitude poignante que cause le manque de nouvelles... »

On dit même, et nous n'avons pas de peine à le croire, que le jeune capitaine sollicita l'autorisation de revenir en France, afin de combattre les Allemands.

Un an plus tard, il est encore à Fort-de-France ; il s'excuse auprès de son cousin, de n'avoir pas répondu à ses dernières lettres. « L'imprévu joue un si grand rôle dans notre métier qu'il ne faut pas toujours nous en vouloir de négliger momentanément nos meilleures affections. Ainsi, dans le cours du mois dernier, deux circonstances très regrettables m'ont fait appareiller dans les trois ou quatre heures, juste le temps des préparatifs, alors que toutes les probabilités me promettaient un séjour assez prolongé au mouillage... Voilà pourquoi tes deux dernières lettres sont encore sans réponse ; il a suffi que les circonstances dont je viens de parler se produisissent dans les soixante-douze heures qui précèdent le départ du courrier, pour me suprendre en flagrant délit d'imprévoyance. Si on était parfait, on ne compterait jamais sur les loisirs du lendemain, mais qui l'est moins que moi... »

L'officier revint très fatigué de cette dernière campagne, accomplie sous un climat dangereux ; on peut juger de l'insalubrité du pays, par les chiffres suivants : en deux ans, la division avait perdu le dixième de ses officiers et soixante-huit matelots ;

de plus, quatre-vingt-deux hommes avaient dû être renvoyés dans leurs foyers.

Après s'être reposé quelque temps à Abbeville près des siens, Courbet revient à Cherbourg, pour des expériences navales.

Au mois d'août 1873, il est nommé capitaine de vaisseau; l'année suivante, le ministre le désigne pour diriger l'École d'application des torpilles installée, non loin de Rochefort, à Boyardville, sur l'île d'Oléron. L'École était alors presque à ses débuts, et l'installation ne ressemblait guère à celle d'aujourd'hui. Grâce à son esprit méthodique, à son activité infatigable, à la sûreté de son coup d'œil, Courbet réorganisa tous les services, contribua au perfectionnement des torpilles qui sont appelées à jouer un rôle si important dans la marine moderne, et dont il devait, quelques années plus tard, tirer un merveilleux parti dans l'Extrême-Orient.

Afin d'arriver à fournir le plus de travail possible, il avait réglé strictement l'emploi de son temps : de huit heures et demie à onze heures et demie, il écrivait à son bureau ; il déjeunait ensuite. Souvent il recevait ses officiers à sa table, toujours très bien servie ; la conversation alors était simple, familière ; Courbet abordait avec succès toutes les questions, dont aucune ne lui semblait étrangère. Son intelligence très nette souffrait avec peine les explications diffuses, les raisonnements peu clairs, et quand il voyait un de ses interlocuteurs se perdre au milieu de phrases entortillées, il l'arrêtait par ces mots, qu'il eut occasion de répéter fréquemment : « Mon ami, distinguons, ne confondons pas. »

Le déjeuner était suivi d'une petite promenade, puis il se rendait sur la plage, s'il y avait quelque expérience à faire, ou à la commission des travaux pour la présider, ou bien encore il rentrait à son bureau jusqu'au dîner. A dix heures, il montait se coucher

Puisque nous avons parlé de commission, disons que ses rapports étaient des chefs-d'œuvre de clarté et de précision; il rédigeait avec une facilité remarquable, ne faisant que peu de ratures; si le mot propre ne se présentait pas immédiatement sous sa plume, il s'arrêtait un instant à réfléchir et parvenait toujours à le trouver.

Cette vie régulière et paisible convenait beaucoup à sa santé, très fatiguée par son séjour aux Antilles ; au retour de cette croisière, il avait consulté une des célébrités du monde médical, et il lui avait été prescrit de ne plus fumer. Ce n'était pas chose aisée que de se conformer à une telle injonction, car Courbet était grand fumeur, du matin au soir, on ne le voyait guère que la cigarette aux lèvres, aussitôt qu'il y en avait une de consumée, une autre la remplaçait. Cependant, dès que le médecin eut parlé, l'officier cessa complètement de fumer... Nous ne sommes pas compétent pour apprécier la force de volonté dont il donna la preuve en cette circonstance, mais, de l'avis de tous les fumeurs, il est fort difficile de renoncer à la pipe ou au cigare, lorsqu'on en a contracté l'habitude.

Nous avons vu comment Courbet était jugé par ses chefs ; voyons, par une lettre écrite vers cette époque, comment il se jugeait lui-même : « ... J'ai perdu mon père lorsque j'étais encore enfant. Mon frère aîné devenu mon tuteur, le remplaça auprès de moi. Mon éducation a été très chrétienne ; mais à l'École polytechnique, je jetai par dessus bord ma pratique de la religion. Je n'en gardai pas moins entière ma foi de catholique, j'ai toujours été croyant. Je n'ai aucune fortune patrimoniale ; tout ce que je possède se réduit à quelques milliers de francs, à la disposition de mes amis. Sans goûts de luxe ; sans besoins personnels, je ne souffre pas des brusques transitions pécuniaires inhérentes à ma carrière. Je méprise les pieds plats, les plats valets, et le leur montre peut-être trop. En service, je suis exigeant et raide. Mes officiers me craignent, mais je crois avoir leur estime. Je tâche d'être juste, d'encourager, de récompenser le mérite... »

En 1877, l'amiral de Dompierre d'Hornoy qui, nous l'avons vu, appréciait singulièrement Courbet, était nommé commandant de l'escadre cuirassée de la Méditerranée ; il lui fit proposer d'être de nouveau son chef d'état-major. Il accepta cette offre, avec empressement ; le 12 mars, il quittait le port de Toulon, sur *le Richelieu*, un des plus grands cuirassés qu'on eût encore construits. A la suite de cette campagne, l'amiral fit, sur son chef d'état-major qui, suivant l'ordinaire, s'était distingué par son zèle et sa capacité hors ligne, un rapport des plus favorables où nous relevons cette phrase significative : « Énergique au suprême degré, il n'a qu'un but : le bien du service, et si on le laissait faire, il y sacrifierait sa santé. »

La façon dont Courbet s'était acquitté de ses fonctions décida l'amiral Cloué, qui remplaçait l'amiral d'Hornoy, dans le commandement de l'escadre, à lui demander de conserver son poste une année encore, et, chose presque inouïe dans les annales maritimes, les deux commandants successifs de l'escadre méditerranéenne gardèrent le même chef d'état-major. Par les lignes suivantes, nous verrons que, si l'officier de marine n'avait consulté que sa propre satisfaction, il eût décliné l'offre de l'amiral Cloué, mais la voix du devoir était toute-puissante sur lui, et dès qu'elle se faisait entendre, il ne savait plus qu'obéir.

« ... Il y a un mois, je faisais de superbes projets de repos, je dressais des plans de villégiature, j'arrangeais mon hiver, sans me soucier de la marine plus que si je n'avais jamais vu l'Océan. En une seule nuit tout cet échafaudage s'est écroulé. Certain soir m'est parvenue l'offre de rester chef d'état-major de l'escadre, sous le successeur de mon digne et cher amiral d'Hornoy, avec plus de raison que de plaisir, je répondais oui le lendemain. Dur sacrifice, je t'en réponds !... C'est un nouveau bail d'un an, pendant lequel je n'entrevois guère de loisirs... »

Durant les manœuvres de l'escadre, *la Surveillante* s'échoua dans des conditions toutes particulières, qui rendaient le renflouage très difficile. A cette occasion, l'amiral écrivait : « ... La prompte réussite à laquelle nous sommes arrivés, dépendait du bon ordre dans la promptitude, et de la méthode employée pour la répartition de nos moyens d'action. Le commandant Courbet, mon chef d'état-major, a montré là, une fois de plus, ses remarquables qualités, développé une activité au-dessus de tout éloge et prouvé une entente parfaite des besoins nécessités par ces difficiles circonstances... »

Quant à l'objet de cet éloge, avec une modestie qu'on ne saurait trop admirer, il rend compte à un ami, de l'opération, comme d'une chose sans importance aucune « ... Tu as appris le

fâcheux accident qui nous a retenus ici jusqu'à aujourd'hui. Tu
as peut-être vu, de la pointe Croizette, *la Surveillante* échouée sur
son rocher. Tu devines que nous avons passé deux journées labo-
rieuses pour la tirer de là... Grâce au beau temps, les avaries
sont légères... »

Courbet passa presque tout le congé qui suivit cette campagne,
à Amélie-les-Bains ; de cette ville, il écrivait dans les premiers jours
de janvier 1880 : « Tu dois être bien surpris de n'avoir pas encore
reçu mes souhaits de bonne année, c'est qu'il y a eu, le dernier
jour de 1879, une interruption imprévue dans ma correspondance.
Une demi-heure de promenade entre la lettre que j'avais écrite à
Abbeville et celles que je me proposais d'envoyer le même jour,
dans diverses directions, m'a donné une vraie grippe, avec fièvre
et accessoires, dont je relève aujourd'hui seulement. Nous n'avons
pas eu ici la gelée intense qui vous a claquemurés pendant
plusieurs semaines, nous n'avons pas maintenant le barbottage du
dégel qui double vos infortunes, mais vous avez un soleil ardent
dont la génération de 1827 ne se défiait pas suffisamment, avant
d'en avoir éprouvé le funeste rayonnement. Bref, j'ai fait à mes
dépens, une expérience qui n'a pas été plus heureuse pour bien
d'autres, car les compagnons d'infortune ne m'ont pas manqué... »

Le 26 mai de la même année, il est nommé gouverneur de la
Nouvelle-Calédonie ; le poste ne lui sourit guère, ainsi que le
prouve le passage suivant extrait d'une lettre intime, écrite presque
au lendemain de cette nomination : « Vous vous demandez sans
doute ce que je deviens, l'*Officiel* vous l'apprendra demain... La
confiance du ministre m'appelle au gouvernement de la Nouvelle-
Calédonie !!! Je crois superflu de vous dire que je n'ai point sollicité ce périlleux honneur. L'amiral Jauréguiberry me l'a offert
dans des termes qui ne permettaient pas d'hésiter; après vingt-
quatre heures de réflexion, après avoir consulté l'amiral d'Hornoy,
qui est resté mon ami après avoir été mon chef, je me suis résigné,
j'ai accepté... »

Avant de se rendre à sa destination lointaine, Courbet fait une
courte apparition à Abbeville ; comme il traversait une des places,
il est rencontré et salué par une femme du peuple dont le visage

exprime, en le regardant, un véritable ravissement. Ce salut qui n'a rien de banal, éveille dans quelque coin de la mémoire du commandant, une vague ressouvenance. « Qui est cette femme ? interroge-t-il. — C'est Julie, l'ancienne marchande de légumes. »

Ce nom de Julie est un trait de lumière, il se revoit petit garçon insouciant et joyeux, passant parfois des heures entières auprès de la bonne femme qu'il avait prise en affection, et lui aidant à faire ses comptes, peu compliqués cependant. Ce souvenir l'attendrit ; sans rien dire à ceux qui l'accompagnent, il revient sur ses pas, embrasse sur les deux joues la brave marchande, qui, toujours a suivi du cœur, les divers grades de son ancien petit caissier, et qui ne trouve aujourd'hui que des larmes, pour témoigner sa joie du grand honneur qui lui est fait.

Comme on en peut juger par le fragment suivant, daté d'Adélaïde, la traversée n'augmente pas l'enthousiasme du nouveau gouverneur pour sa destination. « Je commence à approcher du terme de mon voyage. Dans cinq jours, nous serons à Sydney. Une semaine plus tard, je toucherai enfin le sol de la Nouvelle-Calédonie. Il me tarde d'en être là, d'abord pour ne plus être ici, pour avoir quitté cet affreux paquebot dont la marche supérieure ne compense point l'absence du confortable ; ensuite pour voir un peu de mes propres yeux, cette colonie dont on m'a fait un si piteux tableau. Non que j'espère d'agréables surprises, je suis prévenu que je n'en dois pas attendre ; je tiens seulement à mesurer le plus tôt possible l'étendue de la corvée dont notre gracieux ministre a daigné me favoriser... »

Courbet sait à merveille manier l'ironie, et ses traits sont parfois très mordants. « J'ai appris en route que la Chambre, entraînée par un éloquent discours de Gambetta, a voté l'amnistie plénière. Quoique le reliquat des égarés s'élève, au plus, à trois cents ou trois cent cinquante, comme c'est le dessus du panier, je renverrais volontiers à Belleville, ses plus chers enfants. Qui sait si mon remplaçant ne se trouve point parmi eux ?... »

Quelques jours plus tard, il raconte un spécimen des mœurs anglaises bien typique ; la traversée n'est pas achevée. « ... J'ai sous les yeux une jeune fille de vingt-quatre ans, fiancée depuis dix-huit mois à un clergyman de Sydney qui n'avait pas alors un troupeau capable de nourrir sa bergère ; aujourd'hui, sans doute, les ouailles sont ou plus nombreuses ou plus généreuses, car la demoiselle va rejoindre seule celui qui a son cœur et sa foi. Excellente tenue d'ailleurs, qui inspire mille égards ; le trésor du clergyman n'est pas moins bien gardé par ceux qui l'entourent que par le pavillon des Trois-Royaumes. »

Voyons quelles sont ses impressions, au bout de six semaines de séjour à Nouméa. « ... J'ai beau me dire et me répéter que mon sort est enviable, que beaucoup de Français seraient heureux de fouler cette terre, qu'un plus grand nombre encore ambitionnent de la gouverner ; cela ne me raccommode point avec elle, ne la relève guère dans mon opinion, ne lui donne point à mes yeux un de ces charmes auquel tout esprit vraiment libéral, tout cœur vraiment généreux devrait se montrer sensible. Il me manque décidément quelque chose. Comment ! Mais quand j'écris *Nouméa* en tête de mes lettres, j'éprouve la plus singulière impression. Je fais instinctivement un rapide examen de conscience, je me surprends à rechercher ce que j'ai bien pu commettre pour mériter de me trouver ici... »

Trois mois plus tard : « ... La société de Nouméa est mêlée, archimêlée. Ban et arrière-ban, on peut réunir une cinquantaine de dames. Dispensez-moi de détails sur le compte de plusieurs ; vous frémiriez. Je ne choisis pas, j'invite par l'*Officiel*, je tourne l'obstacle. Tout ce monde-là raffole de danses et de gâteaux. Les salons du gouvernement sont vastes, le parquet est excellent, et le cuisinier pâtisse comme Félix... »

Nous l'avons dit, Courbet était administrateur habile ; aussi, malgré les obstacles qu'il rencontre à l'extérieur aussi bien qu'à l'intérieur, il essaie de sages réformes, réprime de nombreux abus, et s'occupe avec beaucoup de sollicitude, de la diffusion de l'instruction. Le régime pénitentiaire est surtout l'objet de son attention ; il y introduit d'utiles modifications qui donnèrent les meilleurs résultats.

Les sauterelles sont là-bas un redoutable fléau dont, nous autres, Européens, nous n'avons pas la moindre idée ; pour les détruire, il prit les mesures les plus énergiques et, après deux ans d'efforts, il y parvint presque entièrement.

Ce qui doit assurer à l'amiral Courbet, la reconnaissance des catholiques sincères, c'est l'intelligent appui qu'il ne cessa de prêter aux missionnaires et aux congrégations religieuses, et cela malgré les hostilités, les colères des énergumènes qui composaient la grande majorité du conseil régional de l'île. Les Maristes principalement, les plus attaqués, sont l'objet de sa bienveillance particulière ; en toute circonstance, il les soutient, les défend et fait ressortir le bien qu'ils ont opéré dans le pays. Il trouve même que Mgr Freppel, dans un discours à la Chambre est resté, quant aux religieux de l'Océanie, bien au-dessous de la vérité.

« L'éminent orateur, écrit-il à ce sujet, était trop loin de nous pour posséder la question. Et d'abord il n'a pas assez insisté sur les services rendus à la colonie par les missionnaires. Et Dieu sait pourtant que de légitimes témoignages pouvaient leur être rendus ! »

C'était à la suite de plusieurs entrevues avec Mgr Fraysse, récemment promu au vicariat apostolique de la Nouvelle-Calédonie, que le gouverneur avait compris et apprécié tout le bien qu'opèrent les Maristes. Ces deux hommes éminents, le prélat et l'amiral, quoique si différents sous bon nombre de rapports, étaient dignes de s'entendre.

« Je suis à vous de cœur, Monseigneur, avait dit Courbet. En quittant Paris, je ne l'ai point caché au ministre, je lui ai dit que s'il m'envoyait ici pour me faire exécuter les décrets, il pouvait en prendre un autre. Je n'étais point son homme. »

En parlant de l'Algérie, dans l'étude sur La Moricière, nous avons dit que l'illustre général ne comprenait la colonisation d'un pays qu'avec l'aide de la religion ; Courbet devait être promptement amené à professer la même opinion ; mais ses moyens d'action souvent entravés, et par les instructions qu'il recevait de France et par le mauvais esprit de la plupart de ses collaborateurs, ne lui permirent pas de réaliser tout le bien que sa grande âme eût souhaité.

Nous ne voulons d'autre preuve des sentiments d'estime et de sympathie dont il était animé à l'égard du clergé et des congrégations, que les lignes suivantes, datées de Sydney, alors qu'il était en route pour rentrer en France :

« Avant de quitter Nouméa, j'ai eu la joie de favoriser et d'autoriser la fondation d'une société d'honnêtes gens, dont le but est de maintenir et de développer les écoles congréganistes. En une semaine, on a réuni les fonds nécessaires pour couvrir les frais du premier établissement ; on a réuni en outre des souscriptions annuelles qui assurent le fonctionnement dans les meilleures conditions. Les pères de famille riches ou aisés ont suppléé à l'impuissance de ceux qui ne le sont pas. Le mouvement a été tel que la rentrée des écoles communales pourrait bien en souffrir, au profit des congréganistes... »

Quelques-uns ont voulu voir dans le rappel de Courbet, une disgrâce, c'est une calomnie, celui-ci attendait au contraire, avec impatience, le moment où il quitterait un poste qu'il n'avait point sollicité et dans lequel il avait rencontré des difficultés, des ennuis de tout genre. Six mois avant son départ, nous lisons ceci :

«... Mon gouvernement continue de ne point me séduire. Je ne parviens pas à faire le bonheur de mes administrés et ils me le rendent bien... C'est un triste métier que de commander à des gens qui n'ont pas le respect de la loi, et qu'il faut à chaque pas remettre dans le droit chemin. Mes trente années de service dans la marine m'ont habitué à une tout autre manière d'exercer l'autorité... »

Et vers la même époque, cet autre fragment, non moins significatif « ... Il me tarde de remettre les pieds sur l'eau : c'est encore le terrain le plus solide par le temps qui court ; il me tarde de redevenir marin pour de bon... »

En passant à Sydney, le contre-amiral fait, en tenue civile, une visite aux officiers de la division navale anglaise. Le commodore fait saluer son arrivée par dix-sept coups de canon ; interrogé sur cet honneur inusité, Courbet n'ayant pas arboré le pavillon, il répond simplement : « C'est la personne seule de sir Courbet que j'ai entendu honorer. »

Malgré les instances de sa famille et de ses amis, Courbet jusqu'ici n'avait pas songé au mariage ; pendant son séjour à Nouméa, par suite sans doute de son isolement moral, il y pensa

L'AMIRAL COURBET

d'après une photographie.

un peu. Ses parents, heureux de cette modification dans ses idées, eurent vite découvert une femme qui semblait réunir toutes les conditions désirables. C'était une veuve de quarante ans environ, aimable, spirituelle, riche, ce qui ne gâtait rien, et vivant seule avec sa mère, depuis de longues années. Mariée fort jeune, elle avait vu, le jour même de ses noces, son mari saisi d'un accès de folie furieuse ; on avait dû le transférer dans un asile d'aliénés, et il y était mort seulement au bout de dix-neuf ans. Pendant trois mois, le contre-amiral vit cette dame presque chaque jour ; il s'y attacha profondément, car sous des dehors froids, impassibles, il cachait un cœur tendre et avide d'affection. Le mariage était prêt à se faire, rien ne semblait mettre obstacle au bonheur des deux fiancés, lorsque Mme X... réclama tout à coup de Courbet, une promesse que celui-ci ne consentit pas à faire. Elle voulait qu'il s'engageât à n'accepter aucun commandement qui pût l'éloigner de France, ajoutant que jamais elle n'abandonnerait sa mère qui, déjà vieille, réclamait ses soins et sa présence.

Mis en demeure de se prononcer, l'officier n'eut pas un instant d'hésitation. Quel que fût son amour, bien au-dessus planait son patriotisme, son dévouement à la France, et, en souscrivant à l'engagement qu'on sollicitait de lui, il eût cru sacrifier quelque chose de ce qu'il devait à la patrie.

Quoi qu'il en soit, Mme X... suivit toujours avec un intérêt affectueux, dans sa brillante carrière, celui qu'elle avait aimé, et quand elle apprit sa mort prématurée, elle le pleura amèrement.

A son retour de la Nouvelle-Calédonie, Courbet s'était empressé de se rendre auprès du ministre de la Marine, l'amiral Jauréguiberry, qui l'avait accueilli d'une manière très cordiale, et lui avait promis le commandement de l'escadre du Levant, dans quelques mois. Courbet était ravi de cette perspective ; il se faisait une fête de revoir en son âge mûr, et dans des circonstances particulièrement honorables pour lui, ces parages qu'il avait parcourus n'étant que simple enseigne. En prévision de réceptions qu'il aurait à donner à bord, il fit acheter des services de table, des vins fins, etc., car, nous l'avons fait observer, s'il était simple pour lui-même et d'une sobriété tout exceptionnelle il aimait, lorsqu'il avait du monde, que sa table fût somptueusement servie.

Sur ces entrefaites, par suite d'une de ces fluctuations politiques dont nous ne voyons que trop d'exemples, l'amiral Jauréguiberry donna sa démission, et M. de Mahy fut chargé, par intérim, de le remplacer. Un de ses premiers actes fut de désigner l'amiral Conte pour commander l'escadre du Levant. La déception fut vivement sentie par Courbet, mais il sut l'accepter avec sa force d'âme habituelle.

Nous sommes en mai 1883, la mort héroïque du commandant Rivière tué au Tonkin, excite en France une émotion générale; les membres du parlement, oubliant un instant leurs guerres intestines, s'unissent pour voter un crédit supplémentaire, destiné à une sérieuse expédition dans l'extrême-Orient. Courbet est désigné comme chef de cette expédition, qui doit venger le trépas de notre infortuné compatriote. Après avoir reçu ses dernières instructions du gouvernement, il rejoint *le Bayard*, qui l'attendait à Alger. Disons qu'avant de partir, il s'en était allé, foulant aux pieds le respect humain, placer son escadre et sa personne, sous la protection de sainte Anne d'Auray, la grande patronne de la Bretagne et des marins.

Aussitôt arrivé à Saïgon, vers le mois de juillet, l'amiral reconnaît que tous les efforts doivent être portés du côté de la rivière d'Hué, non loin du petit village de Thuan-an que les Annamites ont fortifié avec beaucoup d'intelligence. Le plan de la campagne, soumis au gouvernement français, est l'objet de plusieurs objections. « Je réponds de tout » dit Courbet. Libre d'agir, il dispose tout en conséquence. Le 18 août, l'escadre, composée du *Bayard*, de *l'Atalante*, du *Château-Renaud*, du *Kersaint*, de *l'Hamelin*, du *Parseval*, du *Drac* ; de deux cannonières : *le Lynx* et *la Vipère* et de deux torpilleurs, mouillait devant Thuan-an.

Un obus, lancé du vaisseau amiral, ouvre le feu; le tir, dirigé avec une admirable précision, malgré le roulis, fait des brèches profondes dans les forts ennemis. Les Annamites restent un quart d'heure sans répondre, puis ils le font avec énergie. A sept heures du soir, le bombardement cesse pour reprendre le lendemain.

Le 20 août, un détachement gagne la terre, ce qu'on n'avait pu tenter la veille, à cause du vent qui soudain s'était élevé. Pendant ce temps, les navires de l'escadre bombardaient chacun des ouvrages défendus par l'ennemi. Les marins de *l'Atalante* parmi lesquels, il convient de citer le commandant Parrayon, le lieutenant de vaisseau Gourdon, l'enseigne Olivieri, ce dernier maintenant Bénédictin à Solesmes, enlèvent les forts du sud, et à la place du grand dragon jaune des Annamites, le drapean tricolore est déployé, aux acclamations de toute l'escadre.

Laissons la parole à l'amiral : « Mon cher Tiburce, ne me demandez pas le récit détaillé de nos exploits. Je ne pourrais vous dire, en peu de mots, rien de mieux que mon télégramme officiel, publié sans doute par tous les journaux. Il est aussi circonstancié qu'on peut se le permettre quand chaque mot coûte dix francs. Laissons à d'autres le soin de ruiner nos finances. Pour mon compte, je n'ai jamais douté du succès, quoique le débarquement dût offrir, même par le plus beau temps, de très sérieuses difficultés : c'est pourquoi j'avais mis en tête, pour affronter à la fois le feu et l'eau, une colonne de deux cents matelots. Sauter à terre et enlever les premières lignes fut l'affaire de quelques minutes. Nous devions laisser là une dizaine d'hommes au moins : personne n'a été touché. L'infanterie de marine, bonne troupe, mais moins alerte et moins habituée à la lame, a suivi le mouvement avec entrain. Vous savez le reste... »

N'oublions pas de relever, dans une lettre écrite quelques jours plus tard, cette phrase, qui nous montre une fois de plus, que Courbet était un croyant. « Merci pour le souvenir de Notre-Dame des Victoires, à qui ma reconnaissance est bien due ».

Dans cette missive adressée à un intime ami, l'amiral, aux prises avec l'hésitation de nos diplomates, laisse percer un peu de découragement «... Quoique nous soyons définitivement en paix avec l'Annam, nous n'en avons point encore fini avec le Tonkin. Le corps expéditionnaire va bien être débarrassé des troupes régulière de l'Annam, mais il nous reste d'autres adversaires plus redoutables et plus acharnés, les Pavillons-Noirs... Pour leur faire lâcher pied, il faut leur infliger un éclatant échec, ou convaincre la Chine qu'elle aura la guerre avec la France, pour peu qu'elle continue ses menées hostiles. Mais, avec les hésitations permanentes de nos maîtres, soit en matière de subsides, soit en matière de diplomatie, cela peut durer encore longtemps... »

Disons un mot des Pavillons-Noirs, qui sont loin d'être des adversaires à dédaigner. Ils sont parfaitement entraînés et tous munis de fusils à tir rapide. Leur uniforme les distingue des autres bandes de pirates qui infestent le pays : ils portent une veste bleue serrée à la ceinture, par une cartouchière, dans laquelle est passé un large coutelas : leur pantalon, bleu également, est emprisonné dans des guêtres noires. Un large chapeau de paille doublé de bleu couvre leur tête, mais pendant la bataille, ils le rejettent sur leur dos, enfin, ils ont de nombreux étendards noirs, d'où leur nom, mélangés de blanc avec des caractères chinois.

Le mois de novembre et le premier jour de décembre sont employés par le commandant en chef, à préparer dans Hanoï, son plan d'attaque, à faire des reconnaissances qui empêchent les troupes d'être surprises et tiennent les Chinois en éveil. Son installation est des plus simples : une pièce unique lui sert à la fois de chambre à coucher, de salon de réception et de bureau. Chacun, dans son entourage, ignore à quel moment l'assaut sera donné. Celui que ses marins ont si justement surnommé le *Silencieux*, ne laise rien soupçonner de ses intentions.

Le 11 décembre, au lever du soleil, canonnières, chaloupes et jonques lèvent l'ancre, emportant trois mille hommes avec armes et bagages. La citadelle de Son-Tay, qu'il s'agit d'emporter, est merveilleusement fortifiée : digues, fossés, remparts inexpugnables, rien n'y manque. Elle date du siècle dernier et a été bâtie par un ingénieur français, d'après les plans de Vauban.

Le 14, nos troupes sont réunies devant le fort de Phu-sa, qui, mieux défendu encore que les autres points, est comme la clef de Son-tay. L'amiral, sous le feu de la mitraille ennemie, examine lui-même les retranchements. Le signal de l'attaque est donné, les premières lignes sont emportées, les turcos s'élancent, malgré leur fougue, deux fois ils sont repoussés, ils tentent un suprême effort et un grand nombre tombent écrasés. Courbet alors commande impérieusement la retraite. Durant la nuit, les Pavillons-Noirs essaient de reprendre les positions perdues ; une lutte terrible où, de part et d'autre, des prodiges de valeur sont réalisés, s'engage dans les ténèbres ; les ennemis refoulés se replient sur la ville.

Le 16, Courbet simule une attaque vers la partie nord de la citadelle quand, en réalité, c'est sur celle de l'ouest que convergent tous ses efforts. Il a découvert un petit tertre, sur la première ligne des tirailleurs, c'est là qu'il s'établit et qu'il donne ses ordres. Les Annamites l'ont reconnu, un feu nourri et ininterrompu est dirigé de ce côté. L'amiral ne s'en préoccupe nullement, et il continue de commander l'attaque, avec le sang-froid qui lui est habituel. Vainement, les officiers de son état-major le pressent-ils de ne point s'exposer ainsi, il ne les écoute pas. Il sait que si l'infanterie de marine, si ses vaillants matelots n'ont nul besoin d'être stimulés, il n'en est point de même des compagnies d'Afrique et des tirailleurs annamites. « Pour faire marcher ces gens-là, dit-il, je n'ai qu'un moyen, c'est l'exemple. »

La flotille continue à tenir la ville sous son feu, les canons des Pavillons-Noirs répondent aux nôtres. A cinq heures, les clairons sonnent la charge... En avant!... Vive la France!... Les soldats s'élancent ; ils passent devant l'amiral, toujours à la même place, celui-ci les salue avec émotion : combien parmi eux ne reviendront pas!... La tête de la colonne franchit les premières lignes, les fossés, la haie de bambous, en dépit de la résistance désespérée des Chinois. Nos troupes gravissent les talus, couvrent les parapets, forcent les derniers retranchements : la ville est à nous. Les Pavillons-Noirs rentrent dans la citadelle.

Sur ces entrefaites, la nuit est venue, l'amiral fait cesser le feu ; il ne serait pas prudent, en effet, de s'engager au milieu des ténèbres, dans une ville inconnue. Dès l'aube, le commandant Laguerre pénètre dans la citadelle dont l'enceinte est déserte, l'ennemi a fui, abandonnant tout dans le plus grand désordre : l'argent, les armes, les munitions et jusqu'aux morts qui, à l'ordinaire, sont entourés d'une vénération toute particulière. A neuf heures, Courbet entre à son tour ; il est reçu par sa petite armée, avec un enthousiasme indescriptible. Il adresse aux troupes l'ordre du jour suivant, qui est un modèle :

« Soldats et marins, les forts de Phu-Sa et la citadelle de Son-Tay sont désormais illustrés par votre vaillance. Vous avez vaincu un ennemi redoutable, et montré une fois de plus au monde entier que la France peut toujours compter sur ses enfants. Soyez fiers de vos succès ; ils annoncent la pacification du Tonkin. »

La joie bien légitime que lui a causé ce succès, est bientôt assombrie, d'abord par la mort de son frère, ensuite par une mesure prise par le gouvernement, et dont nous parlerons tout à l'heure.

Depuis longtemps, M. Courbet aîné souffrait d'une gastralgie, mais rien ne faisait prévoir, et son frère n'y avait jamais songé, que la maladie pût avoir un fatal dénouement, aussi le chagrin de Courbet fut-il extrême en recevant la triste nouvelle.

« Je venais de rentrer de Son-Tay, écrit-il, tout heureux du succès de nos armes, songeant à la joie que mon pauvre frère en éprouverait, espérant que cela favoriserait son rétablissement, lorsque j'appris la triste nouvelle. Vous devinez si je suis tombé de haut. Dans ces dernières semaines, précisément, les nouvelles m'avaient paru meilleures. Mon frère m'avait écrit une lettre parvenue par le dernier courrier, ma petite sœur aussi, tout cela concordait, me rassurait, me donnait confiance. Et tout était fini pendant que je lisais ! Je n'ai pas même eu la consolation de lui fermer les yeux ; il a dû prononcer mon nom bien souvent, mon absence a dû être un des chagrins de ses derniers moments... »

Deux jours plus tard, dans une autre missive, nous retrouvons les mêmes sentiments, presque les mêmes expressions. « ... Cette campagne, si heureuse d'ailleurs, sera la plus triste de toute ma carrière. Je ne me consolerai point de n'avoir pas été là pour fermer les yeux de mon cher frère, et je suis bien certain que mon absence a dû rendre ses derniers moments plus pénibles encore. Comment ma sœur va-t-elle supporter ce coup ? Ils avaient les mêmes habitudes, les mêmes goûts ; ils habitaient à deux pas l'un de l'autre ; chaque jour ils se voyaient. Aussi suis-je bien inquiet, car ma sœur n'est pas jeune ; elle a près de soixante-dix ans ; à cet âge, on se sépare plus difficilement encore de ses affections.

Cette préoccupation me poursuit avec acharnement, car je sens que mon retour est lointain. Il y a encore beaucoup à faire ici... »

Disons maintenant quelques mots de la mesure prise par le Cabinet français, mesure qui atteignit Courbet en plein cœur. Ce dernier avait déjà combiné de nouvelles opérations militaires, et il était à la veille de les mettre à exécution, quand une dépêche de Paris lui annonça l'arrivée d'un corps d'armée de six mille hommes, ayant à leur tête un général de division. Courbet n'était alors que contre-amiral, grade qui correspond à celui de général de brigade, par conséquent, le commandement ne lui appartenait plus et passait aux mains du général Millot. Après un succès aussi éclatant que la prise de Son-Tay, il était dur de céder sa place à un autre, qui allait recueillir où lui-même avait semé. De quelque couleur qu'on ait voulu colorer cette mesure, elle était des plus blessantes pour Courbet, qui en souffrit cruellement. Il ne s'agissait pas, ainsi qu'on l'a insinué, d'une simple blessure d'amour-propre, c'était la douleur légitime d'un homme de cœur qui, sur le point de conduire ses troupes à une victoire préparée par son génie, se voyait contraint de tout abandonner à un autre.

Cependant ce héros est, avant tout, esclave du devoir et de la discipline, il froisse nerveusement la malencontreuse dépêche, et pas un muscle de son visage ne révèle la tempête qui gronde en lui ; il demeure d'une correction parfaite, muet, impassible, il continue ses plans de campagne comme si rien de nouveau n'était survenu, et qu'il dût lui-même attaquer Bac-Ninh.

Avant de se retirer, il fait ses adieux aux officiers présents à Hanoï, le speech qu'il leur adresse se termine par ces paroles émues : « Messieurs, je vous quitte, je ne vous dis pas : adieu, mais au revoir, je suivrai vos succès de loin, mais, de cœur, je serai tout près de vous. »

C'est dans la lettre à l'amiral de Gueydon qu'on sent, malgré les efforts de l'amiral pour la dissimuler, l'amère tristesse dont son âme est remplie. « Je suis très fier des félicitations que vous avez bien voulu m'adresser. Les suffrages d'un maître tel que vous m'auraient assuré de nouveaux succès : il ne me sera point donné de les remporter. J'avais cru mériter l'honneur de commander jusqu'au bout une expédition aussi bien commencée : le gouvernement en a décidé autrement... Le devoir est parfois bien rigoureux. Je ressens vivement cette disgrâce, à la veille d'une victoire certaine et décisive : car mes soldats sont désormais sûrs de vaincre, et tout deviendra facile avec les renforts qui arrivent... »

A la suite de ses succès sur la rivière Min, l'amiral aurait voulu marcher vers le nord, à Port-Arthur, le gouvernement français ne le permit pas. Il organise alors des expéditions contre les pirates chinois qui, à chaque instant, pillent des villages entiers, dévastent les campagnes, pour se retirer ensuite dans des fourrés impénétrables ; il les poursuit avec acharnement, brûle leurs embarcations et détruit leurs repaires.

Le 24 juin 1884, Courbet écrivait de la baie d'Ha-Long, où était mouillé *le Bayard*, les lignes suivantes : « Ici on cuit, on bout pour mieux dire, car le milieu où l'on vit est un mélange d'air et de vapeur d'eau à une température très désagréable ; malgré cela toutes les santés se comportent assez bien ; tout le monde s'en tire avec résignation et pas mal de petits bobos printaniers. A bord du *Bayard*, qui est tout en tôle, et où le thermomètre marque toujours deux ou trois degrés de plus qu'ailleurs, l'épreuve est plus dure que chez les voisins ; notre exemple les soutient, et nous sommes soutenus nous-mêmes par la perspective d'un prochain retour... »

Un peu plus tard : « ... De cette semaine de combats qui a commencé le 23 août et s'est terminée hier, il ne me reste pas même une égratignure, Dieu soit loué ! car il me protège visiblement. Que je sois fatigué, par exemple, vous le comprendrez, je l'espère ; mais en peu de jours, je serai complètement relapé et prêt à recommencer... »

Les hésitations et les lenteurs de notre politique ont donné aux ennemis le temps de réparer leurs pertes et de doubler leurs moyens de défense ; ils ont établi des fortifications nouvelles, augmenté l'effectif de leurs troupes et ils ne doutent pas que la victoire ne vienne couronner leurs efforts. Avec son coup d'œil d'aigle, Courbet voit les conséquences désastreuses de ces retards, de ces négociations sans fin ; ils s'en émeut pour la France, qu'il aime avec passion, et dans une lettre au vice-amiral Gicquel des Touches, il s'épanche de la façon suivante :

« ... Fatalement, cette politique de faux-fuyants, nous conduit ou à un grand déploiement de forces de terre et de mer pour en finir au printemps prochain, ou à une transaction dans laquelle nous laisserons des lambeaux de l'honneur national. Depuis longtemps, nous avons cessé d'intimider la Chine; nous avons même éveillé au sein de cette nation confite dans l'opium, un esprit national que nul ne soupçonnait, et sur lequel s'appuie le parti de la résistance. Un pas de plus en arrière, et c'est nous qui aurons perdu la place. Voilà la situation, amiral! Il n'est point de Français qui puisse l'envisager sans douleur. Avec de la décision dans le Cabinet, on aurait frappé quelques bons coups de suite et tout serait certainement fini. La Chine n'était pas prête au commencement de juillet; elle avait tout ce qu'il faut pour se défendre, mais rien n'était en place. Depuis, les choses ont changé de face. Avec des millions de bras soumis à une seule volonté que ne ferait-on pas?... »

A la fin de cette même année, 1884, l'état sanitaire est loin d'être satisfaisant; l'amiral se multiplie pour remonter le moral des malades et des blessés. Chaque jour, l'hôpital ou l'ambulance reçoit sa visite. Quoique souffrant lui-même, il prend sur le repos de ses nuits, afin d'aller au-devant des blessés leur porter un mot d'encouragement et d'espoir. Parfois la houle rend très pénible l'embarquement en baleinière, Courbet ne semble pas s'en apercevoir, et, comme à l'ordinaire, il va passer la matinée à l'hôpital.

Un marin, qui a servi sous ses ordres, et dont le nom fait autorité, Pierre Loti, a écrit ces lignes éloquentes : « Il ne laissait voir sa sensibilité exquise et ses larmes qu'à ceux qui allaient mourir. »

Au mois de février 1885, l'amiral quitte Kelung avec le dessein de se mesurer avec la flotte chinoise, car l'inaction à laquelle il est assujetti depuis quelque temps, lui devient intolérable. Avant d'engager la lutte et de risquer ses bâtiments dans les passes qui conduisent au port de Sheï-poo, il fait faire quelques reconnaissances; il veut tenter aussi une attaque avec les deux canots portetorpilles du *Bayard*. Le moment choisi est le premier jour de l'an chinois; on peut espérer que les fêtes qui accompagnent toujours cet anniversaire, rendront les ennemis moins vigilants.

Les deux canots, montés l'un par le capitaine Gourdon, l'autre par le lieutenant Duboc, sont pilotés par l'aide de camp de l'amiral, le lieutenant Ravel. Ils doivent essayer de faire sauter la frégate *Yu-Yen*. Le ciel est couvert d'épais nuages, et la nuit paraît d'autant plus sombre que c'est nouvelle lune; les fanaux sont éteints et même les foyers des chaudières sont masqués soigneusement; les ordres se donnent a voix basse et en aussi peu de mots que possible, afin que rien ne puisse trahir la présence des embarcations meurtrières. Le canot du capitaine Gourdon, qui marche mieux que l'autre, arrive bientôt proche la frégate ennemie; mais les Chinois sont sur leurs gardes. Un feu nourri part du *Yu-Yen* et est appuyé par les batteries de terre : n'importe, le capitaine Gourdon avance toujours... la torpille éclate, elle soulève la frégate qui retombe lourdement. Le canot ne peut se dégager, la hampe est prise, on la déboulonne et, libre de toute entrave, le canot s'éloigne rapidement.

Le second canot reçoit un obus, qui est accueilli aux cris de : Vive la France! la machine bondée de charbon et lancée à toute vitesse, menace de rompre sous la pression: des jets d'eau bouillante aveuglent celui qui tient la barre, mais il n'en reste pas moins à son poste. L'embarcation, sur le point d'être entraînée en pleine mer, est, par une manœuvre hardie, ramenée près du *Yu-Yen*, la torpille fait explosion, achevant l'œuvre de mort commencée par la première. Les deux canots s'éloignent, poursuivis par les mitrailleuses chinoises; emportés par le courant, ils dépassent de beaucoup l'endroit où le lieutenant Ravel les attend ; à l'aube, ils aperçoivent une sorte de passe, ils s'y engagent et ils sont enfin remorqués par *la Saône*. Pendant ce temps, le lieutenant Ravel a hissé le signal convenu, un fanal rouge ; il s'est porté sur différents endroits, il a attendu, cherché, cherche encore, rien ne se montre à l'horizon. Vers six heures du matin, le cœur déchiré d'inquiétude, il se décide à retourner à bord.

C'est en pleurant que l'amiral écoute le rapport qui lui est fait ; un peu plus tard, il veut explorer lui-même, le rivage. Il contemple mélancoliquement les deux bâtiments coulés. « C'est acheter bien cher un pareil succès », dit-il, car sa pensée ne peut se détacher des braves marins qu'il croit ensevelis sous les flots.

En regagnant *le Bayard*, Courbet aperçoit un canot à vapeur qui marche avec rapidité, c'est le lieutenant Ravel qui accourt rassurer son chef. « Ils sont sauvés ! Ils sont sauvés ! » s'écrie-t-il, d'aussi loin qu'on peut l'entendre. L'amiral, si maître de lui, à l'ordinaire, se laisse aller à la joie qui l'oppresse ; il gesticule, il bat des mains ; son visage pâle s'illumine et se transfigure... Les glorieux revenants sont signalés ; Courbet est à la coupée ainsi que les officiers ; un formidable hurrah retentit, alors que les canots accostent ; MM. Gourdon et Duboc sont dans les bras de l'amiral, qui les embrasse à plusieurs reprises, avec une émotion qu'il ne cherche pas à dissimuler.

« Je me figurais déjà, mes chers enfants, l'angoisse de tous les vôtres, quand ils auraient appris la funeste nouvelle : Dieu soit loué qui nous a épargnés à tous une si cruelle épreuve ! »

Les matelots ont aussi leur tour. « C'est bien, très bien, répète Courbet hors de lui-même, vous êtes de braves gens, il n'y a pas au monde de plus braves gens que vous ! »

Dans son ordre du jour adressé à tous les bâtiments de l'escadre, l'amiral disait : « Le succès de cette brillante opération est dû au sang-froid et à l'énergie des officiers qui la commandaient, au calme, au courage des équipages des embarcations. Tous ont montré, une fois de plus, ce que la France peut attendre de leur bravoure et de leur patriotisme. »

Quelques jours plus tard, racontant à l'amiral de Gueydon, ce glorieux fait d'armes, il terminait ainsi sa lettre : « Que de brillants éléments il y a dans notre jeunesse ! Si les premiers n'avaient pas réussi ou avaient succombé, j'aurais trouvé vingt autres armements. »

L'amiral, fatigué de sa longue et inutile campagne de Formose, désirait s'emparer des Pescadores, en prenant possession des ports incomparables de Pong-Hou et de Mo-Kung. L'état sanitaire des troupes lui causait aussi d'assez vives inquiétudes : « Il me tarde, écrivait-il, de soustraire ces malheureux, aux atteintes des maladies qui les déciment, puisque leur bravoure n'a plus rien à faire sur cette terre de Formose, arrosée de leur sang. C'est navrant de voir mourir dans leur lit, des hommes qui affrontent si crânement la mort devant l'ennemi... »

L'expédition des Pescadores fut conduite avec la précision, la prudence consommée, qui caractérisaient toujours les plans de Courbet; nul chef de corps n'eut peut-être plus que lui, le respect de la vie humaine, et toutes ses combinaisons très étudiées, visaient à obtenir le meilleur résultat, avec aussi peu d'hommes que possible.

Le 30 mars, *le Bayard* entrait dans le port de Mo-Kung, capitale des Pescadores : le lendemain, de nouvelles troupes rejoignirent la colonne arrivée l'avant-veille. Les soldats eurent promptement mis les ennemis en déroute, et lui infligèrent des pertes sérieuses, tout en sacrifiant fort peu des leurs. Vers cinq heures, le pavillon français était hissé sur le fort.

« L'amiral, dit un de ses biographes, était heureux de recommencer la lutte par un coup d'éclat; il voyait, dans cette première action, le prélude d'une grande campagne contre la Chine, dans laquelle il pourrait déployer librement ses grandes qualités de marin et d'homme de guerre. »

Presque au lendemain de cette victoire, Courbet déjà souffrant, invitait ses officiers à déjeuner sur la montagne qui domine l'île de Pong-Hou : la distance était d'une quinzaine de kilomètres. Il s'y rendit à cheval ; sur tout le parcours, des arcs de triomphe étaient dressés, les soldats accouraient lui présenter des bouquets et des couronnes de lauriers ; la musique de l'infanterie faisait retentir les airs de ses plus éclatantes fanfares. Ces démonstrations enthousiastes, où l'on sentait pour ainsi dire vibrer les âmes, touchèrent jusqu'aux larmes, celui qui en était l'objet. A trois heures, il rentrait à bord, brisé par la fatigue et par les émotions de cette journée inoubliable. Il eut une longue syncope dont on eut beaucoup de peine à le faire revenir.

Au début de cette année — 1885 — dont il ne devait pas voir la fin, l'amiral avait donné publiquement un magnifique témoignage de sa foi catholique, en adressant sa souscription nominative, à l'église du Sacré-Cœur.

... « Mon cher Tiburce, deux mots de plus avant le départ du courrier. Ce n'est pas encore pour vous apprendre mon retour en France, c'est pour y suppléer. Je suis souscripteur de deux cents francs pour la construction de la chapelle de la Marine (Vœu national). Je vous serai obligé de faire remettre ces deux cents francs *en mon nom*, au trésorier de l'œuvre du Vœu national, rue Furstemberg, 6. Paris. Je dis bien *en mon nom*, et je le répète pour qu'il n'y ait aucune incertitude dans l'esprit du trésorier, qui a reçu et reçoit pas mal de souscriptions anonymes... »

A l'époque où nous sommes arrivés, cet acte très significatif était commenté et raillé par plusieurs journaux français. Courbet, dans une lettre à l'amiral Gicquel des Touches, fait allusion à ces attaques, qui n'excitent que son indifférence. « ... En envoyant mon offrande, je ne supposais pas qu'il en résultât le moindre bruit autour de mon nom; mais cela m'importe peu... »

A la suite de l'occupation des Pescadores, l'amiral espérait commencer bientôt une attaque sérieuse contre les ports du nord de la Chine, et tous ses travaux convergeaient vers ce point; mais à peine était-il installé à Mo-Kung qu'il apprit les préliminaires d'une paix qu'il qualifie de *douloureuse*, afin sans doute de ne pas employer une expression plus énergique. Ce traité, qui allait se conclure dans des conditions si défavorables pour la France, acheva de ruiner les forces de Courbet; ainsi que le dit un de ses plus chauds admirateurs. « En toute vérité, Courbet est mort du deuil de ses victoires. »

A différentes reprises, son médecin avait voulu le renvoyer en France, mais à toutes ses sollicitations, l'amiral avait répondu :

« Me séparer de mes marins, de ces braves enfants, jamais! » Cette fois encore, après les violences de la crise, le Dr Doué insiste pour qu'il parte, c'est en vain. Au 15 mai, Courbet écrivait :

« ... Dans un élan immodéré d'affection, mon brave médecin en chef ne parlait de rien moins que de me renvoyer à ma famille, par le plus prochain paquebot. J'ai tempéré ses alarmes, tout en suivant scrupuleusement ses autres conseils; et si je ne suis pas encore parvenu à lui faire partager ma confiance dans le lendemain, il m'a cependant fait quelques concessions. Évidemment je ne me remettrai pas complètement d'une si grosse secousse, tant que mon séjour sous les tropiques durera ; mais, avec une grande fidélité au régime, j'attendrai, sans encombre, le moment où je pourrai me reposer définitivement... »

En effet, depuis trois semaines environ, une certaine amélioration était survenue dans l'état général et l'amiral se reprenait à espérer. Il lui fallait s'astreindre à bon nombre de précautions, et ne pas s'écarter du régime qui lui était imposé. Il ne faisait usage que de lait, car l'estomac délabré rejetait tout autre nourriture.

Le 10 juin, Courbet éprouve de violentes douleurs au côté droit, l'altération profonde de ses traits impressionne vivement tous ceux qui le voient. Sur l'ordre du médecin, il regagne sa couche ; les douleurs continuent. Dans l'après-midi, des télégrammes arrivent de Paris et de Pékin ; obéissant à la voix du devoir que jamais il n'a méconnue, l'amiral, en dépit de sa faiblesse extrême, se lève et s'installe à son bureau. Il écrit des lettres, des ordres et, pour la dernière fois, il y appose sa signature. La mort étend déjà sur lui ses ailes funèbres, malgré son courage, son énergie, il est vaincu ; il ne peut regagner sa chambre que soutenu, ou plutôt porté par deux hommes robustes.

Le lendemain, l'aumônier du *Bayard* vient prendre de ses nouvelles. Un an auparavant, on parlait à table de ceux qui repoussent le prêtre, à l'article de la mort, et le vaillant marin s'écria : « Monsieur l'abbé, moi, je ne veux pas vous échapper ! »

Aussitôt qu'il voit entrer l'aumônier, le malade lui dit : « Oh ! merci d'être venu, Monsieur l'abbé ! Mes forces reviendront peut-être, mais, vous le savez, je suis chrétien ! »

Ceux qui étaient là se retirent discrètement, le prêtre entend la confession du héros ; un peu après, en présence de l'état-major du *Bayard*, il lui administre le sacrement de l'extrême onction ; mais il ne peut le communier, n'ayant pas la sainte Réserve.

Oh ! non, il ne pouvait mourir privé des consolations religieuses, celui qui avait adressé au gouvernement français, ces lignes émues, empreintes d'un sentiment de foi si sincère : « Quel que soit celui qui recevra cette dépêche, qu'il sache bien que nos marins ne veulent pas mourir sans les secours de la religion. Au nom de la flotte, je vous adjure de nous envoyer des aumôniers. »

L'amiral a encore la suprême énergie de donner quelques instructions urgentes, à son secrétaire... Vers six heures, l'agonie commence, douce et calme. Tous les commandants sont réunis auprès de leur chef vénéré ; mais les yeux du mourant n'aperçoivent plus rien des choses de la terre... enfin, à neuf heures et demie, le Dr Doué, d'une voix que l'émotion rend tremblante, prononce ces mots solennels, qui résonnent comme un glas : « Messieurs, l'amiral Courbet est mort !... »

Tout l'équipage du *Bayard* obtient la faveur de défiler devant le lit funèbre ; c'est un spectacle poignant de voir ces mâles et rudes visages couverts de larmes, d'entendre les sanglots de ces hommes, qu'aucun danger ne ferait pâlir. Il est là le chef tant aimé, il repose sur son vaisseau dont le nom glorieux semble avoir été choisi tout exprès pour abriter le héros moderne qui, lui aussi, a été *sans peur et sans reproche...*

Les funérailles eurent lieu aux Invalides ; elles furent simples et grandioses, dignes de celui que la France voulait honorer.

La loyale épée que Courbet ne tira jamais que pour l'honneur et la justice, a été offerte par sa famille, à la chapelle *Stella Maris*, de Montmartre.

Terminons par ces belles et éloquentes paroles, prononcées par un ami de Courbet, l'amiral Dompierre d'Hornoy.

« L'amiral Courbet avait toutes les supériorités : celles de l'esprit et celles du cœur. Tous les courages, devant le danger comme devant les responsabilités. Tous les dévouements : d'abord et avant tout à la Patrie, puis à ses subordonnés, qu'il considérait comme ses enfants ; enfin à ses amis et à sa famille. C'était un grand caractère. »

Qu'on nous permette d'ajouter : c'était un chrétien !

LE PÈRE DAMIEN

Je suis mort, et ma vie est cachée en Dieu
avec Jésus-Christ.

(*Épitre de Saint Paul.*)

L faudrait la plume d'un séraphin, pour raconter dignement la vie de l'*Apôtre des lépreux*, car l'héroïsme qu'il déploya durant plus de seize années, n'a rien de la terre et est tout divin. Dans nos temps modernes, c'est peut-être la manifestation la plus haute, la plus saisissante de cette parole qui fut prononcée, il y a bientôt dix-neuf siècles, par Celui qui est la vérité par essence « il ne saurait y avoir une plus grande preuve d'amour que de donner sa vie pour ceux qu'on aime. » Ce sacrifice de son repos, de sa santé, de tout son être enfin, le Père Damien le fit avec une sainte joie, une simplicité touchante, sans penser qu'il accomplissait une immolation sublime. Disciple d'un Maître crucifié, il essayait de suivre la voie royale de la Croix, de mettre ses pieds dans les traces sanglantes et bénies qu'ont laissées les pieds du Sauveur, et, ayant toujours les yeux fixés sur le Modèle divin, il ne se trouvait qu'un serviteur inutile.

Joseph de Veuster naquit à Tremeloo, village de Belgique; ses parents, pieux et honnêtes cultivateurs, ne possédaient point la fortune qui, trop souvent, est un dissolvant pour l'esprit et le cœur; mais le travail leur procurait une petite aisance, suffisante à leurs goûts simples et à leurs besoins bornés. Sa mère, qui avait plusieurs enfants, leur apprit de bonne heure à aimer Dieu et la vertu ; chaque soir, usage touchant, on lisait la vie des Saints. Après la lecture, la mère de famille, par quelques commentaires à la portée des jeunes intelligences qui l'écoutaient, expliquait ce qu'on venait d'entendre, s'efforçant d'exciter dans l'âme de ses auditeurs, la ferveur au service de Dieu et l'amour du prochain. Séduit, enflammé par le récit de ces vies héroïques, Joseph, trois autres de ses frères et sœurs auxquels se joignit un petit cousin, allèrent, non loin de leur demeure, faire l'apprentissage de la vie érémitique. Tout un jour, ils eurent le courage de garder un silence rigoureux, et sans doute aussi un jeûne presque absolu.

Ce trait est un enfantillage, dira-t-on, oui, mais un de ces enfantillages qui ne se rencontrent que dans la vie des Saints et font sourire les Anges du Ciel...

Avec son frère et sa sœur, l'un et l'autre plus âgés que lui, Joseph se rendait chaque jour à l'école, qui était un peu éloignée. Un matin, Mme de Veuster en garnissant le panier où était renfermé le dîner de midi, y ajouta, par extraordinaire, quelques gâteaux. Au moment où les enfants allaient prendre leur repas, ils virent devant eux, un mendiant. Au même instant, les deux aînés eurent une pensée semblable : partager le dessert avec ce malheureux ; le petit Joseph, lui, proposa de l'abandonner tout entier « parce que, ajouta-t-il, ce pauvre garçon est toujours dans le besoin, tandis que nous, nous avons plus que le nécessaire. » Son avis fut adopté, et les enfants ne mangèrent que leur frugal ordinaire, assaisonné par le souvenir de leur bonne action.

Joseph était grand, vigoureux, d'une santé excellente, aussi son père le fit-il, très jeune, travailler aux champs, sous sa direction. Il aimait cette vie en plein air, sous le ciel bleu, où il semble que l'on soit plus près du Créateur que dans les villes. Adroit à tous les exercices du corps, il se plaisait l'hiver, à parcourir de grandes distances, sur ses patins ; il était passé maître dans cet art du patinage, si cher à ses compatriotes, et qui exige autant de force que de souplesse.

Lorsqu'il fut plus avancé en âge, il comptait alors seize ans, ses parents, soit qu'ils eussent reçu les conseils de personnes autorisées, soit qu'ils fussent inspirés simplement de Dieu, résolurent de le faire étudier, et l'envoyèrent dans une bonne école, afin qu'il y apprît le français, car il ne parlait que le flamand. Doué d'une mémoire heureuse, d'une compréhension vive, d'une volonté persévérante, il fit bientôt de rapides progrès ; contrairement à la majorité des écoliers, il voyait avec peine approcher le temps des vacances.

« ... Si j'avais un compagnon, je voudrais bien demeurer encore ici pendant quelques semaines, après la distribution des prix, mais rester seul, c'est impossible... »

En 1858, à Braine où il étudiait, il y eut une grande mission prêchée par les fils de saint Alphonse ; cet évènement décida de la vocation de Joseph ; pendant ces jours de recueillement, consacrés à la prière et à la méditation, il comprit que Dieu le voulait tout à Lui : de quelle manière ? dans quel ordre religieux ?.. Il l'ignorait encore, toutefois son sacrifice était fait, sa résolution à jamais inébranlable. Un moment, il eut la pensée d'entrer à la Trappe ; cette âme ardente, généreuse, avait soif de pénitence et d'immolation. Ses idées prirent bientôt un autre cours, et il souhaita rejoindre son frère Auguste qui, sous le nom de Pamphile, était religieux de la congrégation des Saints Cœurs de Jésus et de Marie. Il ne faut pas s'étonner si ses parents, qui avaient déjà vu partir leur premier né et deux filles pour le cloître, refusèrent d'abord leur consentement.

Le jeune homme, un peu triste de cet obstacle ou plutôt de ce retard apporté à l'accomplissement de ses projets d'avenir, eut recours à la prière, arme toute-puissante à qui sait bien en user. Une partie de ses nuits s'écoulait, un de ses compagnons l'a dévoilé depuis, dans des oraisons ferventes qu'un court sommeil venait seul interrompre. Le père, convaincu enfin que Dieu appelait son fils, ne voulut pas s'opposer plus longtemps à la volonté divine ; lui-même le conduisit à Louvain, où résident les Pères de Picpus.

Commencées fort tard et ayant duré peu d'années, les études du jeune postulant étaient bien incomplètes ; aussi le Père supérieur, en le recevant, lui fit-il observer que jamais il n'arriverait au sacerdoce, et que, dans la communauté, il occuperait toujours un rang inférieur. Le saint jeune homme ne s'émut point d'une telle déclaration ; il lui suffisait d'être là où Dieu le voulait, peu lui importait la place qui lui serait assignée. Le supérieur, en présence de tant d'humilité et de simplicité, se promit de ne point décider à la légère, et de n'agir qu'après un mûr examen.

Le Père Pamphile, durant les récréations, s'amusait à proposer à son jeune frère, des sentences latines, en lui expliquant le sens de chaque mot ; Joseph, dont l'esprit était très ouvert, la mémoire excellente, saisissait à merveille ce qu'on lui apprenait et ne demandait qu'à en savoir davantage. Le Père supérieur, informé de ces faits, et voulant s'assurer si le novice était réellement capable d'étudier le latin, lui donna un délai pour se préparer à subir un examen sur les éléments de cette langue. L'épreuve fut décisive, et Joseph entra au noviciat des aspirants au sacerdoce.

Au bout de dix-huit mois, il changea de résidence et il fut envoyé à Issy, près de Paris. Ses professeurs le nommaient familièrement le gros Damien ; jamais élève plus affamé de savoir et de vérité, plus infatigable dans le travail ne reçut leurs enseignements. Sa piété continuait à faire l'édification de tous ; se prévalant de sa robuste constitution, il passait la nuit, de longues heures en présence du Saint Sacrement, négligeant le repos permis aux autres frères. Près de ce foyer d'amour, il faisait provision de cette charité, de ce dévouement admirables que plus tard, il devait prodiguer sans compter.

Le 8 octobre 1860, il prononça ses vœux religieux ; avec quelle joie ! quelle ardeur d'amour ! La suite de sa vie peut nous en donner quelque idée. Déjà, dans son zèle impatient, il songe aux lointaines missions, peut-être au martyre ; nous en avons la preuve par une lettre de cette époque.

« ... L'arrivée d'un de nos évêques, écrit-il à sa famille, dans les premiers mois de l'année 1861, nous a fourni le moyen de célébrer dans notre chapelle même, une messe pontificale. C'est le jour de Pâques que je vis pour la première fois, ces cérémonies si solennelles. Au lieu de deux ou trois prêtres, il y en avait de vingt à vingt-cinq à l'autel... Je crois que sous peu, ce zélé missionnaire va retourner en Océanie, dans sa mission. Il emmènera probablement avec lui, quelques-uns d'entre nous. Ne seriez-vous pas contents que je fusse du nombre ?... »

Quelques mois plus tard, il est rappelé à Louvain, pour y suivre les cours de l'Université! Là, comme à Issy, sa piété, sa rare puissance de travail excitent l'admiration de ses maîtres et de ses condisciples. Chaque jour, à la même heure, on le voit se diriger vers la chapelle et y prier un instant ; interrogé à ce sujet, il répond qu'il va devant la statue de saint François-Xavier, demander à l'apôtre des Indes, la grâce d'être un jour, lui aussi, un missionnaire selon le cœur de Dieu ; on sait comment il a été exaucé.

Cette faveur de partir à l'étranger devait lui être accordée plus tôt qu'il ne l'espérait, et que ses supérieurs ne le pensaient eux-mêmes. Mgr Maigret, vicaire apostolique des îles Sandwich, ayant demandé des ouvriers évangéliques pour son diocèse, plusieurs prêtres furent désignés et, parmi eux, le Père Pamphile de Veuster, récemment promu au sacerdoce.

Tout joyeux, le jeune prêtre fait ses préparatifs, lorsqu'une épidémie de typhus éclate à Louvain ; afin sans doute de préluder à son apostolat, il demande à aller porter aux mourants, les consolations de son ministère. Il reçoit cette autorisation et se multiplie auprès des malheureux atteints du terrible fléau. Au commencement d'octobre, alors que l'épidémie est en décroissance, il tombe frappé à son tour. Le malade compte pour rien les souffrances qu'il endure, la perspective d'une mort prématurée ne le trouble même pas ; ce qui l'afflige et le torture, c'est la pensée qu'il ne pourra se joindre à ses compagnons, dont le départ est fixé aux derniers jours d'octobre. Damien, témoin de l'affliction fraternelle qu'il s'efforce vainement d'adoucir, s'écrie un jour : « Eh! bien, si je demandais à vous remplacer seriez-vous un peu consolé? » Le Père Pamphile ne peut que faire un signe, mais son visage, soudainement illuminé, révèle toute sa joie.

Quoique le jeune Damien n'ait encore été admis qu'aux ordres mineurs, et que sa demande soit un peu en dehors des règles ordinaires, elle est favorablement accueillie ; on l'attend et il n'a plus que le temps d'adresser ses adieux à ceux qu'il aime.

Comment annoncer à sa mère, ce départ soudain ?... Il trouve dans son âme, si profondément chrétienne, un moyen d'adoucir aux siens, une séparation d'autant plus cruelle qu'elle est tout à fait imprévue. A quelques lieues de Louvain est un sanctuaire dédié à Marie et célèbre dans toute la région. C'est donc à Montaigu, aux pieds de Celle que l'Église invoque à si juste titre sous le nom de *Consolatrice des affligés*, que le jeune homme donne rendez-vous à ses parents. Après avoir prié longuement, Damien se sent plus courageux, il se lève et il tombe dans les bras de sa mère toute baignée de larmes ; il ne prononce pas une parole, car il craint de se trahir, mais d'un geste éloquent, il montre l'image sainte, comme si, à ce moment d'une séparation dont personne ne peut mesurer la durée, il remettait à la divine Mère, ses affections terrestres... Au retour, contrairement à ses habitudes, il chemine seul, sans rechercher ses compagnons. Un secret pressentiment lui dit que jamais il ne reverra sa patrie, son âme est agitée par mille émotions contradictoires: toute parole humaine lui serait une souffrance ; il lui faut la solitude avec son Dieu.

La traversée sur un bâtiment à voiles dura cinq longs mois et fut assez pénible. Il ne semble pas s'en être aperçu.

« ... D'après ce que me disent nos missionnaires nous avons été très favorisés par la Providence pendant cette traversée, quant à la durée et au beau temps qui nous a accompagnés... »

Le jour même de saint Joseph, le navire entrait dans le port d'Honolulu : n'était-ce pas de favorable augure ?... Peu après, Damien recevait le sous-diaconat et le diaconat ; au bout de quelques mois, il était ordonné prêtre et avait la joie indicible de célébrer sa première messe. Une lettre, à son frère Pamphile, nous initie quelque peu à ses impressions et à son bonheur.

« ... L'ordination se fit le samedi des Quatre-Temps, dans l'octave de la Pentecôte, et le lendemain nous disions notre première messe, dans la cathédrale d'Honolulu. Il vous souvient des douces émotions que vous avez éprouvées le jour où vous eûtes le bonheur de monter à l'autel pour la première fois, et d'immoler la sainte Victime de notre salut; ce fut bien la même chose pour moi, avec une différence pourtant, car vous voyiez autour de vous des parents et des frères formés depuis longtemps aux pratiques de la religion, tandis que ceux qui m'entouraient étaient de nouveaux chrétiens. Ils accouraient de toutes parts pour voir leurs jeunes Pères spirituels, après lesquels ils avaient si longtemps soupiré... Malgré la dureté de mon cœur, il me semblait qu'il allait se fondre comme de la cire, lorsque, pour la première fois, je distribuai le pain de vie, à une centaine de personnes de l'assistance... »

Les chrétiens de ces régions étaient alors partagés en groupes plus ou moins nombreux, éloignés les uns des autres, non seulement par de grandes distances, mais surtout par des obstacles presque insurmontables. Les missionnaires devaient aller catéchiser ces fidèles disséminés, et leur administrer les Sacrements : toutefois leur nombre était trop restreint pour qu'ils pussent séjourner longtemps en chaque endroit. Ils se devaient à tous ces pauvres insulaires, qui les recevaient avec une joie touchante et auraient bien voulu les retenir. On comprend combien le ministère, dans de telles conditions, au milieu d'un pays abrupt et sauvage, était difficile et périlleux.

Le Père Damien, Kamiano, en langue canaque, eut pour sa part, le district de Puna, dans la grande Hawaï; il y déploya pendant dix ans, grâce à la vigueur de son tempérament, une énergie extraordinaire et un courage vraiment indomptable. Une belle prestance, une physionomie empreinte de franchise et de bonté, une voix sonore et bien timbrée, des manières affables, tels étaient les avantages extérieurs qui contribuèrent à lui gagner les cœurs. Son activité inlassable que les naturels, dans leur langage imagé, comparaient au feu et au vent, son adresse, sa compétence dans tous les travaux manuels, son humeur toujours égale, son entrain, sa charité qui n'avait point de défaillance, tout cet ensemble de dons naturels et de vertus acquises lui donna, dès son arrivée, un très grand ascendant sur les insulaires, et les disposa merveilleusement à recevoir la bonne semence.

« ... C'est pour moi un grand bonheur, écrivait-il à ses parents, de pouvoir, de temps en temps, vous envoyer de mes nouvelles et vous rappeler qu'au milieu de ce grand Océan Pacifique, sur une île de cent cinquante lieues de circonférence, vous avez un fils qui vous aime, un prêtre qui prie pour vous, un missionnaire qui passe son temps à courir après les brebis perdues de notre adorable Sauveur. J'ai des difficultés, des peines, néanmoins je suis très heureux... Les pauvres insulaires sont pleins de joie, quand ils me voient arriver. Je les aime immensément. Je donnerais bien volontiers ma vie pour eux. Je ne m'épargne donc pas, lorsqu'il s'agit d'aller à sept ou huit lieues visiter des malades, ou d'autres, qui m'appellent et à qui je puis faire du bien !... »

Dans une autre lettre, à peu près de la même époque, il donne quelques détails sur son installation « ... Comme cette contrée a été sans prêtre, depuis la mort du Père Eustache, les ronces et les épines y lèvent la tête, bien au-dessus du bon grain que nos premiers missionnaires y avaient semé et cultivé soigneusement. L'hérésie et l'idolâtrie y font des ravages. Cependant, à côté de ces deux grandes plaies, j'ai la consolation de trouver quelques bonnes âmes, sur tous les points de ce district, qui a soixante lieues d'étendue. Dans l'endroit d'où je vous trace ces lignes, il y a une église en bois, bâtie par nos Frères, sous le Père Eustache. Elle est belle à l'intérieur; elle a une voûte soutenue par des piliers, trois autels, trois lustres garnis de fleurs, faites des mains du bon Père Eustache lui-même; son modeste clocher renferme une cloche. Mon petit presbytère, quoiqu'en feuilles de pala à l'extérieur, est assez convenable pour la distribution intérieure; un cabinet de travail, une chambre à coucher pour moi et une autre pour mon maître d'école, qui demeure chez moi, une salle à manger, ainsi qu'une autre petite salle pour recevoir les personnes, c'est presque du luxe... »

Voyons maintenant comment il s'arrange dans ses tournées apostoliques : « ... Dimanche prochain, je vais dans une chrétienté située à quatre lieues d'ici. Il y a près de cent chrétiens, avec une école catholique. Où dirai-je la messe à ces pauvres gens? Dans la maison d'école. Et qu'est cette maison d'école? Une petite cabane en paille dont la porte d'entrée n'a que quatre pieds de haut; le toit en a peut-être dix. Le vent y entre de tous côtés, au point que quelquefois, pendant la sainte messe, les cierges sont

LE R. PÈRE DAMIEN

P. 265

tout à coup éteints. L'autel est des plus simples : on plante en terre quatre piquets sur lesquels on met quelques planches ; je les recouvre d'une nappe et voilà tout. De grand matin, quelques chrétiens viennent se confesser. N'ayant ni chaire ni confessionnal, je m'installe comme je puis, et continue ainsi jusqu'à neuf heures. Alors, au son d'une trompette, qui n'est autre chose qu'une coquille de mer, tout le monde entre, et l'office divin commence. Presque tous ont appris par cœur les prières de la messe ; guidés par leur chef de prière, ils se mettent à les réciter ensemble et à haute voix. A la messe, je prêche ordinairement sur l'évangile du jour, et au chapelet, j'explique le catéchisme... »

Un jour, qu'il se dirigeait à cheval vers un village privé depuis longtemps de tout secours religieux, il arrive au pied d'une montagne ; il quitte sa monture, l'attache à un arbre et commence sa pénible ascension. Fatigué et haletant, il parvient au sommet ; il regarde de tous côtés et n'aperçoit aucun vestige d'habitation ; rien que des précipices, des crevasses, puis une autre montagne. Il n'hésite pas, descend le versant avec rapidité, gagne l'autre montagne, et se met en devoir de la gravir. Arrivé sur le plateau, il explore l'horizon et ne découvre rien qui lui annonce l'approche d'un village : en bas, une vaste plaine et un peu plus loin, une troisième montagne... Ses pieds sont meurtris, sa lassitude est extrême : que va-t-il faire? Rebrousser chemin ; mais au-delà de ces obstacles, il y a des âmes qui attendent le salut et auxquelles il peut ouvrir le Ciel. D'ailleurs, son Maître adoré, aux jours de sa vie mortelle, n'a-t-il pas, lui aussi, déchiré souvent ses pieds divins, aux ronces et aux cailloux du chemin?... Il s'arrête un instant, fait une courte prière qui le réconforte, et une troisième fois il recommence la dure escalade. Ses vêtements sont en lambeaux, la sueur inonde son visage, ses mains et ses genoux laissent couler le sang par de larges écorchures, n'importe, il marche vaillamment en songeant au Calvaire... Enfin, il parvient à destination. La joie des chrétiens qui l'accueillent comme un ange de Dieu, le dédommage des fatigues subies ; il ne pense plus qu'à distribuer à ces âmes affamées, les Sacrements et le pain de la parole dont elles ont jeûné tant de mois.

Nous. l'avons dit plus haut, le Père Damien s'entend à merveille à tous les travaux manuels ; cette aptitude lui est d'un grand secours, car là-bas le missionnaire est obligé de tout faire, autrement, il faudrait appeler des ouvriers étrangers qui se font payer fort cher. Sur un point de son district, la construction d'une chapelle est devenue nécessaire, il s'improvise architecte. Voyons ce qu'il dit à ce sujet dans une lettre à ses parents :

« ... Permettez-moi de vous conduire à trente-cinq lieues d'ici. Il n'y a jamais eu de chapelle en cet endroit. Dès ma première visite, bon nombre de catéchumènes y reçurent le saint baptême. Tout ce que j'exigeai d'eux, en reconnaissance de la grâce que Dieu leur fit ce jour-là, ce fut de bâtir une petite chapelle. Ils promirent et ils ont tenu parole. Comme quelques-uns d'entre eux sont scieurs de bois, ils allèrent à la montagne et coupèrent de très beaux arbres pour bâtir, non pas une espèce de cabane, comme sont presque toutes nos chapelles canaques, mais une chapelle entièrement en bois, scié de leurs propres mains. Tout est préparé, mais qui pourra, avec ces matériaux, élever une chapelle convenable ?... Ayant fait mes plans le mieux possible, je commençai moi-même le travail avec deux Canaques. Quand ces gens-là sont guidés, ils ne manquent pas d'habileté. Jusqu'ici nous n'avons pas trop mal réussi, et, mardi dernier, nous avons monté la charpente. Sur la façade se trouve une croix de deux mètres de haut. Quand je retournerai de ce côté-là, j'espère orner cette croix avec de belles planches que nos Canaques ont découpées eux-mêmes, et terminer tout l'intérieur. Si je puis obtenir que quelque généreux Américain me procure des fenêtres, nous aurons là une belle petite chapelle au milieu d'une chrétienté florissante. J'en bénis le bon Dieu de tout mon cœur... »

Sa force était vraiment prodigieuse ; il transportait seul, à une certaine distance, de longues poutres, que trois ou quatre naturels pouvaient à peine soulever de terre ; cet exploit et d'autres du même genre excitaient l'étonnement et même la vénération des Canaques qui, à l'exemple des peuples primitifs, ont en singulière estime la vigueur physique.

Dans ses diverses pérégrinations, le Père Damien avait plusieurs fois rencontré des lépreux, qui sont fort nombreux en certaines parties de l'Océanie; son cœur sensible s'était ému de pitié envers ces infortunés qui sont obligés de vivre cachés à tous les yeux ou de quitter leur famille sans espoir de retour, car le gouvernement hawaïen venait de prendre de sévères mesures : on recherchait avec soin ceux qui étaient frappés de la terrible maladie et tous, sans exception, étaient dirigés vers la léproserie de Mokolaï.

Au printemps de l'année 1873, le Père Damien était désigné pour accompagner M\ Maigret dans cette île. En pénétrant dans ce séjour de désolation, qu'on a si justement nommé l'*Eden de la mort*, le saint religieux eut comme la révélation intérieure que ce lieu serait désormais sa demeure; il lui semblait que Dieu, en l'amenant là, lui remettait en quelque sorte le soin de ces malheureux, dont la cruelle destinée excitait si fort sa compassion.

Les lépreux, sans être privés complètement des secours de l'Église, ne recevaient qu'à de longs intervalles, la visite des missionnaires, et ceux-ci ne pouvaient guère séjourner à Mokolaï plus de trois ou quatre semaines, ayant d'autres districts à évangéliser. M\ Maigret, en voyant combien étaient nombreux les catholiques internés dans l'île — on en comptait environ quatre cents — eût vivement souhaité leur donner un prêtre qui fût toujours resté parmi eux; mais comment imposer, même au nom de l'obéissance, un tel dévouement!... il n'y fallait pas songer.

Un jour que, devant plusieurs missionnaires, l'évêque s'entretenait de la situation lamentable des lépreux de Mokolaï, de leur quasi abandon sous le rapport spirituel, le Père Damien, qui était présent et qui déjà, dans son cœur, avait accompli l'immolation, s'écria : « Monseigneur, je n'ai pas oublié qu'au jour de ma profession religieuse, j'ai été mis sous le drap mortuaire: je sais que la mort volontaire est le principe d'une vie surnaturelle qui n'aura point de fin; me voici donc tout disposé à m'ensevelir vivant avec tous ces infortunés, si vous voulez bien m'y autoriser. »

Le visage du prélat se rasséréna, il était ému, non étonné d'un tel langage, les miracles de la grâce ne pouvaient le surprendre, il répondit avec attendrissement, acceptant ce sacrifice avec la même simplicité qu'il lui était offert... C'était dans les premiers jours du mois béni consacré à la Reine du Ciel, et nul doute que Marie n'ait couvert de sa maternelle protection, le ministère de son fidèle serviteur.

Avant de s'embarquer, Mgr Maigret, s'adressant aux exilés de Mokolaï, leur dit d'une voix émue : « Jusqu'à présent, mes enfants, vous avez été seuls ici, vous ne le serez plus désormais. En voici un — et il désignait le Père Damien — que je laisse parmi vous pour devenir votre père et votre frère, et à qui votre bien-être ici-bas et le bonheur de vos âmes immortelles sont si chers, qu'il n'hésite pas à demander de devenir l'un des vôtres, afin de vivre et de mourir avec vous. »

Les infortunés dont, avec un courage plus qu'humain, le missionnaire consentait à partager l'existence, offraient un spectacle navrant, fait pour obliger l'homme le plus ferme à reculer et à fuir. Pour torturer et défigurer ses victimes, la lèpre revêt des formes multiples et toujours hideuses ; tantôt les traits s'altèrent peu à peu, tantôt ils se gonflent et grossissent d'une façon monstrueuse ; d'autres fois, ce sont les membres qui, sous l'action dissolvante du fléau, se désagrègent et tombent, rongés par les vers, ou bien encore des plaies horribles, sanguinolentes, couvrent le visage, attaquent les paupières et finissent par envahir totalement les yeux. On voit s'agiter, se traîner, des êtres qui n'ont rien d'humain et dont la difformité, l'aspect effroyable ne saurait être décrit dans aucune langue, car ce mal horrible ne gagne souvent les parties vitales qu'après que tout le corps est un amas de pourriture et de corruption ; en outre il se dégage de tous ces malheureux que la mort a déjà touchés, une odeur tellement insupportable que l'air en est vicié.

Si épouvantable qu'on se représente le mal physique, il était peut-être encore surpassé par l'immoralité qui régnait dans l'île entière. C'est là qu'on eût pu placer cette inscription que le poète florentin met au portique de l'enfer : « *Lasciate ogni speranza, voi ch'entrate* », une autre devise, non moins terrible, servait de code, et dans sa concision brutale, autorisait tous les désordres et tous les excès : « Ici, il n'y a plus de lois ». Ces malheureux, privés de secours religieux suffisants, auxquels tout bonheur terrestre était interdit, livrés à eux-mêmes, sans appui, sans consolation, cherchaient l'oubli et l'étourdissement dans l'abus des liqueurs fortes et dans les plus honteux déréglements. Tel était Mokolaï, lorsque le nouvel apôtre en prit possession.

Il entreprit d'abord la régénération morale de son peuple ; par sa bonté, sa patience, et aussi par son énergie et sa fermeté, il mena à bien cette difficile affaire. Le naturel doux et sensible des insulaires les disposait à la reconnaissance ; touchés de l'admirable dévouement de celui qui se donnait volontairement à eux, ils prêtaient une oreille docile à ses enseignements, à ses conseils, ils prirent donc assez promptement des habitudes d'ordre et de travail qui contrastaient étrangement avec la vie oisive et licencieuse qu'ils avaient menée jusque-là. La terrible maladie n'était pas guérissable, mais, grâce à la sage direction imposée, aux abus déracinés, aux lois de l'hygiène mieux comprises, les effets les plus désastreux étaient conjurés ; chaque malade, dans le paroxysme de ses souffrances ou à son lit d'agonie, voyait le pasteur accourir pour lui prodiguer ses consolations, ses soins, et lui montrer le Ciel, comme terme de son triste pélerinage ici-bas. Mais pour obtenir ces résultats, que de luttes, de peines, de fatigues et surtout que de prières ferventes !

Quelques mois après son installation, le Père Damien rend compte à son supérieur, puis à son frère, le Père Pamphile, de son nouveau genre de vie ; nous extrayons de ces lettres, les passages qui suivent : « ... Me voici au milieu de mes chers lépreux, ils sont hideux à voir, c'est vrai, mais ils ont une âme rachetée au prix du sang adorable de notre divin Sauveur ; lui aussi, dans sa miséricordieuse charité console le lépreux... Il y a, dans les visites à domicile, beaucoup de bien à faire, mais il faut se condamner à respirer un air infect. Je vais donc de cabane en cabane, presque toutes sont remplies ; j'y trouve souvent de pauvres malheureux qui se traînent avec peine, ayant parfois les pieds et les mains rongés par cette affreuse maladie... C'est bien dans les larmes que je sème la bonne semence, parmi mes pauvres lépreux. Du matin au soir, je suis au milieu de misères physiques et morales qui navrent le cœur. Cependant je tâche de me montrer toujours gai, afin de relever le courage de mes infirmes... »

« La divine Providence a daigné jeter les yeux sur votre indigne frère pour l'envoyer au secours de pauvres malheureux attaqués de cette terrible maladie dont il est si souvent parlé dans l'Évangile : la lèpre. Depuis dix ans, cette plaie s'est propagée dans notre archipel, d'une manière si effrayante que le gouvernement s'est cru obligé d'exclure de la société des autres insulaires, tous ceux qui en étaient infectés. Renfermés dans un coin de l'île Mokolaï, limités d'un côté par des montagnes infranchissables, et de l'autre par le rivage de la mer, ces infortunés se trouvent ainsi dans un exil perpétuel... Il fallait absolument un prêtre pour cet établissement, mais en mettre un n'était pas chose facile, car toute communication étant interdite entre la léproserie et le reste de l'archipel, un missionnaire ne pouvait venir au secours de ces pauvres malades qu'en se renfermant pour toujours avec eux... En conséquence, le 10 mai dernier, un steamer me déposa ici, avec une cinquantaine de lépreux que les gendarmes venaient de ramasser encore dans l'île Hawaï. En arrivant ici, j'y ai trouvé une belle chapelle dédiée à sainte Philomène, mais hélas! c'est tout. Pas de maison pour m'abriter. Je demeurai longtemps sous un arbre, ne voulant pas dormir sous le toit des lépreux. Les blancs d'Honolulu étant venus à mon secours, j'ai pu, grâce à leur charité, bâtir un petit presbytère, de seize pieds de long sur dix de large : c'est de là que je vous trace ces lignes... La lèpre est une maladie quasi incurable. Elle s'engendre peu à peu par la corruption du sang ; ses premiers symptômes sont des taches noirâtres qui apparaissent sur la peau, surtout sur les joues ; les parties qui en sont affectées restent privées de sensibilité. Au bout de quelque temps, ces taches couvrent tout le corps, et alors s'ouvrent des plaies, principalement aux pieds et aux mains ; les chairs se rongent en exhalant une odeur fétide, l'haleine même des lépreux devient tellement infecte que l'air en est empoisonné. J'ai eu beaucoup de peine à m'habituer à vivre dans cette atmosphère. Un jour, pendant la grand'messe, je me suis trouvé tellement suffoqué que j'étais sur le point de quitter l'autel pour aller respirer l'air au dehors ; mais je fus retenu par la pensée de Notre-Seigneur faisant ouvrir devant lui le tombeau de Lazare. Maintenant la délicatesse de mon odorat ne m'occasionne plus cette souffrance, et j'entre sans difficulté, dans les chambres infectes de ces pauvres lépreux... Pour moi, je me fais lépreux avec les lépreux, pour les gagner tous à Jésus-Christ. De là vient que quand je prêche, j'ai coutume de dire : Nous autres lépreux. Vous pourrez juger, par le trait suivant, de l'empire qu'exerce ici le missionnaire. Samedi dernier, quelques jeunes gens, mécontents de leur sort, voulurent se révolter contre l'administration. Tous, excepté deux, étaient calvinistes ou mormons. Eh bien ! je n'eus qu'à me présenter et à dire un petit mot ; aussitôt les mutins baissèrent la tête et tout fut fini... Je fais beaucoup d'enterrements ; il meurt en moyenne un lépreux par jour. Plusieurs sont si pauvres qu'ils n'ont rien pour se faire enterrer : on enveloppe leur corps dans une couverture. Autant que mes occupations me le permettent, je fais moi-même des cercueils pour ces misérables... Il y a quelques mois, le ministre de l'Intérieur me défendit de mettre le pied hors de l'asile où nos lépreux sont séquestrés. J'étais donc prisonnier d'État. Aujourd'hui, une dépêche du Consulat français m'annonce ma délivrance. Que le bon Dieu en soit béni ! Ainsi, tout en soignant mes chers malades, je pourrai travailler à la conversion de toute l'île, dans laquelle il n'y a point d'autre prêtre résidant à poste fixe... »

La décision généreuse du Père Damien avait excité une profonde admiration, qui s'était propagée, ainsi qu'une traînée de poudre, non seulement dans toute l'Océanie, mais jusqu'en Europe ; l'écho de ces louanges revint jusqu'aux oreilles de celui qui en était l'objet. Il s'en plaignit, doucement attristé : « Je voudrais, disait-il, être inconnu au monde ».

Et comment aurait-il pu s'émouvoir des applaudissements humains, le prêtre qui un peu plus tard, faisait avec tant d'humilité, la déclaration suivante ? « Je ne suis qu'un pauvre missionnaire qui accomplit *simplement* les devoirs de sa vocation ».

La léproserie renfermait deux paroisses distinctes, et pendant plusieurs années, le Père Damien fut seul à les desservir. Souvent, il lui arrivait le soir, lorsqu'il était sur le point de prendre un repos acheté par de rudes labeurs, d'être forcé de partir auprès d'un malade ; ces courses étaient parfois bien fatigantes, ainsi qu'on en peut juger par le récit suivant.

« ... Ce soir, à huit heures, j'ai été appelé auprès d'une femme mourante. La nuit étant fort obscure, le chemin boueux, et la pluie tombant à torrents, je fus obligé de prendre mon cheval. En mettant pied à terre, j'eus soin de l'attacher avant d'entrer à la maison. Un bon nombre de femmes catholiques, toutes lépreuses, s'y trouvaient réunies. La mourante qui avait eu la faiblesse d'apostasier, fit une bonne confession et reçut l'extrême-onction, tandis que ses compagnes priaient à haute voix et avec ferveur. A la sortie de la maison, je ne vis plus mon cheval. Il avait cassé sa longe et s'était enfui, emportant mon beau manteau, que j'avais lié sur la selle, et qui m'aurait protégé contre la pluie. Il était superflu d'aller à la recherche de l'animal : je ne distinguais rien à deux pas devant moi. Force me fut de regagner mon logis comme j'étais, en cheminant au milieu des pierres, dans la boue et toujours sous la pluie. Enfin je suis rentré sans accident. Tout en regrettant la perte probable de mon manteau, je me consolais par la pensée d'avoir pu contribuer au salut d'une âme... »

Deux ans après l'installation du missionnaire, un voyageur américain catholique, Charles Warren Stoddart fit une excursion dans l'île de Mokolaï ; à son retour, il écrivit, pour un journal du pays, la relation de son voyage. Nous en détachons les fragments suivants qui nous fournissent d'intéressants détails et sur le pasteur et sur son troupeau :

« ... La petite grille du cimetière, qu'il faut traverser pour se rendre à l'église, nous fut ouverte par une joyeuse bande d'enfants qui, ôtant leurs chapeaux, nous donnèrent la bienvenue. Alors seulement je m'aperçus que tous ces pauvres petits visages étaient défigurés par des plaies et de larges cicatrices, que les pieds et les mains d'un grand nombre d'entre eux étaient difformes et quelques-uns saignants... Comme il est étonnant à Kalawao d'apercevoir un étranger, nous fûmes bien vite entourés d'une foule qui nous regardait curieusement, sans trop s'approcher toutefois, et en se reculant avec soin pour nous laisser passer. A mesure que leur nombre augmentait, et que de nouveaux visages nous apparaissaient, chacun d'eux nous semblait plus affreux que le précédent, jusqu'à ce qu'enfin il nous parût impossible que la corruption pût aller au-delà, chez des êtres encore vivants, et que la pauvre humanité pût subir un plus complet déshonneur de ce côté-ci du tombeau... Nous approchions de la chapelle, quand la porte s'ouvrit, et sur le haut du perron, un jeune prêtre se montra et vint nous donner la bienvenue. Il portait une soutane râpée, ses cheveux étaient un peu en désordre, et ses mains étaient brunies par le travail. Mais sur son visage, la bonté, la jeunesse, la santé rayonnaient ; une expression d'énergique douceur illuminait ses traits. Son rire franc et joyeux, son accueil plein de cordialité, tout révélait en lui un homme capable d'entreprendre et d'accomplir les tâches les plus difficiles... »

Au lieu d'accepter le repas offert par le missionnaire, M. Stoddart et son ami furent heureux de partager avec lui, les provisions plus délicates qu'ils avaient apportées. Il accepta simplement, mais au moment du départ, il remit à ses nouveaux amis, deux des belles volailles qu'il élevait lui-même. C'était un de ses délassements favoris ; à l'exemple de saint Jean, qui se récréait avec sa perdrix, de saint François-d'Assise, qui conversait familièrement avec les animaux de la création, le Père Damien aimait à s'occuper de poules, de pigeons, etc. Dociles à sa voix, ils venaient au moindre appel se percher sur son épaule, sur ses bras et jusque sur sa tête.

Les deux Américains, témoins de la façon dont le saint prêtre remplissait ses journées, partagées entre la prière, le travail et les visites à ses chers malades, avaient peine à retenir l'expression de leur respectueuse admiration, mais ce fut autre chose encore quand ils eurent passé un dimanche à la léproserie. Ce jour-là, le Père n'avait pas un seul instant de loisir : son repos était de se dépenser sans trêve ni merci, au service de son Maître bien-aimé. Il se partageait entre les deux paroisses de Kalawao et de Kalapaupa, disant la messe, donnant le salut, récitant le chapelet, faisant le catéchisme, etc. ; c'est à peine si, au retour de ses courses apostoliques, il trouvait le temps de se préparer un léger repas. M. Stoddart

ayant témoigné le désir d'assister à la grand'messe, le missionnaire
le fit entrer dans une petite tribune entourée d'une balustrade, que
n'avait jamais touchée aucun lépreux.

« ... Il me semblait, écrit l'Américain, que cette messe devait
être célébrée dans l'esprit d'une messe de *Requiem*, car tous les
assistants étaient condamnés, et la plupart de ces vivants semblaient déjà aux portes du tombeau... Je me trouvais tout près de
l'officiant et en face de ceux qui remplissaient l'église. Tous, depuis
les enfants de chœur, respectueux et bien vêtus qui servaient à
l'autel, jusqu'au dernier des assistants, étaient plus ou moins
défigurés, quelques-uns d'une manière horrible; cependant aucun
d'eux ne paraissait beaucoup souffrir. Les vases sacrés, qui sont
d'or et richement travaillés, ont été envoyés de Paris, par le curé
de Saint-Roch, ils ne servent qu'aux grandes fêtes. L'église était
remplie, l'office commença : on chantait de simples cantiques
auxquels tous cherchaient à s'unir, quelques-uns d'une voix
rauque ou chevrotante... Quel spectacle j'eus sous les yeux, ce
jour-là, lorsque je pus l'envisager de l'endroit que j'occupais! Quel
contraste saisissant entre cet autel magnifiquement orné, ces
lumières, ce jeune célébrant portant sur ses traits l'empreinte de
la santé et de la force, en même temps que celle de la sainteté,
chantant d'une voix pleine et sonore les prières de la liturgie, et à
ses pieds des acolytes dont les visages enfantins étaient déjà
marqués du sceau de la mort ; au-delà du sanctuaire, à peine un
des assistants qu'on pût envisager sans horreur. Certains mêmes
semblaient ne plus appartenir au monde des vivants, on eût dit
des spectres sortant de la corruption du tombeau, et l'odeur fétide
qu'on respirait était bien faite pour confirmer une telle idée... Le
bruit lointain des vagues se brisant sur le rivage, avec une sorte de
gémissement, accompagnait dignement cette scène solennelle, à la
fois lugubre et consolante... Vraiment la prière de ces infortunés
devait être favorablement écoutée, et Jésus les bénit par l'entremise de son bon et fidèle serviteur... »

C'est aussi dans cette même année — 1881 — que le saint
missionnaire reçut une visite d'un tout autre genre, qui eut un
grand retentissement dans toute la région : nous voulons parler de

la visite que fit à la léproscrie, la reine régente des îles Sandwich. Quoique prévenus seulement deux jours à l'avance, les habitants, grâce à l'activité du Père Damien et du surintendant, avaient préparé à la souveraine, une réception qui ne laissait rien à désirer. Le chemin conduisant à la case royale était couvert de gazon et de fleurs ; à des distances assez rapprochées s'élevaient d'élégants arcs de triomphe surmontés d'inscriptions appropriées à la circonstance. Les malades, au nombre de huit cents environ attendaient le cortège, sur le rivage ; dès qu'ils aperçurent la reine, ils lui firent une ovation, mais en voyant ces visages ravagés, ces plaies affreuses qu'on ne pouvait dissimuler, la princesse fondit en larmes. Hors d'état de prononcer un seul mot du discours qu'elle avait préparé, elle fit signe à un grand dignitaire qui se tenait à ses côtés, de la suppléer et d'adresser quelques mots à ces infortunés. Un certain nombre d'entre eux lui étaient très bien connus ; elle avait même à la léproserie, une proche parente que son rang élevé n'avait pu soustraire à l'exil. Cette dernière se plut à raconter à la princesse combien la situation des malades s'était améliorée depuis l'arrivée du Père Damien ; elle lui expliqua les réformes qu'il avait opérées, les œuvres qu'il avait fondées, celles qu'il méditait pour l'avenir ; en terminant, elle ajouta que son sort lui paraissait très supportable, presque heureux et que, pour rien au monde, elle ne voudrait quitter cette île, qui d'abord lui avait paru un enfer.

Profondément émue de ces détails, et de tout ce qui s'offrait à ses regards, la reine, dès qu'elle fut rentrée dans sa capitale, voulut, quoique zélée protestante, donner au Père Damien, un témoignage public de sa vénération et de sa gratitude. Elle lui écrivit une lettre touchante où, après l'avoir remercié de sa charité sans borne, elle le nommait commandeur de l'Ordre royal de Kalakaua ; cette lettre se terminait par ces paroles d'une délicatesse exquise et bien féminine : « ... Je sais très bien que vos travaux et vos sacrifices n'attendent d'autre récompense que celles du grand Dieu, notre Souverain Seigneur, qui vous dirige et vous inspire. Cependant, pour satisfaire mon propre désir, je vous prie, mon Révérend Père, d'accepter la décoration de commandeur de l'Ordre royal de Kalakaua, comme témoignage de ma sincère admiration, pour les efforts par lesquels vous avez réussi à alléger la détresse et à adoucir les souffrances de mon peuple affligé... »

Le saint missionnaire reçut cet honneur avec tristesse et confusion, son humilité s'alarmant toujours de ce qui pouvait le mettre en évidence ; il n'en fut pas de même des pauvres lépreux : tous, protestants et catholiques, applaudirent de grand cœur à cette distinction si bien méritée.

Dévoré de zèle pour le salut des âmes, le Père Damien avait établi dans ses deux paroisses, diverses œuvres qui, grâce à son incomparable activité, à son rare talent d'administrateur, s'étaient développées rapidement et donnaient les meilleurs fruits. Citons d'abord l'Adoration perpétuelle ; près du divin Ami, de celui qui, par la voix de ses prophètes, s'est laissé comparer à un lépreux, les chrétiens de Mokolaï sentaient leurs maux s'adoucir, leurs espérance se fortifier. Ils osaient même, ces victimes d'un mal sans remède, s'offrir à Dieu pour réparer les crimes de tant d'hommes coupables et ingrats. Parfois, il arrivait que leur état de souffrance les retenait loin de l'église, alors, sur leur lit de douleur, ils faisaient pieusement la demi-heure d'adoration prescrite.

C'est ensuite l'œuvre des orphelinats, qui nécessita des travaux longs et importants, et dont la charité généreuse des catholiques de l'archipel, que le Père Damien, plus qu'un autre, savait exciter, assura la prospérité et la durée. Les petites filles furent les premières qui attirèrent la compatissante attention du missionnaire ; il en réunit un certain nombre, et les plaça sous la conduite d'une bonne vieille veuve, non lépreuse, qui acceptait de les diriger et de leur donner les soins nécessaires.

« En revenant d'une course dans l'île, écrit le Père, je trouvai une de mes enfants mourante. Elle me supplia de lui apporter en toute hâte le saint viatique. Les prières de l'action de grâces étaient à peine finies qu'elle rendit son âme au Dieu qu'elle venait de recevoir. Hier, j'ai fait moi-même son cercueil et creusé sa fosse... »

Les garçons eurent aussi bientôt leur tour, et d'ailleurs ils n'avaient jamais été négligés. Les calvinistes ayant essayé d'attirer

les enfants catholiques à leur école, le cœur du saint prêtre s'émut,
et il prit la résolution de soustraire par tous les moyens possibles,
ces jeunes âmes à l'influence hérétique. Des constructions nouvelles s'imposaient, ainsi que de notables agrandissements ; on
se mit courageusement au travail ; suivant sa coutume, le Père se
réserva la besogne la plus rebutante et la plus pénible.

« Je m'occupe de mes orphelins, lisons-nous dans une de ses
lettres ; tous lépreux. Il est plus ou moins rebutant à la nature
d'être toujours entouré de ces malheureux enfants, mais j'y trouve
aussi ma consolation. Étant à présent un peu médecin, comme
mon patron saint Damien, j'essaie, Dieu aidant, d'adoucir et de
soulager leurs affreuses souffrances, et de les conduire ainsi dans
la voie du salut. Ils apprennent bien leur catéchisme, et ils
assistent chaque matin à la messe et le soir au rosaire... »

Ses devoirs, ses occupations si multiples et si diverses ne lui
font point oublier la famille aimée qu'il a laissée là-bas, en
Europe, et qu'il sait ne plus revoir ; souvent le souvenir le trans-
porte près des chers objets de son affection, et d'ailleurs la prière
est le meilleur trait d'union des âmes. Le 25 novembre, fête de
sainte Catherine, patronne de sa bonne mère, il écrit à cette
dernière :

« ... Aujourd'hui, je me suis souvenu de vous tous, et particulièrement de ma chère mère, suppliant le bon Dieu, par l'inter-
cession de sa sainte patronne, de la bénir, elle et tous ceux qui lui
sont chers... »

A son frère, qui lui avait manifesté le désir de le rejoindre, il
adresse les ligne suivantes :

« ... Le bon Dieu a voulu que l'obéissance fixât votre résidence dans le pays natal. Votre mission est de travailler spéciale-
ment au salut de notre chère famille et de nos compatriotes, et
ma place à moi est clairement déterminée parmi les lépreux de
Mokolaï... Le mieux pour vous comme pour moi, c'est de laisser
à l'autorité ecclésiastique et religieuse, de décider si j'aurai la
consolation de voir arriver mon frère et de travailler avec lui...
Vous me comprenez sans que je m'explique davantage... »

Il nous semble que c'est ici le moment de parler de

M. Chapman, qui fut un insigne bienfaiteur de la léproserie de
Mokolaï. Nous l'avons dit déjà, l'héroïsme sublime du Père Damien
projetait son rayonnement divin par-delà les mers; en Angleterre,
le recteur de Saint-Luc, une des paroisses les moins favorisées de
Londres, avait été particulièrement touché de ce dévouement
d'autant plus admirable qu'il s'ignorait lui-même; ministre protestant, il n'avait pas hésité à prendre l'initiative d'une souscription destinée à favoriser le développement des œuvres entreprises
par un prêtre catholique.

« J'estime, écrivait-il, que c'est pour nous un grand honneur
de pouvoir déposer le moindre hommage aux pieds d'un homme
assez courageux pour avoir embrassé une telle vie, qui fait
apparaître celle que nous menons, comme bien molle et bien
égoïste... »

Son appel fut entendu; la charité aplanissant toute difficulté,
renversant les préjugés que nos frères séparés conservent encore
à notre égard, ceux-ci montrèrent une générosité vraiment apostolique : en moins d'une semaine, la souscription atteignit le
chiffre de six cent cinquante livres sterling, c'est à-dire seize mille
deux cent cinquante francs de notre monnaie.

A cette époque — 1885 — le Père Damien, préservé jusque-là
miraculeusement en quelque sorte, de la lèpre, ressentit les
premiers symptômes de ce terrible mal : son martyre commençait.
Un jour qu'il prenait un bain de pieds, il constata que l'eau,
presque bouillante, ne lui causait aucune sensation de brûlure, il
comprit, car il savait depuis longtemps que l'insensibilité des
membres est un signe certain. Le médecin, qu'il consulta peu
après, ne put que lui confirmer la triste vérité, désormais, il n'y
aurait plus de différence entre le pasteur et son troupeau. « Je m'y
attendais, dit-il au docteur Arning. Quand on m'a conjuré de laisser
là mon œuvre et d'aller me faire soigner en Europe, j'ai refusé.
Eh bien! n'est-il pas de mon devoir d'accepter joyeusement la
volonté de Dieu ? »

« ... Désormais, écrit-il à un ami, je ne pourrai plus aller à
Honolulu, puisque je suis lépreux. Ces microbes se sont décidément établis dans ma jambe gauche et dans mon oreille; un de

mes sourcils est tombé, et bientôt je serai complètement défiguré. Depuis que je n'ai plus aucun doute sur le caractère de ma maladie, je me sens très calme, résigné, et plus heureux que jamais au milieu de mon peuple. Dieu sait parfaitement ce qui est le mieux pour ma satisfaction, et, avec cette certitude, je dis tous les jours un bon *Fiat voluntas tua...* »

Ce fut sur ces entrefaites que lui parvint l'envoi de M. Chapman : il s'empressa d'en accuser réception, et c'est avec une parfaite tranquillité qu'il fait allusion à l'horrible mal dont il souffre. « ... Sans la constante présence de notre divin Maître dans nos pauvres chapelles, je n'aurais sans doute pas pu persévérer dans ma résolution de partager le sort des lépreux, résolution dont les conséquences, qui étaient à prévoir, commencent à apparaître et à se faire sentir dans toute ma personne. Mais la sainte communion étant le pain quotidien d'un prêtre, je me sens très heureux et très résigné, dans cette situation un peu exceptionnelle où il a plu à la divine Providence de me placer... »

Il parle ensuite d'un compagnon que Dieu lui avait envoyé quelque temps auparavant. « Je suis amené à vous raconter ici, en quelques mots, ce que vient de faire un homme très bien élevé qui, jusqu'à une époque récente, appartenait à l'église épiscopale américaine. Après s'être converti à la religion catholique, il est allé faire une retraite dans une maison de Trappistes, et de là, poussé par l'inspiration divine du sacrifice, il est venu dans ce pays pauvre et reculé, avec le dessein de se fixer à Mokolaï, ce qu'il a réalisé après avoir demandé et obtenu des autorités, la permission de travailler avec moi, sans aucun salaire, au soulagement des pauvres lépreux. Il réside maintenant près de moi, comme un frère compatissant, et il m'aide à soigner les malades. Lui aussi, quoiqu'il ne soit pas prêtre, trouve sa force et sa consolation dans le saint Sacrement... »

Au mois de décembre 1886, le recteur anglican écrivit de nouveau, adressant encore une somme qu'il qualifie de « petite », bien qu'elle dépasse vingt-quatre mille francs. Nous ne pouvons résister au désir de citer quelques paragraphes de cette belle et touchante missive, qui est presque aussi honorable pour celui qui l'écrit que pour celui qui l'inspire, car si l'âme des saints et des héros est d'une trempe peu commune, ce ne sont pas non plus les natures vulgaires qui savent les admirer et les vénérer.

« ... Vous trouverez ci-inclus, une petite somme qu'un certain nombre de chrétiens m'ont chargé de vous faire parvenir pour le soulagement de vos pauvres lépreux. Quant à moi, je n'y suis pour rien, n'ayant pas fait autre chose que recueillir leurs offrandes. Mais je dois vous dire en leur nom combien l'histoire de votre vie a aidé la leur, en leur apprenant à connaître la beauté du silencieux sacrifice de soi-même, accepté et soutenu par la force de notre Sauveur et pour son amour. Ils veulent que je vous remercie de bien vouloir leur permettre de déposer cet humble tribut à vos pieds, cloué comme vous l'êtes sur une croix que vous avez choisie pour la partager avec ceux à qui elle a été imposée... Puisse cette petite fleur d'amour que vous envoie l'Angleterre, répandre autour de vous son parfum, et vous rappeler les cœurs de ceux qui vous l'adressent, avec l'espoir que tous, un jour, ils vous verront au Paradis... Encore une fois que le Sauveur vous console dans votre martyre, par la pensée qu'en étant élevé, vous en attirerez beaucoup d'autres vers la Croix. Je sais bien que je n'appartiens pas à votre branche de l'Église catholique, mais quoique, selon votre point de vue, je ne sois point dans son sein, rien ne peut m'empêcher de m'agenouiller à vos pieds, et de saluer respectueusement en vous mon supérieur, parce que vous êtes éminemment le serviteur de Dieu... »

Cependant, le mal implacable faisait chez le Père Damien, des progrès lents, mais sûrs ; sa paix intérieure n'en était nullement altérée ; plusieurs fois, on l'entendit répéter « qu'il n'accepterait point sa guérison, si elle devait être payée par l'abandon de son ministère au milieu de ses chers lépreux ».

« ... Il y a longtemps déjà, écrit-il à son frère, que j'ai été choisi par notre Sauveur pour devenir une des victimes de la lèpre. J'espère que je saurai éternellement rendre grâce à Dieu de cette faveur, car il me semble certain que cette maladie abrègera un peu ma route vers notre chère Patrie, et la rendra plus directe... Quoique la lèpre se soit emparée fortement de mon

corps, et m'ait déjà passablement défiguré, je me sens encore fort
et robuste ; les cruelles douleurs que j'éprouvais aux pieds ont
disparu. Heureusement que la maladie, jusqu'à présent, n'a pas
encore attaqué mes mains, et je continue à dire la messe chaque
jour. Cette grâce m'est une grande consolation... »

En effet, presque toujours les lépreux frappés aux mains et
aux pieds, perdent des phalanges où des doigts entiers ; chez le
saint missionnaire, le mal respecta le dedans des mains qui, au
jour de sa consécration sacerdotale, avait reçu l'huile sainte, et
presque jusqu'au dernier jour, il eut l'extrême joie de célébrer les
saints Mystères.

Puisons encore dans ses lettres qui, mieux qu'une sèche narra-
tion, nous donnent le ton véritable de son âme « ... Comme j'ai
beaucoup de travail, le temps me semble très court, et la joie dont
Dieu m'inonde fait que je me considère comme le plus heureux
missionnaire de la terre. Par conséquent, le sacrifice de ma
santé, que notre bon Dieu demande dans le but sans doute de
rendre mon ministère plus fécond, me paraît une chose fort peu
digne de considération, si ce n'est cependant qu'elle m'est profitable, et il me semble que je puis me permettre de dire, avec un
peu de l'esprit de saint Paul : « Je suis mort, et ma vie est cachée
en Dieu avec Jésus-Christ... »

Un anglais, M. Clifford, artiste distingué et ami du recteur de
Saint-Luc, vint le visiter ; à l'exemple de tous ceux qui appro-
chaient le saint prêtre, il fut profondément ému et grandement
édifié. Voici le portrait qu'il trace de l'héroïque missionnaire :
« C'est un homme de quarante-huit ans, brun et maigre, fortement bâti, avec des cheveux noirs et une courte barbe grise. Il a
dû être beau et vigoureux ; aujourd'hui que l'horrible mal a fait
tomber les sourcils, élargir les oreilles, enfoncer le nez, rider le
front, enfler les mains et les jambes, il ne peut plus être question
que de la beauté morale, qui survit à toutes les destructions. »

« ... J'habitais, raconte-t-il, la maison réservée aux étrangers ; le Père n'y voulut jamais entrer, de peur d'y apporter la
contagion ; mais il s'asseyait le soir, en plein air, sur une des
marches de la vérandah, et là il causait volontiers et longuement

avec moi, avec son agrément, sa simplicité et son enjouement habituels, tandis que les étoiles étaient brillantes au-dessus de nos têtes, et la vallée baignée tout entière dans la clarté dorée de la lune... »

Le peintre anglais voulut faire son portrait, il s'y prêta volontiers. Quand ce dessin fut terminé, il le considéra avec un peu de tristesse: « Quelle laideur! » murmura-t-il. Ce fut tout; sa physionomie reprit aussitôt l'expression de sérénité paisible qui lui était ordinaire.

Le jour de Noël, M. Clifford entendit un *Adeste fideles* admirablement chanté; toutefois, il fut encore plus impressionné par l'hymne des lépreux, composé par un poète hawaïen, atteint lui-même de l'horrible mal.

En faisant ses adieux au peintre anglais qu'il savait ne jamais revoir ici-bas, le Père Damien lui remit une carte de fleurs cueillie à Jérusalem, au verso de laquelle il écrivit: « A Edward Clifford, de la part de son ami lépreux, Joseph Damien de Veuster. »

Le voyageur conserva une impression ineffaçable des quinze jours passés à Mokolaï; malgré les horreurs qui avaient frappé ses yeux, il pensait que ceux-là sont seuls à plaindre qui n'ont plus ni foi ni espérance, car il avait entendu à l'hôpital un vieillard lépreux se réjouir de ses souffrances, puisqu'elles assuraient son salut.

Mme de Veuster, qui était âgée et souffrante, ne put supporter la pensée que son cher fils était atteint de l'horrible mal, son cœur en fut brisé, elle mourut environ deux ans avant lui. Cette perte n'affecta pas aussi vivement le Père Damien qu'on l'aurait supposé: ne savait-il pas que ses jours, à lui, étaient comptés et que dans un bref délai ils seraient réunis?...

Deux prêtres de son Ordre vinrent l'assister pendant les deux dernières années de sa vie, et il eut aussi l'inexprimable consolation de voir arriver, pour soigner ses chers lépreux, des religieuses Franciscaines, qu'il avait désirées, dès les premiers temps de son apostolat à Mokolaï.

Au mois de février 1889, il écrivit au Père Pamphile, c'est la dernière lettre que sa famille devait recevoir. Admirons-en le début.

« Vu l'état de maladie que le bon Dieu a bien voulu me communiquer, je m'abstiens de vous écrire comme autrefois, ainsi qu'à la famille. Mais il me semble que vous tous, vous devriez m'écrire au moins aussi souvent qu'autrefois et même davantage. Enfin, je suis toujours heureux et content, et, quoique bien malade je ne désire rien que l'accomplissement de la sainte volonté du bon Dieu... A l'autel, où jusqu'ici je puis encore monter tous les jours, avec une certaine difficulté cependant, je n'oublie aucun de vous tous, et, en retour, veuillez prier et faire prier pour moi qui me traîne doucement vers la tombe. Puisse le bon Dieu me fortifier et me donner la grâce de la persévérance et d'une bonne mort. »

C'est aussi vers la même époque qu'il envoie ces lignes pleines de foi : « J'essaie de gravir courageusement mon chemin de croix, espérant arriver bientôt au sommet du Golgotha. A vous tous, mes amis, tendresse et vœux. »

Le 30 mars, il fit sa préparation immédiate à la mort, il y avait deux jours seulement qu'il gardait la chambre, ayant lutté contre la maladie avec son énergie habituelle. Il fit une confession générale et renouvela ses vœux. Le lendemain, il reçut le saint Viatique. Peu après la cérémonie, sans se départir de son admirable sérénité, il dit aux Pères qui l'assistaient : « Voyez mes mains, elles deviennent noires et les plaies se cicatrisent ; c'est un signe de mort, vous le savez bien. Regardez mes yeux, vous y verrez les mêmes indices. J'ai vu mourir tant de lépreux que je ne puis me tromper : la mort est proche. J'aurais aimé à revoir une fois encore notre évêque, mais le bon Dieu m'appelle à Lui pour célébrer les fêtes de Pâques : qu'Il en soit mille fois béni !... »

Le 2 avril, il reçut l'Extrême-onction : « Que Dieu est bon, s'écria-t-il de m'avoir fait vivre assez longtemps pour me donner la joie d'avoir à mes derniers moments, deux prêtres à côté de moi, et de laisser, dans notre léproserie, trois bonnes sœurs de Charité ! Après cela, je n'ai qu'à dire mon *Nunc dimittis*... Je ne suis plus nécessaire, je puis m'en aller là-haut... »

Il était là, le pieux mourant, sans mouvement et sans force, brisé par d'atroces souffrances, étendu sur une pauvre paillasse qu'on eut toutes les peines du monde à lui faire quitter pour un lit convenable. Dans sa charité si prodigue pour les autres, il ne s'était rien réservé pour lui-même, et le linge le plus nécessaire faisait complètement défaut. Le 13 avril, il reçut, pour la dernière fois, le Maître adoré qui bientôt allait être sa récompense ; le lendemain, il s'endormit paisiblement du grand sommeil de l'éternité. Il n'avait pas encore cinquante ans ; seize années de sa vie s'étaient écoulées au milieu des lépreux et pendant quatre ans, il avait subi lui-même les horreurs de cette terrible maladie.

Suivant le désir qu'il en avait exprimé, son corps fut déposé sous l'arbre (un *Pandanus* gigantesque) où il avait passé tant de nuits, aux premiers temps de son arrivée, et qui actuellement ombrage le cimetière.

Quelques jours plus tard, un service solennel était célébré à Honolulu ; une foule nombreuse appartenant à toutes les communions, se pressait à cette cérémonie, afin de rendre un dernier et public hommage, au héros de la charité.

A la nouvelle de cette mort, l'Angleterre tout entière s'émut, une acclamation unanime de regret et d'admiration s'éleva de son sein. Il se forma promptement un comité que le prince de Galles voulut présider lui-même, afin de prendre les meilleurs moyens pour honorer, par un témoignage public, la mémoire du saint missionnaire.

Disons en terminant que le Père Pamphile, saintement jaloux du martyre de son héroïque frère, a obtenu l'autorisation de continuer sa périlleuse mission, et qu'actuellement, lui aussi, est apôtre des lépreux.

FIRMIN SUC

Bienheureux les cœurs purs, parce qu'ils verront Dieu !
(Sermon sur la montagne.)

IRMIN est un enfant de cette vieille et rude province d'Auvergne qui a fourni à la France, de nobles illustrations en tout genre. Son père était un simple jardinier qui vivait du travail de ses mains, à *Maurs*, petite ville du Cantal ; son caractère loyal et son inattaquable probité lui assuraient l'estime de ses concitoyens. Firmin vint au monde le 10 mars 1864 ; quelques mois plus tard, sa mère s'éteignait doucement, et les baisers dont elle avait couvert le front de l'enfant ne devaient laisser aucune trace ; l'orphelin ignorerait toujours la douceur des caresses maternelles, et, toujours, il sentirait la privation de ce grand amour que rien ne remplace ici-bas... Devenu jeune homme, il écrira cette apostrophe véhémente qui est presque une prière : « Oh ! ma mère ! je voudrais mourir pour le plaisir de la voir un instant, et Dieu qui est si bon ne me ferait pas revenir en ce monde. » Cependant il avait, pour soigner et protéger son enfance, une parente au cœur chaud et dévoué qui lui inspirait une filiale affection. Pierre Suc, dont le langage et les manières se ressentaient de la rudesse de ses montagnes, se faisait doux et tendre pour son petit enfant, il semblait qu'il voulût remplacer celle qui n'était plus ; ses efforts, ses fatigues incessantes n'avaient d'autre but que de préparer à Firmin, une vie plus aisée, plus heureuse que la sienne propre.

Quand l'âge, c'était sept ans alors, obligea le petit garçon à quitter l'asile des Sœurs où tout le monde le chérissait, il fallut lui trouver une autre école. Le père voulait le faire entrer à la classe communale, espérant que ce choix aurait une favorable influence sur l'avenir de l'enfant ; mais celui-ci, très docile à l'ordinaire, refusa obstinément de se rendre à cette école laïque ; de guerre lasse, Pierre Suc le plaça chez les Frères. Là, comme chez les bonnes religieuses de Nevers, il se fit aimer tout de suite ; ses maîtres se plurent à former un élève dont l'obéissance et l'application ne se démentaient pas un seul instant, aussi ses progrès furent-ils rapides.

Les jeux bruyants, les ébats désordonnés auxquels se livrent souvent les écoliers ne peuvent convenir à la nature calme et méditative de Firmin, cet esprit sérieux a besoin d'un autre genre de délassement : les livres l'attirent d'une manière invincible, et c'est auprès de ces discrets amis qu'il vient chercher l'apaisement de cette soif de vérité qui le dévore, ou l'oubli de ses chagrins d'enfant.

Après avoir obtenu brillamment son certificat d'études, il se demande, non sans angoisse, quelle carrière il doit choisir, et comment il lui sera possible de n'être plus une charge pour son père ?... Il n'a que quatorze ans, ses goûts et son organisation un peu frêle l'empêchent de songer à une profession manuelle : on lui conseille de poursuivre ses études et d'entrer à l'École normale. Volontiers, il se prête à cet arrangement : la perspective d'être dans quelques années, l'éducateur de la jeunesse, de faire pour les jeunes âmes qui lui seront confiées, ce que ces dignes maîtres ont fait pour lui, n'a rien qui l'effraie, au contraire. Peut-être, tout au fond de lui-même, sent-il sourdre confusément de vagues désirs, des aspirations mal définies... oui, il est permis de croire que, celui qui, à vingt ans, traçait l'idéal portrait qu'on va lire, celui-là devait avoir la pensée de devenir prêtre ; mais il fallait repousser ce rêve à peine entrevu, les exigences de la vie l'entraînaient d'un autre côté...

« Je me demande souvent quel est l'homme le plus heureux

du monde, je crois que j'y suis et que j'ai trouvé. — Le Prêtre !
— Le bonheur doit être là, dans ce presbytère plein de paix, dans
cette âme sereine, dans ce cœur fermé aux passions tumultueuses,
dans cette divine poésie des luttes solitaires, dans cette charité qui
ne s'endort jamais. A la garde d'un troupeau, entouré de choses
saintes, toujours avec son Dieu, que lui manque-t-il ? Levé dès
l'aurore, il commence sa journée par la prière, et va de la prière
au sacrifice. Après s'être donné à lui-même le pain des forts et
avoir chanté les cantiques d'actions de grâces, récité les mélodies
liturgiques, il revient à ses livres, car il aime les livres et s'oublierait
volontiers au charme ou dans les délices de l'étude. Les meilleures
journées, mais journées bien rares, sont celles où il n'est prêtre
que pour lui-même et ou l'on n'a pas besoin de lui au dehors. S'il
y a un nouveau-né, il le donne à l'Église ; s'il y a un moribond, il
y court et le décharge de toutes les poussières de la terre ; s'il y a
un trépassé, il cache au pied de la croix et dans de la terre bénite,
cette dépouille mortelle, et suit l'âme jusque dans le sein de l'Infini.
Il sait le nombre de ses pauvres, car les pauvres sont sa famille
et aucun n'est oublié. La chaumière l'attire plus que le château, et
au château il conte de tristes histoires, touche les cœurs et fait une
trouée nouvelle au budget de la charité. Enfin sa vie n'est pas à
lui, il se fait tout à tous, n'attend rien des hommes, rien aujour-
d'hui, rien demain, rien jamais, et cet homme-là, pour qui Dieu est
tout et à qui Dieu suffit, ne serait pas heureux ? Mais qu'est-ce donc
que le bonheur et, pour le désaltérer, quelle liqueur faut-il verser
dans le cœur humain ?... »

En 1881, nous le retrouvons pourvu du brevet élémentaire,
mais il ne prétend pas s'arrêter là ; il concourt pour les postes et
télégraphes ; à la suite de son admission dans ce dernier service, il
est envoyé à Brest, puis au Havre. De ces deux étapes nous savons
peu de chose, car le journal de notre ami ne commence guère qu'à
Paris, au mois de décembre 1884. Ce petit employé dont les études
ont été très sommaires, qui ne connaît point le monde, qui vient
d'entrer dans la vie publique, par un labeur obscur et monotone,
est un écrivain plein de grâce et de fraîcheur. L'élévation des
pensées, la langue harmonieuse et très claire, le tour d'esprit

poétique, un peu rêveur rappellent beaucoup les pages impérissables d'Eugénie de Guérin. Le premier biographe de Firmin a déjà signalé entre ces deux belles âmes, nées dans des conditions si différentes, à plus d'un demi siècle de distance, cette mystérieuse ressemblance, et vraiment elle est saisissante.

Il avait dix-sept ans à peine quand il quitta sa ville natale, pour Brest ; sans guide, sans appui, au milieu de dangers multiples, de périls incessants, comment ne succomba-t-il pas ? Lui-même va nous l'apprendre.

« ... J'arrivai à Brest, une des villes les plus corrompues de France, écrit-il quelque part, il y avait là un grand danger pour moi. Mais Dieu me gardait, et peut-être l'excès du danger fut-il ma meilleure sauvegarde, car je vis clairement la situation. J'entendais tous les jours des choses neuves et que souvent je ne comprenais pas ; elles m'effrayaient... D'un autre côté, sans songer à ce qui en résulterait, c'est-à-dire sans respect humain, j'allais à la messe tous les dimanches. D'abord je fus raillé, mais je continuai, laissant dire ; je faisais ma prière, on le sut, on railla encore, je laissai dire ; je ne sortais pas comme bien d'autres, on raillait et je laissais toujours dire. Je suis susceptible et je ne comprends pas comment ces railleries me laissaient froid ; je reconnais bien là la main de la divine Providence qui semblait avoir amorti cette susceptibilité, afin de me rendre plus fort à l'assaut. Courage ! disais-je, cela finira. Malgré tout, je sentais que j'étais estimé, mes amis me le laissaient facilement deviner... »

La prière est, sans contredit, l'arme par excellence du chrétien, le bouclier le plus sûr pour émousser les traits de l'ennemi ; cependant l'homme, le jeune homme surtout, a besoin parfois de sentir un appui humain, d'entendre une voix amie qui le reprenne et le console : il en est ainsi pour Firmin. Il a laissé au pays natal, un prêtre, directeur de sa conscience, pour lequel il note chaque jour ses combats, ses luttes, ses défaillances, en un mot, tout ce qu'il sent, tout ce qu'il pense. Ce pieux guide, ce voyant, suivant l'expression du disciple, quoique éloigné, peut, grâce à ces confidences, continuer de veiller sur l'âme de son fils spirituel ; il l'éclaire, le soutient, l'encourage et, en lui découvrant les écueils, il lui donne les moyens de les éviter. Ces conseils sont attendus impatiemment et reçus avec une sainte joie. « Je lis et relis toutes vos lettres avec un plaisir infini. »

Une autre fois : « Que d'éloges dans votre lettre? Les ai-je mérités? Je suis loin de le croire. Vous voulez me donner du courage et me montrer le but à atteindre. Je tâcherai de n'avoir plus à rougir de vos louanges... »

Au Havre, il retrouve les mêmes embûches, les mêmes tentations ; comme à Brest, ses camarades essaient, à diverses reprises, de l'entraîner dans des réunions suspectes, de l'associer à des plaisirs coupables. Ces malheureux jeunes gens ne se contentent pas d'être vicieux pour leur propre compte, il leur faut des imitateurs ; il semble que la réserve, la vertu de Firmin leur soit un reproche tacite, et ils veulent l'entraîner dans l'abîme. Celui-ci résiste à leur pernicieuse influence ; il sait où puiser la force véritable, celle qui surpasse toute séduction.

« Lorsque je suis arrivé ici, je me suis ennuyé, et je n'ai trouvé qu'un remède, celui d'aller communier. Après j'étais content et les pensées sombres m'ont quitté... »

En 1884, le lendemain de Noël, il est à Paris seulement depuis quelques heures, c'est alors qu'il rédige sérieusement son journal, et la maladie seule fera tomber la plume de ses doigts affaiblis. Il est sans famille, sans amis dans la grande ville, où plus qu'ailleurs on se sent isolé ; il éprouve l'impérieux besoin de déverser le trop plein de ses sentiments, et son cher petit cahier remplacera, dans une certaine mesure, le cœur ami dans lequel il se serait si volontiers épanché.

« ... J'ai un de ces cœurs auxquels il faut un confident et qui aiment à se répandre. Mon intention était de commencer ce journal le 1er janvier, mais aujourd'hui je suis dans la peine et je le note... J'entre au bureau, personne ou à peu près personne ne fait attention à moi. Je suis bien peu de chose, je le vois ; je vais gagner mon pain de chaque jour, les autres en font autant, et voilà tout. Chacun y met du cœur et ne songe pas à ce qui se passe à côté de soi. Ainsi va le monde!... Toute la journée je suis resté triste, ne trouvant pas ce que ma pensée cherchait, ne voyant pas ce que mes yeux croyaient voir. J'ai éprouvé comme un besoin irrésistible d'épanchement, et j'ai beaucoup écrit pour me dédommager de ne pouvoir parler. Écrire, n'est-ce pas se parler ? Et les amis en sont bien quelquefois, eux aussi, et c'est comme cela qu'on se retrouve... Il me faudrait pourtant de la distraction, beaucoup de distraction ; or, à Paris, là où l'on se distrait on laisse son âme... C'est la famille que je voudrais, car là point d'ennui, mais le calme complet du cœur et la pensée toujours sereine. Oh! que je déplore le sort de ceux qui s'en éloignent! et pourtant combien peu aujourd'hui ne se laissent pas enlever au pays du berceau! Mais Dieu n'est-il pas partout? Et c'est lui qui sera mon compagnon, mon ami, mon tout, et je me distrairai en lui, et je vivrai en lui et pour lui. Oui, qu'il en soit ainsi, ô mon Dieu!... »

Si la *Ville-Lumière*, ainsi que la nomme Victor Hugo, déploie pour perdre les jeunes gens et les précipiter dans le gouffre, des spectacles troublants, des fascinations merveilleuses, elle offre aussi des plaisirs honnêtes et de saines distractions. Firmin, avec sa nature de poète et de penseur, son esprit altéré de connaissances nouvelles, savait apprécier ceux-là. Tout l'intéressait, le passionnait même : les églises, les musées, les chefs-d'œuvre de l'art, les livres. Ouvrons le journal :

« Visité les Invalides. J'ai voulu voir le dernier drapeau que nos braves soldats viennent de prendre aux Chinois. Il est triangulaire, en soie jaune; une bête longue, noire, assez semblable à un lézard, y est dessinée. Ces animaux fantastiques ne peuvent sortir que de cerveaux estropiés comme ceux des Chinois. Le drapeau est placé à la voûte de la chapelle, parmi d'autres trophées. Ce drapeau, dernier sourire de la fortune ou plutôt avertissement de la Providence, attend ceux qui reviendront un jour d'au-delà du Rhin? Je suis jeune et je les verrai avant de mourir... Attiré par le tombeau de l'empereur, on regarde avec une sorte d'admiration triste. Un trou de six pieds lui suffit donc, à celui qui trouvait le monde trop petit pour lui! Il est là celui qui fit trembler l'Europe, celui qui vit à ses pieds tant de grands rois! Comment la mort a-t-elle pu le vaincre? Il repose dans le marbre, mais il n'est pas plus que le pauvre couché dans la terre humide. On est étonné de tant d'immobilité. Cette vaste intelligence, l'âme qui était la vie de ce corps, on les interroge et rien ne répond. Cette âme d'empereur, le jour des justices, pesait-elle plus que celle d'un habitant du désert? Non, le rang n'est rien Là-Haut, il n'y a que des âmes, toutes nées du même souffle, et les plus belles ce sont les plus christianisées. Ce qui a jailli du baptême, voilà ce qui fait la gloire, et le reste ne compte pas et n'entre pas... »

Comme on sent, par cette dernière réflexion, que ce jeune esprit est imprégné de foi et que ce qui passe, ce qui finit, n'est rien pour lui!

Cependant il n'est pas toujours sur les sommets; à l'exemple d'Eugénie de Guérin, les·plus petites choses l'inspirent d'une manière ravissante.

« Vu un petit oiseau perché sur une petite pyramide de neige grosse comme le poing; charmant tableau qui m'a fait infiniment de plaisir. Je suis peut-être singulier de m'arrêter à d'aussi petites choses, mais le cœur m'y porte malgré moi, et je suis bien obligé de le suivre. Qu'est-ce donc que la poésie? Faut-il voir les Alpes ou les Pyrénées pour être ému et sentir l'âme vibrer comme les cordes d'une lyre?... »

« ... Splendide clair de lune ce soir. Le bruit confus qui, sans cesse, couvre Paris gêne un peu ma pensée, mais j'imagine très bien les immenses plaines brillant comme une immense mer, et les grands arbres, géants aux longs bras, à la tête hérissée, qui projettent au loin leur ombre mélancolique. Les yeux fixés sur une étoile, je médite et je prie. Si petit que je sois, je pense et me crois plus que tous les mondes... »

Puisque nous venons de nommer la solitaire du Cayla, voyons comment Firmin la jugeait, et disons-nous que sa délicate et fidèle appréciation pouvait lui être appliquée à lui-même.

« ... Quelle femme que celle qui a écrit ce *Journal!* Comme elle devait avoir l'âme pure et sensible pour savoir ainsi rapporter tout à Dieu! Dans toutes ses actions, dans tout ce qu'elle dit, dans tout ce qu'elle voit, dans les moindres petits riens, dans la voix du rossignol, dans le bruissement de l'insecte, elle trouve Dieu et elle le chante. Elle comprend les langages les plus mystiques de la nature. Les fleurs, le chant des oiseaux, le bourdonnement des abeilles, le murmure du ruisseau, le vent, les cloches, le tonnerre, l'aube, le crépuscule, tout lui parle et elle entend tout. Outre que le style est naturel, délié, vif, on sent le cœur : il est vrai, il vient de l'âme et il parle à l'âme... »

Notre jeune employé continue ses pérégrinations dans Paris. « Peut-on sortir dans Paris sans voir quelque merveille ? » Toujours poussé par le désir de s'instruire, il visite les bibliothèques, le musée de Cluny, celui du Luxembourg.

« ... Le musée du Luxembourg est l'antichambre du Louvre. Les tableaux sont modernes, quelques-uns sont d'un effet saisissant. Voici une procession qui se déroule dans des champs de blé : ces bonnes gens qui s'agenouillent sur son passage, cet enfant de chœur tout préoccupé de son cierge que le vent menace d'éteindre, le ciel bleu, les arbres verts, et je ne sais quel calme qui endort la nature, tout cela fait du divin et l'on s'y repose... Je vois des tableaux avec un grand plaisir. Un beau livre réjouit l'esprit, un tableau parle aux yeux et à l'esprit, et semble supérieur au livre... »

Il goûte tout ce qui est beau et vraiment hors de pair, dans quelque genre que ce soit.

« ... Lu les *Précieuses ridicules* et je m'y suis bien intéressé. Oh ! ce Molière, comme il connaissait bien tous les détours du cœur humain ! Rien ne lui échappe, il voit tout, entend tout, peint tout avec des couleurs vraies, et chaque passion est obligée de dire : C'est moi ! Ainsi avec de l'esprit, de belles phrases, de bons mots, mais le tout dépensé hors de propos, on peut être ridicule et l'on fait rire à ses dépens. Il y aura toujours du Jodelet et du Mascarille, mais il y aura toujours quelqu'un qui s'appellera M. Gorgibus ou autrement, et qui jouera du bâton. Aujourd'hui Cathos et Madelon sont moins effarouchées, mais elles lisent George Sand, Zola et parlent la langue verte. Progrès ! »

Poursuivons nos glanes et notons ce passage exquis : « ... Je chante souvent, mais j'aime les airs mélancoliques ; ces airs-là me montrent mon âme avec ses dispositions. Je suis gai pourtant, mais je sens qu'il me manque quelque chose, et même tout, et même l'infini. Allons! il faut attendre le lever du soleil, le petit oiseau attend bien patiemment qu'il lui pousse des ailes, l'insecte qu'il puisse bourdonner et se traîner dans l'herbe. Demain ! demain! de quoi sera fait demain ? Oh ! nous vivrons, et en nous il n'y aura que de la vie... »

Et cette phrase qui termine un de ses épanchements journaliers, n'est-elle pas charmante ? « ... J'ai pensé à mes amis, je me suis parlé d'eux : que je vais bien dormir! »

Malgré sa foi si vive, si agissante, Firmin avait parfois à lutter contre le respect humain, ce mal terrible qui fait tant de victimes parmi les jeunes gens ; comme il était bien armé, il succombait rarement, et pour lui, la tentation devenait presque toujours une victoire.

« Après les réjouissances — le carnaval — le recueillement. Je suis content de moi, j'ai assisté à la messe, j'ai présenté mon front au *Memento*, non sans avoir hésité, beaucoup hésité ; je suis resté longtemps entre le j'irai et le je n'irai pas. Le respect humain est donc encore là, mais je veux croire qu'il n'aura pas raison et qu'il passera. Ce n'est pourtant pas une victoire facile que celle-là, à vingt ans. On dirait que l'air du monde vous étouffe, et qu'on ne parle de liberté que pour n'être pas libre. Mais qu'importent les hommes, puisque Dieu est tout?... »

Un peu plus loin, il ajoute : « J'ai bien fait maigre, mais je n'ai pas réussi à garder le jeûne. Étant allé voir des amis cet après-midi, bon gré malgré, il m'a fallu manger un biscuit trempé dans du vin. »

Nous l'avons dit déjà, une de ses grandes passions était l'amour des livres. « Oh! les livres! quand j'en vois, l'envie d'acheter me prend très fort. Du pain et de l'eau, une cellule et des livres avec une petite croix de bois à côté, je crois que cela me ferait un paradis en ce monde. » Il ne faut donc pas s'étonner s'il regardait souvent aux vitrines des libraires, s'il se plaisait à flâner sur les quais, feuilletant avec délices, avec une sensualité intellectuelle que connaissent seuls les initiés, les nombreux bouquins qui y sont étalés.

« En bouquinant, j'ai découvert deux proverbes que je veux conserver :

« Celuy est riche que Dieu ayme.

« Don faict à Dieu n'appauvrist homme. »

Il reste toujours fidèle aux pratiques de piété qui lui ont été conseillées et qui sont sa force ; si longues qu'aient été les veilles au bureau, il n'omet jamais la messe du dimanche. « J'ai passé la nuit au bureau. J'ai assisté à la grand'messe, où le sermon m'a endormi d'abord, malgré tous mes efforts pour tenir les yeux ouverts. Mais à un moment donné, je ne sais plus quel mot du prédicateur a frappé mon oreille, je me suis réveillé brusquement, et j'ai été si intéressé par la suite que je n'ai plus dormi... »

Sur son petit cahier, il prend note de chacune de ses communions. « Fait la sainte communion. J'ai dû me faire presque violence, mais je sentais qu'il y avait urgence. Ça n'allait plus suffisamment, le cœur se desséchait, l'âme se stérilisait et s'endormait. »

Ses collègues, jeunes gens impies, fanfarons du vice pour la plupart, le raillent de conserver des habitudes chrétiennes : Comment, vous allez à confesse !... A votre âge, vous croyez encore à cela ! Que vous êtes arriéré !... On vous a faussé la raison, etc., etc. Mais Firmin qui a dit ailleurs « qu'en Auvergne, le baptème ne se laisse pas gratter » reste, sinon insensible aux sarcasmes, du moins résolu à ne point changer sa manière d'agir. Son esprit est trop clairvoyant pour ne pas lui montrer que ses camarades sont des fous, des insensés dont les moqueries ne sauraient avoir aucune portée.

« On m'a faussé la raison ! Mais s'ils voyaient combien, eux, ils sont déraisonnables ! Leurs paroles, leurs actes, prouvent jusqu'à la dernière évidence qu'ils suivent la voie du mal, et la raison qui mène de ce côté n'est pas la bonne... »

Isolé ainsi au milieu de ceux qu'il doit fréquenter chaque jour, il ne faut pas s'étonner que Paris l'oppresse et le fatigue « ... Oh ! Paris, que tu me pèses ! Je soupire après la province, je demande le calme et le repos. Je sens qu'il y a du nouveau en moi, car tout en moi désire sortir d'ici. Je m'ennuierai peut-être d'abord, hors de ce Paris où tout est vie, mais je boirai de l'air pur, je m'enivrerai de lumière et je ressusciterai... »

Nous avons vu qu'il aimait et goûtait Molière ; la Fontaine

faisait aussi ses délices. « ... Jamais je n'avais trouvé tant de
charmes à la lecture des *Fables* de la Fontaine. Quel peintre! quel
moraliste! Et que le bonhomme connaissait bien le cœur humain!
Deux ou trois vers souvent, et voilà un tableau achevé, parfait...
Il me semble que, grâce à la loi des contrastes, tous ces petits
chefs-d'œuvre gagnent à être lus dans ce Paris si remué, si agité,
où rien n'est à sa place, où la lutte pour la vie fait la vie sans
rêve, sans poésie, sans idéal... »

Quoiqu'un peu mélancolique, il n'affecte point la tristesse
d'un incompris, d'un blasé, il aime la vie, ainsi qu'il l'écrit, au
jour anniversaire de sa naissance.

« A pareil jour, à pareille heure, en l'an de grâce 1864,
naissait un petit bonhomme à qui Dieu a prêté vie et qui compte
aujourd'hui ses vingt et un an... Je suis si heureux de vivre, de
vivre jeune, que je voudrais ne jamais vieillir. Malgré tout,
l'avenir ne me paraît pas sombre. De toutes petites espérances
flottent dans mon âme, comme ces petits nuages blancs moutonnés
dans l'azur du ciel, et qui nous promettent du beau temps. Je m'illu-
sionne sans doute, mais l'illusion est de mon âge et je m'y plais. »

Il poursuit par cette phrase attendrie, où se peint la délicate
sensibilité de son cœur affectueux : « Je dois donner un souvenir
à ma pauvre mère qui dut faire le sacrifice de sa vie pour me la
donner à moi. Elle se mourut, pendant trois mois. Elle devait bien
m'aimer et concentrer sur ce petit être toute cette affection maternelle qu'elle eût dépensée pendant une longue vie. Je suis sûr que
Là-Haut elle veille sur moi et me protège : elle était si bonne!... »

La prière, l'union avec Dieu sont nécessaires à cette âme, comme
l'air est nécessaire à ses poumons; lorsque la fatigue ne lui permet
pas de longues oraisons, il a des élans courts et pleins de ferveur
qui le portent jusqu'au Ciel, puis il s'endort paisible, ainsi qu'un
petit enfant.

« Extrêmement fatigué ce soir, et je sens que je ne ferai pas
bien ma prière ordinaire. Après de grands efforts, j'ai dit tout
simplement : Mon Dieu! vous le voyez, je suis sans énergie, je me
remets en vous, bénissez-moi!... et je suis aussi content que si
j'avais prié longtemps. Qu'il faut peu de viatique à l'âme humaine

pour qu'elle ne souffre pas de la faim! Une pensée En Haut, un désir, un mouvement du cœur, et c'est assez... »

Dans le courant de l'été 1885, il ressent les premières atteintes du mal implacable qui doit l'emporter; il essaie d'éloigner les pensées funèbres, les pressentiments qui, malgré lui, l'assaillent de temps en temps. « ... Je n'ose plus regarder mes mains dégarnies de chair et je fais un geste d'horreur. Pourtant ces pensées sombres sont mauvaises, et je vais leur dire de me laisser tranquille... »

Vers cette époque, la tante qui lui a été une seconde mère, vient passer quelques jours à Paris. Une tentation mauvaise saisit le jeune homme : cette parente est gauche, un peu fruste, très ignorante des usages; pendant quelques instants, il a honte de la sentir à ses côtés, dans les rues de Paris... Un tel sentiment ne peut qu'effleurer une âme comme la sienne; bientôt il témoigne franchement à sa tante, sa joie de la voir, et toute la tendresse qu'elle est en droit d'attendre de l'enfant qu'elle a élevé avec tant de sollicitude.

« ... Après son départ, écrit-il à ce sujet, j'ai senti le vide qui s'était fait dans ma chambrette. En somme, c'est une visite qui m'a procuré du bonheur et m'a fait beaucoup de bien. Nous autres, jeunes gens, une fois hors de la famille, nous sommes portés à oublier trop facilement notre origine, et parce que nous savons manier la plume, il nous semble que nous différons du commun des mortels. Ce que je dis là n'est pas rare aujourd'hui où le paysan, au lieu d'enseigner à son fils les avantages de l'agriculture, l'engage au contraire à entrer dans la bureaucratie. Son fils en est-il plus heureux? et lui-même s'en trouve-t-il mieux? J'en doute. Ma mère, par sa visite, m'a pour ainsi dire, remis à ma place; j'en suis très content; ma fierté a été diminuée et tout cela m'aidera à me convaincre que, pour être loin de ma famille et dans les paperasses, je n'en suis pas moins le même... »

Il ne devrait pourtant pas s'adresser de reproches, ce bon Firmin, lui qui, si souvent, songeait à sa chère Auvergne, à la petite ville de Maurs, lui qui écrivait ces lignes émues : « Mon Dieu, je me prends toujours à penser à Maurs ; je suis à Paris, mais je vis à Maurs, mon esprit ne quitte pas la famille, mes amis, l'Auvergne. Et le cœur... oh ! n'en parlons pas, je dirais des sottises. Pourquoi le Créateur nous a-t-il si vivement attachés à ce coin de terre qui a porté notre berceau ? Mais sans cela les hommes auraient-ils une patrie, et même ce mot devrait-il exister dans les langues humaines ?... »

Avant qu'il ne quitte Paris, et il est à la veille de le faire, disons un mot de son œuvre de prédilection, qu'il a laissée inachevée, et à laquelle il a consacré les meilleurs moments de sa courte vie. « Je me livre avec fureur à la lecture, et tout cela pour saint Césaire. »

C'est en effet la vie de l'archevêque d'Arles, le patron de la paroisse de Maurs, qu'il rêve d'écrire. Dès qu'il a commencé son travail, il est presque effrayé des recherches qu'il lui faudra faire, des documents à consulter pour mener à bien cette entreprise. Il fouille les bibliothèques, il explore les archives, les chartriers, il feuillette les anciennes chroniques, mais souvent, hélas ! il se voit arrêté par son ignorance de la langue latine, heureusement qu'il rencontre presque partout, grâce à son aimable politesse, des traducteurs de bonne volonté qui élucident pour lui, les passages qu'il ne peut comprendre et qui lui sont nécessaires.

« J'ai été aujourd'hui à la Bibliothèque nationale, afin de me procurer un livre concernant l'orfèvrerie. Ceci à propos de la crosse, dite de saint Césaire, qui se trouve à l'église de Maurs, et dont je voudrais m'assurer de l'origine probable. Je me sens si plein de zèle, d'ardeur, pour la glorification de cet apôtre des Gaules, et patron insigne de ma petite ville, que je ne pense plus qu'à l'évêque d'Arles. Je crois que je serais capable de me plonger dans la lecture de tous les bouquins jaunis et d'y sécher par le travail, jusqu'à ce que j'aie éteint cette soif, apaisé cette faim qui me dévore. Oh ! fort aimables les archivistes ! J'ai obtenu tout ce que j'ai demandé. Je me sens là comme dans un paradis, et cette poussière de vieilles paperasses me produit l'effet d'une relique... »

Pour parfaire cette histoire, il s'est mis en relation, lui si timide, avec les Bénédictins de Ligugé, avec ceux de Belgique, et ces doctes religieux sont étonnés de l'esprit pénétrant, de la perspicacité que montre le jeune chercheur. Son zèle ne se ralentit pas un instant, et il apporte à ses explorations, la même curiosité passionnée qu'aux premiers jours.

« Je deviens fou, lisons-nous dans son journal, je laisserais le sommeil pour les livres, depuis que j'ai en tête d'éclaircir l'origine du culte de saint Césaire à Maurs. J'ai toutes les facilités pour cela, à la Bibliothèque nationale où je vais souvent. Je suis obligé de me reconnaître un esprit inquiet, investigateur qui fait que j'aime l'histoire, les dates, les chroniques, les vieux parchemins. Je fouille, je fouille et je me plais au fouillis... »

Suivons-le maintenant sur la côte d'azur, à Nice, où il arrive dans les premiers jours de novembre 1885.

« ... Me voici à Nice. Qui me l'eût dit, il y a un an? Tant il est vrai que tout est en l'air dans les projets les plus caressés, et que l'avenir c'est l'inconnu. Aussi vaut-il mieux s'en remettre de toutes choses à la volonté de Dieu qui a ses desseins sur chacun de nous, nous mène où il veut, et nous fait faire librement ce que nous ne voudrions pas... »

Une de ses premières visites, empressement qui peint bien notre jeune ami, est pour la bibliothèque. « Je suis allé visiter la bibliothèque municipale, elle m'a paru assez complète avec ses quatre-vingt mille volumes. De temps en temps, je travaillerai là comme pour me distraire, mais je tâcherai d'être modéré, ainsi que me l'ont conseillé parents, amis et graves docteurs... »

C'est qu'en effet, il est sérieusement atteint, le pauvre Firmin, son âme de feu dévore la frêle enveloppe qui l'abrite. Peut-être se rend-il compte que ses travaux intellectuels, joints au labeur journalier, usent son organisation, mais que faire?... Voudrait-il de la vie, s'il lui fallait se transformer en un être végétatif pour ainsi dire, ne plus aimer, ne plus sentir, ne plus dépenser les forces débordantes de son esprit et de son cœur?... Ah! ce serait une mort anticipée, mille fois plus affreuse que la mort réelle qui, en nous arrachant aux ombres de ce monde, nous unit à l'éternelle Lumière qui est Dieu!...

La beauté du pays, la douceur enchanteresse du climat le plongent dans le ravissement et lui arrachent des cris d'admiration.

« ... Quel pays de fleurs ! Ce matin j'ai voulu voir le marché
où, dans de gracieuses corbeilles d'osier ou de jonc, grand nombre
d'enfants, de jeunes filles vendent à la criée de superbes bouquets...
Et la mer, est-elle calme ! Il semble, à la voir arriver jusqu'à la
terre, qu'elle craint d'user ce beau rivage qu'elle caresse molle-
ment... »

La note religieuse résonne aussitôt. « Les habitants devraient
être plus chrétiens qu'ailleurs, simplement par gratitude envers le
Créateur, qui a multiplié ses dons à ce coin de terre. Mais, hélas ! il
n'en est rien, et il y a beaucoup de Paris ici, et je n'ai pas moins
à craindre pour mes vingt ans. Mais je connais le monde, et je sais
comment on se garde et par qui l'on est gardé... »

A ses heures de liberté, le jeune employé fait diverses excursions dans la campagne et toujours il revient émerveillé. A Nice,
comme à Paris, il écrit ses impressions, nous glanons ce passage
si poétique et si gracieux.

« D'une hauteur dominant Nice, je recevais le son de toutes
les cloches de la ville, au moment de l'*Angelus*. L'une d'elles, une
pauvre petite, plus rapprochée de moi, semblait faire l'orgueilleuse,
et allait tintant, tintant encore, pour couvrir les voix bruyantes de
ses grosses sœurs. C'est la seule que j'aie comprise, parce que je
l'avais déjà entendue au pays natal. Les autres me semblaient
étrangères et ne chantaient que pour l'étranger. Il en est des
cloches comme d'une mère dont la voix se reconnaît entre mille... »

Citons aussi ces quelques lignes tracées le 31 décembre, et
qui sont empreintes d'une haute philosophie. « Ce jour ne me
paraît pas gai, et j'entends la grande voix de Bossuet qui dit :
« Marche ! Marche toujours ! » Oui je marche, je ne puis m'arrêter,
et chaque pas, chaque minute me jette dans l'éternité. Qu'est-ce que
le temps ? Qu'est-ce que la vie ? Qu'est-ce que l'homme ? Qu'est-ce
que le monde ? Le temps passe, je passe, nous passons, nous voilà
passés ! Qu'est-ce que cela veut dire ? Des êtres qui cessent d'être,
des soleils qui s'éteignent, des voix qu'on n'entend plus, des cœurs
qui ne battent plus ! Marche ! Marche toujours ! Mais Dieu n'évolue
pas, ne se transforme pas. Il est, Il est, Il est ; c'est son nom, il
n'en a pas d'autre, et il nous attend dans l'immensité de la vie

pour nous faire vivre. Le prêtre ne prie pas, ne chante pas sans dire : *Amen !* Eh bien ! moi aussi, je dis : *Amen ! Amen ! Amen !* »

Il ajoute : « Écrit un grand nombre de lettres et envoyé des cartes sans compter, après avoir fait la communion dimanche, à l'intention de ceux à qui je souhaite la bonne année. »

Ce dernier trait n'est-il pas charmant ? La meilleure expression de la tendresse humaine n'est-elle pas celle qui s'attache aux âmes, puisque ces dernières seules ne meurent pas ?...

Les regards de Firmin ont été habitués à contempler des cathédrales gothiques ; il en aime les voûtes hardies, les ogives élancées, les piliers parfois un peu massifs, l'ombre mystérieuse ; il ne peut se faire aux églises de Nice qui sont bâties et décorées dans le goût italien. A ce sujet, nous lisons ceci dans son journal :

« Quelques remarques à propos des églises : partout le style italien, des retables couverts d'anges dans toutes les positions, des gloires, des motifs rococo que nous appellerions Renaissance, de la dorure à profusion sur les chapiteaux des colonnes et des pilastres, des vases en bois avec des bouquets en bois peint. L'autel est méconnaissable, lorsque ses parures ont disparu ; au-dessus de l'autel, un *ciborium* qui est baissé autant que possible les jours de grandes fêtes, et alors ciborium, autel, pilastres et colonnes sont chargés de tentures écarlate et bleu foncé. Les jours de deuil, les étoffes voyantes sont remplacées par des couleurs plus sombres. Un bras, imité de celui d'un prêtre et tenant un Christ, surgit de la chaire, ce qui ne laisse pas que de surprendre le visiteur apercevant tout à coup une main crispée au-dessus de sa tête... Le rite des offices est aussi étranger pour moi que ce que je viens de dire. Les vêtements du prêtre officiant se rapprochent beaucoup des vêtements italiens... Notre-Dame est la seule église française ; là on se croirait à Paris, et j'y vais quelquefois rafraîchir mes souvenirs. Si le gothique ne disait rien à l'âme, comme quelques-uns le prétendent, je ne prendrais pas cette peine. On pense, au contraire, on admire, on aime. L'ogive, c'est bien le cœur qui se détache et se soulève, la prière qui monte, monte et perce le ciel, le ciel qui se rapproche de la terre, Dieu et l'homme qui font effort pour se rencontrer et s'unir. Cette forêt de clochetons aigus, cette dentelle de pierre fine, légère comme ce qui ne pèse ni au cœur ni à l'âme, je préfère cela aux lignes abaissées, à la gravité des églises romanes... »

A Nice, plus encore peut-être qu'à Paris, la tentation l'environne de réseaux presque imperceptibles. .

« ... J'entends des voix aujourd'hui qui cherchent à me troubler, et je veux bien prêter l'oreille. Les moralistes disent : Il faut fuir le péché, le salut est dans l'éloignement des choses qui sollicitent la volonté. Mais, avez-vous jamais remarqué dans la ramée, un pauvre petit oiseau battant des ailes, sautant de branche en branche, les yeux fixés sur un point et poussant des cris de détresse? L'insidieux serpent est caché là dans l'herbe; il fascine, il attire le malheureux oiseau et il en fera sa proie, si le secours ne vient pas à temps. J'ai vu cela, et même j'ai été ce libérateur. Et libre, chantant, le petit s'envolait vers le soleil, d'un coup d'aile si rapide qu'on le perdait vite de vue. Il en est ainsi de l'âme, le démon vient à elle et lui parle sa langue; étonnée, elle résiste d'abord, se débat, appelle à son aide, mais ses gémissements sont faibles, ses résistances sont molles, une sorte de volupté la pénètre malgré elle, quelque chose meurt en elle; encore un effort de l'ennemi et elle est à terre... Mais Dieu a tout vu, l'épreuve est assez longue, il accourt ou plutôt il se fait sentir, et l'autre s'en va, s'en va raide. Oh! alors quelle joie! quel bonheur! Quelles délices! Elle ne souffre plus de ces influences magnétiques, et si tous les cieux étaient ouverts, elle s'envolerait par delà tous les cieux... »

Comme dans tout ce qui précède on sent l'accent du triomphe! c'est le chant d'action de grâces du vainqueur. Mais le danger se renouvelle à tout instant, il faut toujours lutter, toujours être sur ses gardes, car l'ennemi ne s'endort jamais.

« Je suis obligé d'en entendre de toutes les sortes, non pas d'en voir, je ne veux pas voir, je ne regarde pas, je ferme les yeux et je ne vais pas où l'on voit; je me demande si ce sentiment délicat qui se confond avec le respect de soi-même, est quelque chose de naturel à l'homme? Pourquoi donc tant d'hommes ne se respectent-ils pas?... »

Il se rappelle, le saint jeune homme, cette parole de nos livres sacrés : Celui qui s'expose au danger y périra ; et il agit en conséquence, avec une sagesse et une prudence que Dieu seul peut lui inspirer.

Continuons d'explorer son journal et arrêtons-nous à ce qui suit : « ... J'éprouve souvent comme un sommeil de la conscience et alors je me sens envahi, sans trop m'en apercevoir, par une foule de pensées mauvaises. Mon esprit inattentif semble s'y attacher et s'y complaire. Mais, soudain, la conscience s'éveille, je vois le mal, l'abîme, j'ai peur, je maudis le diable, le grand menteur, je prie avec ferveur, et le ciel redevient pur, le calme se fait au dedans, et les pensées d'en haut remplacent les pensées d'en bas... Ainsi je me persuade de plus en plus chaque jour, à mesure que j'avance dans la lutte et que je la comprends mieux, étant plus homme, plus porté à ce qui est de l'homme, que la religion seule donne la victoire sur soi-même et fait ces grands triomphateurs qu'on appelle des chastes, et que l'Église, dans sa belle langue, appelle d'un nom à part et couronne d'une auréole particulière. Mais il faut cette conviction profonde que notre volonté, émanant d'une volonté supérieure et agissant par elle, peut soumettre toutes les forces de l'âme, et dompter ce qu'il y a d'humainement indomptable... »

« Certaine vertu semble dure, écrit-il ailleurs, d'abord par les sacrifices qu'elle impose, et bien douce ensuite par la paix qu'elle donne. Tous les vicieux sont lâches et malheureux. »

On le voit, Firmin est un lutteur ; les combats ne lui ont pas été épargnés, c'est ce qui fait sa grandeur, sa gloire, et le rend digne d'être proposé comme modèle à la jeunesse chrétienne, à celle qui ne veut pas rouler dans la fange, mais conserver sa vigueur et sa rayonnante beauté.

Il serait superflu d'ajouter que notre ami continue de remplir exactement ses devoirs religieux, mais dans la situation qu'il occupe, l'observance de certains commandements de l'Église lui est parfois très difficile. Le Jeudi saint, il a quitté l'hôtel où il prend pension, et a demandé à sa propriétaire de lui préparer ses repas, ce jour-là et le lendemain.

FIRMIN SUC

d'après une photographie.

« ... La crainte de voir mes collègues jouer de la fourchette m'a décidé à prendre ce parti. On souffre du mal qu'on ne peut empêcher, même lorsqu'on n'y trempe pas... »

Dieu veut tremper divinement cette âme déjà si belle, et la dure épreuve du doute ne lui est point épargnée. Un jour, en écoutant un sermon sur un de nos dogmes fondamentaux, il se surprend à sourire avec ironie, il se sent incrédule... L'excès du danger le ranime, écoutons-le raconter lui-même cette tentation et la manière dont il en triompha :

« ... Soudain je me redresse, et tout secoué, j'essaie un acte de foi. Impossible, je suis froid, et je suis là comme un être vivant sous la pierre d'un tombeau. Encore un effort, me dis-je, encore une pensée vers la lumière, et tout à coup je me sens soulagé, les larmes viennent, l'âme se détend, et je répète jusqu'à dix fois le mot sauveur : Je crois ! je crois !... »

Un peu plus loin, il ajoute : « Me voilà retrouvé, et j'ai honte de mes pensées hésitantes de tout à l'heure. Il faut plaindre les victimes du doute, le doute n'est pas ce doux oreiller pour la tête du sage, dont parle Montaigne, le doute est crucifiant, et la mort semble préférable. La foi, c'est l'air qui vous baigne et vous porte, la lumière qui vous nourrit : la foi, c'est la vie... »

Quittons ces hauteurs, et voyons Firmin assister au carnaval de Nice, ce carnaval dont la réputation plus qu'européenne attire chaque année, tant de riches désœuvrés, tant d'étrangers avides de distractions et de plaisir.

« Magnifique bataille de fleurs plus animée que la première. Admiré un char merveilleusement décoré représentant un moulin à vent en camélias blancs et rouges. Pour ma part, je me suis contenté d'attaquer quelques collègues, qui ont riposté avec grâce... »

Il continue : « Ce soir, plus grande animation encore, feu d'artifice fort beau et les mains battaient comme des tambours. On a brûlé M. Carnaval en effigie, une fois l'enveloppe flambée, il est apparu un grand mannequin vide et semblable à un squelette. »

Ici reparaît le chrétien et le penseur, voyant au-delà de ce

qui frappe les yeux, et établissant des comparaisons qui navrent
son âme de croyant.

« ... C'est bien vraiment le symbole de ces réjouissances
bruyantes qui ne laissent après elles que le vide et l'amertume dans
le cœur. Il en est ainsi de tout ce qui est trop humain, et voile à
la pensée les horizons de l'avenir... Morale du carnaval, pour moi
du moins, et ceux qui pensent comme moi : on l'a fêté avec tout
le fracas possible, on a exhibé les longs défilés de chars à travers
les rues, la foule encombrait les places, le canon ne cessait de
gronder, et s'il s'agit de faire ou de laisser faire une procession
d'une heure, il n'y a plus de liberté, on crie à la gêne de la circu-
lation, les piétons étouffent sur les trottoirs, etc. Il n'y a plus de
fleurs, plus de camélias blancs et rouges, le jour de la Fête-Dieu, et
le tabernacle ne s'ouvre pas pour laisser sortir sous la voûte bleue
des cieux Celui qui a fait tous les cieux, tous les soleils et tous les
mondes !... »

Saint Césaire est toujours sa passion dominante ; il continue
ses recherches, souvent ardues et difficiles, au sujet du buste de ce
saint, qui est dans l'église de Maurs.

« Je suis tout zèle et tout feu pour écrire la vie de saint Césaire,
et l'histoire de son culte à Maurs. Si ce livre est fait par moi,
c'est-à-dire, par un enfant du pays, il excitera un peu de curiosité,
et la curiosité poussera chez le libraire. D'un autre côté, je sais
que j'y risque ma peau sous la critique, mais peu m'importe tout
ce qu'on pourra dire et je livre le malheureux *propheta in patria*
à qui voudra le mordre. On ne ferait jamais rien, si l'on s'arrêtait
à ces petites peurs de l'amour-propre... »

Un peu plus loin : « Saint Césaire, j'y reviens toujours ! fut trop
grand parmi les hommes, il fit de trop grandes choses, il est trop
grand dans le Ciel où ses labeurs ont été couronnés, pour le laisser
dans l'oubli. J'aiderai de tout mon pouvoir à le mettre en lumière
et au rang qu'il mérite. Oh ! si j'étais savant et de l'Académie des
sciences ! N'importe ! Je suis plein d'espoir et je dis, moi aussi, que
vouloir c'est pouvoir. Je travaille toujours avec la même ardeur à
la Bibliothèque et aux Archives nationales pour découvrir tout ce
qui touche, de près ou de loin, à l'histoire de ce grand homme.

J'ai réussi à dénicher de belles choses, et, ce que je crains le plus,
c'est que le temps me manque. Mais on fait le temps, il est élas-
tique et il donne tout ce qu'on lui demande. Le tout est de bien
s'entendre avec lui et de savoir vivre... J'ai écrit à Mme de S., pour
la prier de bien vouloir me dire si la bibliothèque de sa famille ne
contiendrait pas quelque document au sujet de mon héros. Je pêche
partout, et je voudrais la pêche miraculeuse. »

Remarquons et admirons l'humble docilité que dénote le
passage suivant : « Cependant je ne travaille que pour Dieu et sa
gloire, car Dieu est glorifié dans ses saints, comme il est adoré par
ses élus dans le Ciel. Tout ce que je fais, tout ce que j'écris, je le
considère si peu, si peu, que sur un simple mot de celui qui a le
soin et la garde de mon âme, j'enverrais aux flammes tous les
papiers pleins de griffonnages, et le cahier si laborieusement enfanté
que j'aime pourtant comme le fils de mon esprit et le rêve de mes
heures les plus douces. Le sacrifice accompli, il ne m'en resterait
pas le moindre regret, parce que j'aurais fait la volonté de celui
dont la volonté est toujours bonne et paternelle. Non, si je mets
de l'ardeur, de l'enthousiasme dans mes recherches, je ne travaille
pas pour moi, pour la petite gredine qui a nom vanité et les fugi-
tives satisfactions de l'amour-propre... »

Afin de faciliter ses recherches, et pour ouvrir une voie
nouvelle à son esprit curieux et investigateur, le jeune employé
s'est mis en tête d'apprendre le latin ; un prêtre du petit séminaire
a offert de lui donner quelques leçons, à titre gracieux, mais notre
ami est la délicatesse même ; il profite rarement du bon vouloir de
l'abbé, de crainte d'être importun.

« ... Je me dis qu'il faut ménager même les amis. Je me
latinise surtout avec des livres, et en réfléchissant beaucoup sur
chaque mot en particulier. Je copie, recopie, tourne, retourne et,
m'aidant du dictionnaire et de la grammaire, j'arrive à comprendre
presque tout. Un maître et du temps, ce me serait presque un jeu,
mais ni temps ni maître, le coche n'avance pas. »

Nous n'avons rien dit encore des ennuis journaliers que
Firmin éprouvait un bureau, et qui furent pour lui une très douloureuse épreuve. Le commis principal du télégraphe, son chef hiérar-

chique immédiat, avait un caractère violent, une humeur grin-
cheuse ; à tout propos et même hors de propos, il faisait pleuvoir
sur ses subordonnés, une grêle d'observations intempestives, de
réprimandes injustes, et allait parfois jusqu'aux injures. Il avait
choisi le nouveau venu comme souffre-douleur, et ne lui laissait
pas un instant de repos ; celui-ci avait cru bien faire en n'oppo-
sant que le silence à cette incessante persécution, à ces attaques
passionnées. Il s'était trompé ; sa douceur, sa longanimité avaient
eu pour résultat de pousser au paroxysme l'irritation ordinaire du
bourreau, qui, dépassant toute mesure, força la victime à répondre
et à s'expliquer énergiquement.

« Avec quel serrement de cœur, écrit-il, n'ai-je pas vu mon
supérieur s'oublier à ce point, et monter en quelque sorte toute la
gamme de l'injure ! Oh ! si les chefs connaissaient mieux leur monde,
s'ils lisaient dans leur cœur, ils verraient souvent leurs injustes
réprimandes s'y graver en lettres de sang, et l'étreindre d'un cercle
douloureux... Éprouvé une telle douleur de ces reproches immérités
que je me sens malade ce soir, quelque chose me tire ou me brûle
la poitrine. Comme je vais bien prier ! et puis j'irai dimanche à
Celui qui console, relève et rend le cœur plus fort que lui-même... »

Un peu plus tard, après avoir confié à son discret cahier différentes réflexions sur l'étrange conduite de ce supérieur, il ajoute :
« Enfin la coupe a débordé, j'ai élevé la voix et, sans rien lui dire
de désagréable, je lui ai fait comprendre que jamais commandement n'avait été plus dur, qu'un supérieur avait aussi des devoirs à
remplir, et que j'allais sortir de ma passivité. Il m'a répondu
grossièrement... Oh ! elle est dure parfois, cette vie de bureau, et
que l'on porte envie à ces hommes des champs qui voient se
lever et se coucher le soleil, marchent dans les fleurs humides
de rosée, sèment et récoltent, croient et prient et vont se reposer
dans la tombe des aïeux !... »

Au mois de mai 1886, notre ami est nommé dans son
Auvergne, à Clermont. En quittant Nice, il visite Monaco à la hâte,
mais sa qualité d'employé du télégraphe lui ferme l'entrée des
salons de jeu. Il s'en console aisément, ces lieux ou trône le veau
d'or lui causant une horreur instinctive.

« Le pavé du Casino me brûlait les pieds et je croyais marcher sur l'enfer : dans l'ombre profonde des bosquets, je voyais des cadavres au bout d'une corde ou des vivants tenant encore l'arme meurtrière et se tordant dans une dernière convul-sion. Oh ! que sinistres étaient ces pelouses et que lugubre était cette herbe verdoyante ! Ces branches d'arbres, autant de bras de la mort ! Il me semblait que sous le sable fin des allées, il y avait du sang séché, et que toutes ces plantes rares avaient été arrosées de larmes... Et cette musique n'a-t-elle pas quelque chose de funèbre, et ses airs les plus gais n'est-ce pas un *Requiem?* Et ce palais doré ne vous apparaît-il pas comme un catafalque dans une vaste nécropole?... »

Son cœur s'épanouit, se dilate dans sa chère province natale ; tout ce qui s'offre à ses regards lui paraît plus beau, plus riant qu'ailleurs, et ses premières sorties dans la ville sont un enchantement.

« ... Vu déjà beaucoup de choses à Clermont, écrit-il, peu de jours après son installation. Voilà une ville française, un musée français, des mœurs françaises, c'est la ville telle que je l'aime. Une magnifique cathédrale gothique du xv⁰ siècle, à ce qu'il m'a semblé ; beaucoup de maisons de la même époque sont intactes, ce qui ne déplaît pas aux archéologues. Cette basilique élève bien haut ses deux clochers sur le point dominant de la cité, des flèches de-ci de-là semblent vouloir rivaliser avec les deux grandes aînées, mais elles n'y arrivent pas et leur amour-propre doit bien en souffrir un peu... »

Les fêtes religieuses ont toujours le don de l'attirer ; là il se sent dans son véritable élément : « Assisté à la première communion qui s'est faite à la cathédrale ; j'ai revu mon plus beau jour, j'en ai respiré le parfum, et j'avais des souvenirs ineffables. O bienheureux enfants, anges de la terre, que vous étiez beaux et que vous étiez grands ! Non, vous ne savez pas le don de Dieu ; non, vous qui en avez bu, vous ignorez la douceur de cette eau qui jaillit pour la vie éternelle !... »

Il termine par cet humble retour sur lui-même : « Un jour, moi aussi, j'ai été comme eux, mais ai-je pour cela toujours renoncé au mal ? Hélas ! entre les douze et les vingt ans, il y a toujours quelque chose à jeter à l'eau. Ma conscience ne me torture pas et, à me juger sur ce qu'on voit dans le monde, je ne suis pas sans espérance et pourtant, je sens que j'ai besoin de pardon, et si Dieu était moins bon et moins père, j'aurais horreur de moi-même et peur de ma misérable vie... »

A Clermont, Firmin a rencontré un jeune collègue qui vénère ce qu'il vénère, aime ce qu'il aime, repousse ce qu'il repousse, aussi se plaisent-ils à sortir ensemble, et quand l'un et l'autre ont devant eux quelques heures de liberté, ils vont en pleine campagne, jouir du ciel bleu, du chant des oiseaux, de la verdure des prés et des bois.

« ... Longue promenade hors· des murs, au grand ciel, sous un soleil déjà chaud (on était au mois de mai) qui ne brûle pas, mais vivifie, fait bouillonner, crier la sève sous tous les tissus et promet d'immenses richesses. Oh ! qu'elle est riante et féconde cette Limagne, et que les hommes devraient être bons et heureux ici, dans ces largesses de la Providence !... »

La semaine suivante, les deux amis font une excursion nouvelle. « ... Nous voilà partis, mais vers un autre horizon, du côté de Riom. C'est toujours la riche plaine, mais ce n'est pas le même paysage. Cette fois, nous avons marché dans les trèfles, les hautes luzernes, les pommiers plus qu'en fleurs, et nous avons vu des bœufs rouges et des bœufs blancs à la charrue... Nous rencontrons une noce villageoise qui prend le frais, promène ses atours, et cherche de l'appétit entre le gros dîner de tantôt et le souper qui fume déjà dans les cuisines. De la gaieté, des éclats de rire, de la vie dilatée dans les rangs de cette jeunesse, mais beaucoup de dignité et cette réserve qui est une des plus aimables fleurs de cet arbre qui s'appelle le christianisme... »

Ces échappées en plein air, avec un cœur qui vibre à l'unisson du sien, sont pour Firmin une jouissance réelle, très intense, ainsi que le prouvent ces lignes du journal.

« ... Tout près de la ville, la grande ville, puisque c'est notre Paris, nous avons une croix de pierre sur un piédestal de gazon. Là, une courte prière, prière d'un instant, quelques fleurs cueillies à la hâte, ici et là, que nous laissons au pied de cette croix, et c'est fini. Nous nous serrons la main et regagnons chacun notre chambrette. Il y a tout de même quelques rares beaux jours dans la vie, et cela fait aimer la vie. Que sera-ce donc Là-Haut, quand la grande vie n'aura que de ces beaux jours ? »

A l'exemple du célèbre physicien Volta et de bien d'autres grands hommes, il ne rougit point de réciter son chapelet, mais ses occupations ne lui permettent pas souvent de le dire en entier. Pour le mois du Sacré Cœur, il prend l'engagement de le réciter chaque jour.

« ... Promis de dire un chapelet tous les jours de ce mois, qui a bien, ma foi, jusqu'à trente jours. Un chapelet, grand Dieu ! cinq dizaines, y ai-je bien pensé ? Mais telle est l'ardeur de ma dévotion au divin Cœur que je me croirais capable de faire davan-tage. Ah ! le cœur de Jésus, torrent d'amour, fournaise de charité ! C'est Dieu tout entier dans une poitrine humaine. Mille et mille fois heureux ceux qui le comprennent ! »

Son esprit méditatif, un peu raisonneur, aime à fouiller le fond des choses ; les dépêches qu'il est chargé de transmettre fournissent parfois matière à son besoin de philosophie.

« ... Un religieux Chartreux demandait par dépêche, en latin, l'autorisation au Père abbé, de passer chez ses parents dont il se trouvait très rapproché. Il disait même que des raisons spirituelles, outre ses besoins de cœur, motivaient sa prière. Le soir, je reçus la réponse : *Non!* Un non tout court, impitoyable, sans explica-tion. J'ai bien plaint le pauvre religieux, privé du plaisir de revoir sa famille, d'embrasser son vieux père, qu'il ne reverra peut-être plus, sa mère, qui pleurait peut-être de joie dans l'attente d'être bénie par son fils. Quelle abdication de la volonté, de l'amour-propre, quel anéantissement de soi-même, quel héroïsme !.. Quand on est monté si haut, on ne voit plus, ou il ne faut pas voir ce qui est en bas, cette poussière noire ou grisâtre de la terre qui vous aveugle quand il fait du vent ou vous salit quand il pleut. Mon Chartreux a dû se dire, au fond de son âme un peu meurtrie et dans le silence de son cœur : C'est bien, car tout pour vous, ô mon Dieu ! »

Parfois, la tristesse se glisse dans cette âme éprise d'idéal, qui ne rencontre que la vulgarité, l'irréligion et trop souvent le vice ; dans ces moments de désolation intérieure, il a recours à la ressource suprême, au vrai Consolateur, et sa mélancolie s'épanche en prières ferventes.

« Je pleure en pensant à Dieu si bon et qui reçoit de mon cœur si peu de preuves d'amour. Mais la gaieté me revient en face de cette belle statue du Sacré-Cœur qui trône sur ma cheminée, précieux souvenir de celui qui s'est fait mon ami pour être mon guide et mon protecteur ; quand je prie, il me semble être chez lui, que nous prions à deux, et que ma prière lourde, fatiguée, hésitante, s'envole et monte sur les ailes de la sienne. Je pleure en pensant à ceux de ma famille qui me manquent, à qui il ne faut, pour être heureux, que mon bonheur, et je demande pour eux l'union, la paix, ces affections saintes qui lient les âmes plus que les cœurs, et transforment le foyer en un sanctuaire qu'on prendrait pour le vestibule du Ciel. Je pleure en pensant à ceux des miens qui ne sont plus là, mais plus vivants que s'ils se tourmentaient dans les mille riens de la vie... Quand j'irai là-bas, j'irai leur dire toutes mes pensées, toute ma vie, ils m'entendront, me comprendront, et habitants des deux mondes, nous croirons être unis pour ne plus nous séparer jamais. Je dirai surtout à ma mère ce qu'on ne dit qu'aux mères, et elle me dira ce qu'on ne dit qu'à un fils... »

Ce dernier trait n'est-il pas exquis?

La santé de Firmin est toujours languissante ; il essaie de se persuader que ce malaise n'est que passager, mais les accidents s'aggravent, et, à la fin de juillet, il est saisi de tristes pressentiments.

« En rentrant chez moi, après une courte promenade, je suis passé par les mêmes transes qu'il y a un an. Je recevais une lettre de mes parents enchantés de me savoir bien portant, et au même moment, je m'aperçus que de nouveau je crachais du sang. Ça a duré deux jours, puis enfin j'ai pris peur et j'ai été trouver le docteur qui m'a engagé, sans sourciller, à aller chez moi. Que faire? Si je retarde encore, la fatigue deviendra plus grande et je joue mauvais jeu. D'un autre côté, comment dire aux miens que je viens pour cause de maladie. Quelle nouvelle! car ils sont si bons pour moi; je le sens, je vais leur broyer le cœur. Tout bien pesé, je crois qu'il vaut mieux me reposer à temps, et peut-être après-demain partirai-je pour Maurs... »

Pendant trois mois, son cher et discret confident reste fermé ; le malade est toujours entouré et il lui faudrait écrire en cachette « ce qui n'est pas commode », nous avoue-t-il un peu plus tard. Ses souffrances sont très supportables, et alors que les siens redoutent une terminaison fatale, il se sent plein d'espérance. A la fin d'octobre 1886, de ce dernier automne qu'il devait voir ici-bas, il écrit :

« ... Ces quelques jours de repos me suffiront-ils? J'espère être renvoyé à Nice, et là je m'entendrai bien avec le soleil qui guérit plus de malades et fait plus de vies que toutes les Facultés du monde. Je suis heureux quand même ; je prie, je lis mon petit chapitre de l'*Imitation*, je feuillette aussi à loisir le livre de mon âme, livre par excellence, où l'on découvre le lendemain ce qu'on n'avait pas vu la veille. Et puis je me dis que Dieu fait tout en ce monde pour notre bien, et qu'il n'y a que le laisser faire ».

Deux jours plus tard, il note ce passage significatif. « Ce soir, au confessionnal, il m'est passé dans l'esprit cette prière : O mon Dieu, que de bienfaits, et comment pourrai-je vous les rendre ? Une voix rapide m'a répondu : En te faisant prêtre. J'ai eu à peine le temps de répliquer en songeant à mon âge, à mille difficultés. La même voix a dit : Dieu y pourvoira. Tout cela a été comme un éclair, mais j'en garde une impression qui dure... »

Il a enfin trouvé sa voie, et, devant ses yeux charmés, apparaît une route lumineuse où ses pieds impatients brûlent de s'engager... mais Dieu ne veut que l'adhésion de ce jeune cœur, son immolation n'est pas celle qu'il rêve : le fruit est mûr, le Maître va bientôt le cueillir.

La mort, qu'il croit encore bien éloignée, et à laquelle cependant, il pense souvent, ne lui inspire aucun effroi. A l'ami incomparable, au prêtre qui, de loin comme de près, s'intéresse à sa santé spirituelle et corporelle, il répond :

« Moi ! peur de la mort ! Détrompez-vous. S'il me fallait

pleurer, ce serait de joie de retrouver mon Dieu, dans sa gloire, d'aller au Ciel, en un mot, car tous les chrétiens y ont droit, et je n'abdique pas mon droit. S'il entre dans les desseins de Dieu de me prendre jeune, que sa volonté soit faite!... »

On le voit, sa résignation au bon vouloir divin est pleine et entière ; la prière qui suit en est une preuve nouvelle. « Mon Dieu, laissez-moi la résignation, mais ne m'épargnez pas pour me la rendre douce. Que votre miséricorde ne soit pas une faveur trop grande, afin qu'un jour je n'aie pas à souffrir d'avoir trop peu souffert. Frappez, afin que je vous aime et vous comprenne toujours. Vous qui m'éprouvez si peu, et qui pourtant me faites sentir la valeur de mes peines, que je puisse vous être à jamais agréable. Oh! que de mérites pour les malheureux, si l'indigence de l'âme ne surpassait pas souvent l'indigence du corps! »

Grâce aux personnes influentes qui s'occupent de lui, nous le retrouvons à Nice, dans les derniers jours de novembre : « Je refais mes vieilles connaissances : les orangers, les oliviers, les citronniers, les roses qui ont poussé sur les rosiers vingt fois dépouillés, les géraniums toujours couverts de leurs panaches écarlates. Visité mon église française, prié à la même place, une place qui m'attendait sans doute, et qu'on avait laissée vide... »

En voyant ce visage pâle, émacié, cette démarche languissante, tout cet ensemble qui annonce que la vie se retire de ce jeune corps qu'elle devrait épanouir, chacun entoure le malade de prévenances, de gâteries. Au bureau, il est placé dans un endroit où nul souffle de vent ne peut l'atteindre, et tout travail supplémentaire lui est interdit. Cette bienveillance l'émeut profondément.

« ... J'ai dit merci à mon chef et veux que cela lui porte bonheur. Il a deux fils, et peut-être un jour un autre père sera-t-il père pour eux... »

Cette dernière réflexion n'est-elle pas charmante, et ne décèle-t-elle pas une gratitude vraiment touchante dans son expression ?...

Noël, cette douce solennité qui dit tant de choses à l'âme chrétienne, le trouve triste, un peu las ; à son grand regret, il ne peut assister à la messe de minuit, et les dernières lignes qu'il trace sur son journal, sont consacrées aux souvenirs d'enfance que réveille en lui cette fête si pleine de suavité. La plume a glissé de sa main défaillante, il ne la reprendra jamais plus...

Notre ami trouve encore assez de force pour regagner son Auvergne ; le 17 janvier, il franchissait le seuil de la maison paternelle, et comme Maurice de Guérin qui, lui aussi, était rentré au nid, il ne revenait que pour mourir. Quoique frappé mortellement, ses illusions sur une guérison prochaine persistent toujours. « On se fatigue toujours en voyage, même quand on est jeune, disait-il, mais je serai bientôt dérouillé et la machine repartira d'elle-même. »

Durant quatre semaines, il resta sur son lit de douleurs, calme et souriant, les yeux fixés souvent sur sa statuette du Sacré-Cœur, vrai palladium qui l'avait suivi dans toutes ses résidences. Après avoir prié son père de la mettre auprès de son lit, il ajouta : « Qu'elle soit placée de manière que je puisse la voir toujours, et bien l'entendre lorsqu'elle voudra me parler. »

Une sœur de Nevers, qui le soignait, lui ayant demandé s'il pensait un peu au bon Dieu. « A tout instant », répliqua-t-il.

Le 17 février, un mois après son arrivée au pays natal, avant d'avoir achevé complètement sa vingt-troisième année, il rendit à Dieu sa belle âme. Sa couche funèbre fut aussitôt entourée de fleurs, et une couronne de roses blanches ceignit son front virginal.

Par une attention délicate, la receveuse des postes réclama, pour ses facteurs, le privilège de porter la dépouille mortelle du jeune télégraphiste, au champ du repos. Là, à côté de sa mère, il dort son dernier sommeil, mais son âme, qu'il avait si jalousement gardée de toute souillure, est avec Dieu. Puisse-t-il, lui qui a combattu avec tant de vaillance et de générosité, obtenir à la jeunesse française, des grâces de force et de préservation !...

TABLE DES MATIÈRES